痛みと感情のイギリス史

Pain and Emotions in British History

伊東剛史　後藤はる美　編

東京外国語大学出版会

痛みと感情のイギリス史

目次

無痛症の苦しみ　伊東剛史……五
I　神経――医学レジームによる痛みの定義　高林陽展……一五
II　救済――一九世紀における物乞いの痛み　金澤周作……五五
III　情念――プロテスタント殉教ナラティヴと身体　那須敬……一〇五
IV　試練――宗教改革期における霊的病と痛み　後藤はる美……一四一
V　感性――一八世紀虐待訴訟における挑発と激昂のはざま　赤松淳子……一七五
VI　観察――ダーウィンとゾウの涙　伊東剛史……二一五

ラットの共感？　後藤 はる美……二六一

痛みと感情の歴史学　伊東 剛史　後藤 はる美……二六九

あとがき……三〇三
註……三五五
図表出典一覧……三五七
事項索引……三六〇
人名索引……三六三

無痛症の苦しみ

伊東剛史

痛みとは何だろう。

からだの痛み、こころの痛み、突発的な痛み、慢性的な痛み。痛みはさまざまに認識され、経験され、語られる。時に、私たちの生命と生活を脅かし、生とは何かという問題を突き付ける。

痛みは生きていれば誰もが遭遇する。何らかの理由により、細胞や組織が傷付くと、そこから送られた発痛物質が電気信号に変換され、脊髄を伝わり大脳に届けられる。その結果、私たちは痛みを感じる。医学用語の「疼痛《とうつう》」のことだ。疼痛は身体の損傷と関連した神経生理学的な「現象」である。同時に、その「現象」に苦しんだり、それを恐れたりする感情的な「経験」でもある。今日、私たちはそのように痛みを理解している。[1]

この「疼痛」を感じない人々が存在する。先天性無痛無汗症、いわゆる無痛症と呼ばれる遺伝性疾患を持つ人々である。[2] 映画や小説では、痛みを感じない人間は、世界を超越した彼岸の存在として登場することが多い。たとえば、『007／ワールド・イズ・ノット・イナフ』の敵役レナードである。ジェイムズ・ボンドと対峙したレナードは、「お前に俺は殺せない。俺はもう死んでるのさ」と宣言する。[3]

しかし、その超人的イメージは、無痛症の人々の等身大の生とはかけ離れている。無痛症患者のひとり、スティーブン・ピートの訴えに耳を傾けてみよう。[4] 英国放送協会（ＢＢＣ）のオンライン雑誌に掲載された、「先天性無痛症――痛みを感じない苦しみ」という記事である。

スティーブンの異変に両親が気付いたのは、生後約半年のことだった。生えたばかりの乳歯で、舌を噛んでいたのである。小児科に連れて行かれたスティーブンは、水疱ができるまで足をライターで炙られ、背中を何度も針で刺された。何の反応も示さなかったスティーブンは、そこでようやく先天性無痛症と診断された。すでにこの時、舌の四分の一を噛みちぎっていたという。

学校に通うようになると、怪我が増えた。ローラースケートで転倒し、骨が露わになるほどの大怪我を負ったこともある。そして、青年になった今、スティーブンが恐れていることがある。無痛症によって被った膝の怪我のため、そう遠くない将来、左足の切断を迫られるという事実だ。「それだけは本当に考えたくない。そうならないようにするんだ」と、スティーブンは自分に言い聞かせるように語る。

「無痛症の苦しみ」はスティーブンひとりだけのものではない。スティーブンの兄弟クリスも無痛症だった。クリスの病状は、カレッジ卒業を控えた頃に悪化し、まもなく車椅子での生活を余儀なくされると医者から宣告された。釣りが好きなアウトドア派のクリスにとって、それは厳しい宣告だった。それでも、クリスはその時に備えて公的援助を申請した。しかし、申請は却下された。「痛みを感じないのであれば、いかなる援助も受ける理由がない」と判断されたのである。結局、クリスは自ら命を絶った。クリスは生命の危険に直面していた。彼の望む「普通」の生活を妨げる困難な障碍を抱えていた。にもかかわらず、社会的弱者を救済する公的制度の埒外におかれた。世界から疎外されることにおいてのみ、無痛の虚構と現実――レナードとクリス――は交差するかのようである。

この記事の最後で、スティーブンは「私は痛みを感じない」と認めつつ、次のことを強く訴える。「たいていの人は、私たちを見て、健康だと思うでしょう。それは何も知らないからです。私の身体はいつ壊れてもおかしくありません。身体中が痛むのです」[5]。スティーブンの訴える「いたみ」を、どう受け止めたらよいだろうか。それは「こころの痛み」であって、「からだの痛み」ではないと断言することはできないだろう。肉体に刻印された傷と、傷とともに記憶された恐怖が、両者を分かちがたく結び付けるからだ。どこまでが「からだの痛み」で、どこからが「こころの痛み」なのかという線引きはできない。両者を別々にとらえる発想そのものを問い直したほうがよいと、『痛みの文化』を著したモリスは言う。「痛みは、ただ肉体と精神と文化とが交差する地点においてのみ発生する」[6]と。

それでは、肉体と精神と交差する、もうひとつの「文化」とは、何を意味するのだろうか。それは、痛みが痛みとして経験され、伝達され、そして共有されることを可能とする、私たちがそれとは気付かないうちに、私たち自身の中に取り込んでいる、価値判断と行動規範の体系のことである。具体例を考えてみよう。二〇〇六年、無痛症の原因のひとつにＳＣＮ９Ａ遺伝子の変異があることを明らかにした論文が、自然科学分野で最も権威ある学術誌『ネイチャー』に掲載された。その論文は痛みを次のように説明している。

痛みは、あらゆる複雑な生物体において、組織と細胞の損傷を最小限にとどめることにより、生存を長くするために発達した、欠かすことのできない感覚である。痛みの襲来は、その生物が「危険な環境」から離れ、組織の修復を可能にする行動を選択することに帰結する。たとえば、骨が折れた手足を休め、新しい骨が生成されるようにするといった行動である。痛みはどのような状況で、どのように行動すると、私たちは怪我をしやすいのかを教えてくれることで、環境から私たちを守ってくれる。痛みの伝達は、神経系の随意・非随意のさまざまな次元で行われている。麻酔によってこの経路を遮断することができるようになったのは、薬学の主要な成果である。[7]

痛みを損失（怪我）と利益（生存）の天秤にかけて説明する文章は、歴史を超えた普遍的事実を告げているように見えるかもしれないが、必ずしもそうとは言い切れない。少なくともそれを告げる言葉は、長い人類史の中で比較的最近に生まれた。環境、生存、警告と学習という一連の発想は、進化論的な自然観と身体観が浸透した近代以降のものだ。効用の観点から行為や制度の是非を問う功利主義が広まったのも、近代以降である。今日、痛みを説明することにおいて支配的な神経生理学が発展したのも、そうである。クロロホルムやアセチルサリチル酸（アスピリン）がなかった時代の人々が、現代人と同じように痛みを理解したとは思えない。痛みを「危害から身体を守るために生来備わった警告信号」と認める価値判断、その判断に従って痛みを除去すべきだという行動規範を確立したのは、二〇世紀以降の疼痛研究である。[8]

この科学的合理性を纏った価値判断と行動規範は、強い拘束力を持っている。それは、SF作品『攻殻機動隊』に描かれているような、全身の義体化が可能になった未来の想像世界にまで遠くおよぶ。全身義体であれば痛みが生じるはずはない。しかし、それでも義体は痛み、その意味が考察される。義手に痛みを感じる草薙素子に対して、バトーは言う。「幻の痛みか。体を機械化した後も、脳は元の体を忘れない。やっかいなもんだ」。バトーは、痛みを生身の肉体を媒介せずに現実を処理する「電脳」の不具合と考えた。全身義体化を進化に喩えるなら、痛みは痕跡器官の疼きなのである。一方、幼くして全身を義体化した素子は、自分には肉体の記憶そのものがないのだから、痛みは偽の記憶によるものだと答える。「電脳」がウィルスに侵され、記憶が奪われ、認識が歪められた信号として痛みを理解した素子は、危機を排除すべく行動する。[9]義手の痛みは不調を告げる有益な警告であり、それ自体対処を必要とする有害な現象だったのである。ここに通底するのは、痛みの有益性と有害性という、現代の「疼痛」理解である。[10]

痛みは、私たちにそれを解釈することを求め、その解釈に基づいて対処するよう促す。しかし、どのような基準や指標に従ってそうしているのか、私たちはあまり自覚していない。さらに、そうした基準や指標が、歴史の中でどのように変化してきたのかについても、深く考えることはない。痛みを理解しようとするなら、私たちの思考や実践を司る「何か」から、私たち自身をできるかぎり引き離して、それと向き合わなければいけない。

そのために本書は、近世から現代のイギリス史の中に六つの舞台を設定し、個々の具体的な事例を通じて痛みの歴史性を明らかにする。その六つの章を表すキーワードはそれぞれ、Ⅰ「神経」、Ⅱ「救済」、Ⅲ「情念」、Ⅳ「試練」、Ⅴ「感性」、Ⅵ「観察」である。

このうち前半の三つの事例は、現代から近世へ時間を遡行するように配置される。前述のように、痛みを取り巻く今日的な価値判断や行動規範は強い拘束力を持っているので、最初にこれを相対化する視座を築くためである。そこで第Ⅰ章は、痛みを「神経」の現象へと還元する近現代医学の発展を批判的に検証し、今日の痛みの理解に通底する進化論的、功利主義的な生命倫理を暴き出す。第Ⅱ章は、そうした医学における痛みの理解が確立する以前の、ベンサムがワーズワースと交差した時代まで遡り、悲惨に満ち溢れた一九世紀社会の弱者「救済」の現場で、その与え手と受け手が、いかに痛みを理解し、それを介してどのように結び付けられていたのかを描き出す。第Ⅲ章は、チャールズ一世が処刑された一七世紀までさらに時間を遡り、痛みが必ずしも現代人の想定するような方法で記録されることのなかった時代の痛みの意味を探る。そこには、近世特有の身体観と世界観、そして両者を切り結ぶ「情念」が立ち現れるだろう。

このように時間を遡りつつ痛みの歴史を探求するのには、もうひとつ理由がある。それは、痛みの歴史を一般的な西洋近代史像へと回収させないためである。伝統的に西洋近代史は、キリスト教世界が啓蒙思想を経て合理的世界へと変貌し、世界の説明原理が宗教から科学へ転回したという理解を前提とする。近年の歴史研究の場では、この理解は一面的に過ぎると了解されるが、その影響力は根強く残っている。本書前半の三章が時間軸を逆行するのは、この支配的な物語への同化に抗うためである。これに対して、本書後半の三章は、時間軸に沿って近世から現代へ再帰し、従来の西洋近代史像には回収されない痛みの歴史的軌跡を辿り直す。宗教改革期を扱う第Ⅳ章は、近代的主体の誕生を連想させるカルヴァン主義信仰の下での痛みを、「試練」というキーワードから読み解く。一八世紀の夫婦間暴力と虐待訴訟をテーマとする第Ⅴ章は、裁判所の共感を勝ち取ろうとする妻の法廷戦略と司法の判断を分析し、啓蒙期の感受性文化の下で痛みを取り巻く「感性」を考察する。進化論者ダーウィンの視点から実験動物の痛みに迫った第Ⅵ章は、科学的「観察」の対象となった痛みが、共感とは何かという探求を導いたことを論じる。このように本書は、前半三章が現代から近世へ遡行し、後半三章が近世から現代に回帰するよう構成される。これにより、痛みの歴史が宗教と科学、感情と理性の相互関係の中で複雑に展開したことを示す。

なぜ本書の舞台がイギリスなのか、疑問に思われる読者がいるかもしれない。その理由は、そもそも執筆者六名がイギリス史を専攻し、それぞれの研究課題を経由して痛みというテーマに合流したからである。しかし、本書の議論は、必ずしもイギリスに限定されるものではない。むしろ、特定の地理的枠組みを超えた訴求力のある議論が展開されることになるだろう。それは、痛みというテーマが纏う（と想定された）普遍性による。それでも、本書に何かイギリスらしさが宿るとしたら、それは二重の意味での経験主義ということになる。二重の意味とは、本書に登場する人々が経験主義的に痛みを理解したことと、そのように生きられた痛みを本書が経験主義的なアプローチにより理解することを指す。

以上のように、本書は痛みという光源からイギリス史を照射すると同時に、その試みを通じて、必ずしも「イギリス」に閉じ込めることのできない痛みの歴史性を探求するものである。その背景には、歴史研究における感情という学際的テーマへの関心の高まりがある。本来であれば、それら先行研究の批判と、本書の学術的な意義とは、序論で扱うべき内容だが、本書はそれを個々の事例研究の後に議論する。痛みを定義することがそもそも困難を極めることから明らかなように、先行研究を踏まえ、研究対象を定義した上で、その歴史を探求するという歴史学の通常の手順では、痛みの歴史を適切に記述することができないからである。仮に最初から痛みに明快な定義を与えられるとしたら、それは痛みの歴史性を否定することと変わらない。唯一有効な方法は、任意に設定された歴史上の舞台で、どのようなものが痛みとして認識され、伝達され、共有されたのかを具体的に明らかにし、それら断片を繋ぎ合わせてモザイク画のような痛みの歴史像を得ることである。それが果たして痛みの歴史を書くことと同義なのかを、六つの個別事例に基づき実験するというのが本書の目論見である。そうすることによって初めて、私たちは痛みとは何だったのかを見据え、痛みの歴史を構想することができるだろう。

治る見込みがなく苦痛の大きい病の場合、その患者が望む時はいつでも、クロロホルムの処方や将来クロロホルムの代替となるであろう他の麻酔薬の処方を行うことが医療従事者の責務と認識されるべきである。一時でも（患者の痛みに対する）意識を壊すために、そして患者に素早く痛みの少ない死をもたらすためにもである。

——サミュエル・ウィリアムズ「安楽死」（一八七〇年）

I 神経——医学レジームによる痛みの定義

高林 陽展

痛みとは何か。今日、この問いに答える第一の責務を負っているのは医学であろう。医学は、人の身体と精神をめぐる痛み、苦しみ、不快、不調の根源を解き明かし、それを癒し治すことを目的として、時を刻んできた。啓蒙思想の展開以後は、キリスト教やギリシア自然哲学に代わる人間身体を説明する知として、あるいは癒しの技法を編み出す知として、医学は近代史を形作ってきた。痛みという問題に寄せて言えば、近代医学は人間の感じる痛みを最小化し、より豊かな生を送らせることにかなりの程度貢献したと言えるだろう。痛みの医学に関する歴史叙述が、後述するように、とくに麻酔の歴史叙述が、その成功なり進歩なりを言祝ぐものとなるのも自然なことである。

しかし、本書において痛みの医学史を語るのは近代医学を単に肯定的に評価するためではない。本書は、今日の医学的な解釈に基づく痛みの理解を、過去に表現された言葉や視覚的表象から相対化する痛みの文化史を目指すものである。痛みを神経線維に沿って伝達される電気信号に還元する今日的な理解を一方におき、歴史上の多様であった痛みの解釈と対処の仕方を探求することは、私たちが持つ世界観を見直すことにつながるだろう。

ただし、痛みの文化史は通常の文化史に留まらない問題と関わりを持つ。それは、文化史の特徴たる歴史相対主義と言語・表象中心主義を問題視して、本質主義的な歴史学の復権を目指す動向が登場しているためである。脳神経科学と認知神経学の知見を用いて歴史を読み解こうとするニューロ・ヒストリーである。[1] ニューロ・ヒストリーを提唱する歴史家たちは、痛みを含む人間の感情や知覚の根源には、人間の主体性があるのではなく、脳と神経による自働的な機能が介在していると理解する。歴史上の人間の行動を規定しているのは、文化や社会関係ではなく、あるいはそれだけではなく、人間個人の主体性でもなく、普遍的な人間身体の法則だと言うのである。

たとえば、ニューロ・ヒストリーの主唱者の一人にフランス史家リン・ハントがいる。[2] 彼女は、文化史の次段階として、脳神経科学を解釈装置とする歴史学のあり方を提起した。ハントは、文化史では言語に解消させられた「自己」を否定し、脳と身体を前提とし外在的世界とのあいだで交わり合うことで進化論的に変化する「自己」を提起した。そこから、より確かで「リアル」な歴史観を手に入れることができると言うのである。

痛みという問題は、人間個人の感覚器官が特定の刺激に反応し、その情報が神経系統をつたって脳に伝達されるという脳神経学的な身体理解と深い関係を持っている。いま痛みの医学史を語ろうとすることは、文化史とニューロ・ヒストリーが歴史の説明原理と叙述の方法をめぐって争っている前線へと身を投じることになりうるのである。

このような歴史学の動向を鑑みて、本章では、ニューロ・ヒストリーを相対化する方向性を探ってゆきたい。今日支配的な脳神経学的な痛みの理解がどのように歴史的に生成されたのか。それを規定した医学、政治、社会、文化的な条件はいかなるものだったのか。このような問題を検討するのは、本章の著者が安易な本質主義への回帰に対して疑問を持っているためであり、また現在の脳神経学的な知見もまた歴史的に生成され、今日の政治経済的イデオロギーから免れえないものだと考えるからである。

痛みの医学史については複数の参照すべき研究が存在する。アメリカの文学研究者デイヴィッド・B・モリス、スペインの医学史家ハビエル・モスコーソ、イギリスの文化史家ジョアンナ・バークらの研究はいずれも、痛みの歴史に対して文化史的なアプローチをとる。[3]痛みを神経の問題に還元することを本質主義として退け、より複数的な痛みの歴史を描き出そうとする。その場合、痛みをめぐる医科学の歴史は乗り越えられるべき前提とされる。モリスが示唆するように、痛みが「感覚や症状、生化学上の問題以上のものではない」という考え方は否定されるべき前提となるのである。[4]

その上で、痛みの文化史をどのように描くかという点については、それぞれ相違点が認められる。モリスは、英語圏の文学史料をベースとして、時系列ではなくテーマごとに痛みの文化を描出する。モスコーソの著作は、痛みの文化史というタイトルをとりながら、医科学も含んだ痛みをめぐる歴史的なエピステモロジーをスペインや大陸諸国を中心とした史料から探求する。彼の表現を借りれば、「痛みの現実について確かな見方を生み出す上で歴史上用いられたレトリックや主張の手段」についての歴史である。[5]バークもまた、モスコーソと同様に、医科学も含んだ痛みをめぐる文化の諸局面を描き出そうとする。ただし、理論や表象のみならず、それがより日常に浸透した局面を社会史的パースペクティブから叙述し、その複雑性を強調する点に特徴がある。彼女の場合、英語圏の史料が中心である。

モスコーソとバークの著書の構成は類似した部分がある。いずれも時系列ではなく、痛みをめぐる文化的なレジームごとに章を分けて叙述する点である。モスコーソの場合は、表象（representation）、模倣（imitation）、共感（sympathy）、信頼（trust）、証言（testimony）、一致（correspondence）、一貫性（coherence）、語り（narrativity）、繰り返し（reiteration）の各章に分かれ、バークの場合は離間（estrangement）、メタファー（metaphor）、宗教（religion）、診断（diagnosis）、ジェスチャー（gesture）、知覚（sentience）、共感（sympathy）、救済（pain relief）となる。いずれも、痛みがいかにして表現されたのか、どのような理論が編まれたのか、どのような対処法が編み出されたのか、どのような文化的枠組みから影響を受けたのか、いかに他者からの反応を得たのか、それでいて個人の語りという次元が残されていたのかという点が描かれる。すなわち、痛みの文化史を描く著作はいずれも、時系列（タテ）ではなく主題ごと（ヨコ）から痛みをめぐる医学的理解の単一性を掘り崩すものだと言えよう。

他方で、痛みをめぐる医科学の歴史に焦点をあてた研究としては、イギリスの化学病理学者であり医学史の研究もあるトマス・ドーマンディやフランスの医学史家ロゼリン・レイの研究がある。[6] 前者では、医者によって書かれた医学史という性格もあり、痛みをめぐる医学的理解の発展がほぼ文化的な観点抜きで論じられる。それに対して、後者では、フランス語圏を中心とした痛みの医科学理論の歴史が明らかとされる。レイは、時系列（タテ）に沿って、痛みに関する医科学理論の生成過程を描き出す。ただし、その医科学理論は直線的に発展するものとしてではなく、非連続的で幾度もの回り道を経たものとして描かれる。

これらの研究を踏まえて本章が取り組むのは、痛みをめぐる過去の医科学の議論、主として医学雑誌における議論を、イギリスを中心として時系列（タテ）に沿ってまとめ直すことである。英語圏を中心とした研究という点ではバークに近く、時系列的に医科学の議論に絞るという点ではレイに近い。このアプローチをとることで、本章では、モリス、モスコーソ、バーク、レイのいずれとも異なる、医学レジームから見た痛みの歴史を描き出す。たとえば、彼らと同様に、痛みをめぐる神経学的な解釈の歴史や鎮痛をめぐる歴史を描き出しはするが、痛みが医学の世界において進化論の影響を受けたり、安楽死の議論の一部となったりすることは、これまであまり描かれてこなかった点である。それこそが、近現代イギリス医学にとっての痛みの歴史であり、その探求からは、医学の中ですら痛みをめぐっては単一の解釈が存在したわけではないことが見えてくるだろう。

このような前提にたち、本章では、近現代のイギリスにおいて痛みの医学的理解が確立される過程を整理し、その背景を析出する。まず、一九世紀以前のヨーロッパにおける痛みの医学史に関する予備的考察を行い、一九世紀以降に痛みの理解が神経学を基にしたものへと変化してゆく過程を示す。次に、一九世紀のイギリスにおける痛みの目的に関する医学的議論を追い、進化論的理解へと変化してゆく過程を確認する。また、一九世紀に大きな進歩をみた鎮痛法の発展についても、その背景を含めて論じる。そして最後のパートでは、痛みという問題の最終解決を目指した安楽死運動を論じる。

一、一九世紀以前のヨーロッパにおける医学と痛み

前近代西洋医学における痛みの理解は、ヒポクラテス医学、写実的解剖学、パラケルスス医学、パリ解剖学派という四つの観点から見ることができる。

ヒポクラテス医学は、古代ギリシアにおいてヒポクラテスの名の下に集成されたギリシア医学の総称である。よく知られているように、その中心的な理論は四体液論と呼ばれる。人間身体は血液、粘液、黒胆液、黄胆液の四つの体液で構成され、そのバランスによって健康は保たれるものだとする理論である。この理論に従うと、病の発現は体液バランスの乱れと解釈される。そこでは、病の原因は身体の局所ではなく全体に求められ、痛みの理解もまた全身的なものとなる。すなわち、頭痛を感じた場合にあっても、それは頭部の問題ではなく、体液の全身的なバランスの問題と見なされる。そして処方もまた、体液の調整を目的とするものとなり、吐瀉、瀉血、排泄、発汗などが重視される。このような全身的な人間身体の理解は長らく西洋医学を支配した。最も広く取った場合、二〇世紀前半まで見られる。[7]

この身体と病の理解を徐々に変えてゆくのが写実的解剖学の展開である。パドヴァ大学やボローニャ大学において、ヴェサリウスらを中心として、写実的な解剖学が試みられたことにより人体知識が一新され、それまでの全身主義的な身体理解と疾病理解は変化を迫られた。たとえば、人間身体に張り巡らされた神経系統の存在が確認されるようになると、その機能をめぐって医学的研究が発展し、神経は身

体を統べる器官として認知されるようになった。

また、一六世紀以降、パラケルススらによって人体に対する化学的物質の効能が検証されるようになったこと、またその影響を受けた植物学の展開によって身体に対する薬剤の処方がより積極的なものとなったことも見逃せない。[8] もちろん、古代医学も薬草を鎮痛のために用いたのだが、身体の痛みに対して化学的物質や薬剤の投与が一般化してゆく契機はパラケルススによって開かれたと言ってよいだろう。

こうした近世ヨーロッパ医学に対して大きな影響をおよぼしたのが、一八世紀末から一九世紀初頭のパリ解剖学派の研究である。ビシャやラエンネックらフランス革命期の医師たちは、死体解剖によって発見された病巣とそれに遡って記録された臨床上の痛みや病の兆候を結び付け、局在論的な病理学を主張した。たとえば結核である。ラエンネックは聴診器を開発し、結核の患者の肺の音に耳を傾け、そこから結核患者に特有の音を発見する。そして、死後に患者の肺から病巣を発見することで、肺に宿る局所的な病の兆候を見つけた。[9] ここに、全身的な人間身体の理解が局在論的な理解に取って代わられる。病は身体全体の失調ではなく、身体局所の失調となるのである。これにより、痛みもまた局在的なものとしてとらえられた。一九世紀イギリスにおいては、痛みは神経系統が伝達する身体機能として、他方では全身的ではなく局在的な原因によって引き起こされるものとして理解されるようになった。

二、痛みの医学化——神経学的探求の歴史

パリ解剖学派は、一九世紀イギリスにおける痛みの医学的理解に大きな影響を与えた。痛みの所在やメカニズムに関して、患者の愁訴に耳を傾けるのではなく、患者の身体に直接聞くことを提起したからである。医学史家ニコラス・ジューソンは、このような患者の身体に直接病理を問う手法について、病理学の探求の過程における「病人の消失（Disappearance of the sick-man）」だと論じた。[10] 換言すれば、これは医学的検査の始まりであり、近代的な臨床医学の作法が確立したことを意味するものであった。

また、一九世紀前半は、イギリスの生理学者チャールズ・ベル、フランスの生理学者フランソワ・マジャンディらが反射神経、大脳局在、神経系の統合機能の研究を進め、ベル＝マジャンディの法則を提起するなど、脳神経系統に関する理解が進んだ時期でもあった。

ただし、イギリスはこうした先駆的動向を素直に受け止めた国ではない。局在論的な身体理解についてはドイツやフランスに比べて漸進主義な受容にとどまり、病理の研究よりも患者の臨床を重視した。[11] 一方で、イギリスの医学が遅れたままでよしとしたかというとそうではない。若干のタイムラグはあるものの、痛みの所在やメカニズムに関して患者の身体に直接耳を傾けるマナーは、一九世紀中葉には一般的になった。

それが如実に表されたのが、一八六〇年、イングランド外科医カレッジにおける外科医ジョン・ヒルトンの講演である。[12] 彼の伝記情報をまず確認しておきたい、ヒルトンは、エセックスの中産階級の家に生まれた。一家は後に麦わら加工業で財を成した。その影響もあってか、彼は一八二四年ごろにガイズ病院で医学生として勉学を開始することができた。彼はここで解剖学、とくに神経系統に関する研究を進め、一八四四年には同病院で補助外科医の地位を手に入れた。そして、一八五九年から六二年にかけてイングランド外科医カレッジのハンタリアン人体解剖・外科医講座教授を務めたことで指導的な外科医となった。ただし、ヴィクトリア期を代表する医師ジェイムズ・パジェットを超える存在ではなかった。ヒルトンは、新しい科学的知見をもたらしたというよりも、既存の知識を編成することに長けた医師であった。その点からは、当時のイギリスにおける痛みに関する一般的な医学的理解を知ることができるだろう。

一八六〇年から六二年にかけてヒルトンは、イングランド外科医カレッジにおいて、「事故と外科疾患における痛みと機械的あるいは生理学的休息の治療的影響に関する講義コース（A course of lectures on pain and the therapeutic influence of mechanical and physiological rest in accidents and surgical diseases）」を提供した。[13] そこで彼は、パリ解剖学派に忠実な痛みの理論を論じた。

この講義においてヒルトンは以下のようなロジックで痛みを論じた。まず、「ある患者が体のどこかに痛みを感じた場合、その患者はその場所の炎症によって痛みに苦しんでいるものと本能的に信じがちである」という前提を提示する。[14] つまり、患者の主観性へ疑義を呈している。その上で、「痛みは、我々みなが知っているように、炎症状態を示唆するものではなく、赤くなっているとかただれているとかいうことによるものでもない。なぜならば、局部的な炎症が無くても痛みは存在するからである」という見解を代わりに提示する。[15] 痛みは、患者が主観的に感じる部位に宿るものではないと言うのである。

そして、「局部的な炎症の本当のサインは、体温や熱の上昇である」と主張する。[16] 主観的な痛みの愁訴よりも身体が発する声を聞くべきだという考え方がここには示されている。ヒルトンにとっては、発熱などの身体から得られる情報こそが「有益な知識」であった。患者は痛みによって自分で病気の場所を診断しがちであるが、医者はその情報に依存してはならない。専門的な知識によって症状を見極め、痛みのありかを探りあてなければならないのである。

このような身体に聞くマナーを通じ、ヒルトンは、痛みの根源を神経という局所的な器官に求めた。[17] 身体のある部分の痛みは「交感性の痛み（sympathetic pain）」という概念で理解されるべきだと言うのである。ある部分が痛む場合、その局部自体が何らかの病的状態にあって痛むのではなく、それに隣接する神経が痛みを発する。すなわち、痛みの根源を知るには、病座の知覚から伸びている神経系統、交感神経を追わなくてはならないのである（図1）。

このような痛みの理解についてヒルトンは、いくつかの臨床事例を挙げている。たとえば、骨盤以下の感覚がほとんど消失し動くことのできない男性患者に関する症例である。[18] この患者は、骨盤以下の身体感覚が消失しているにもか

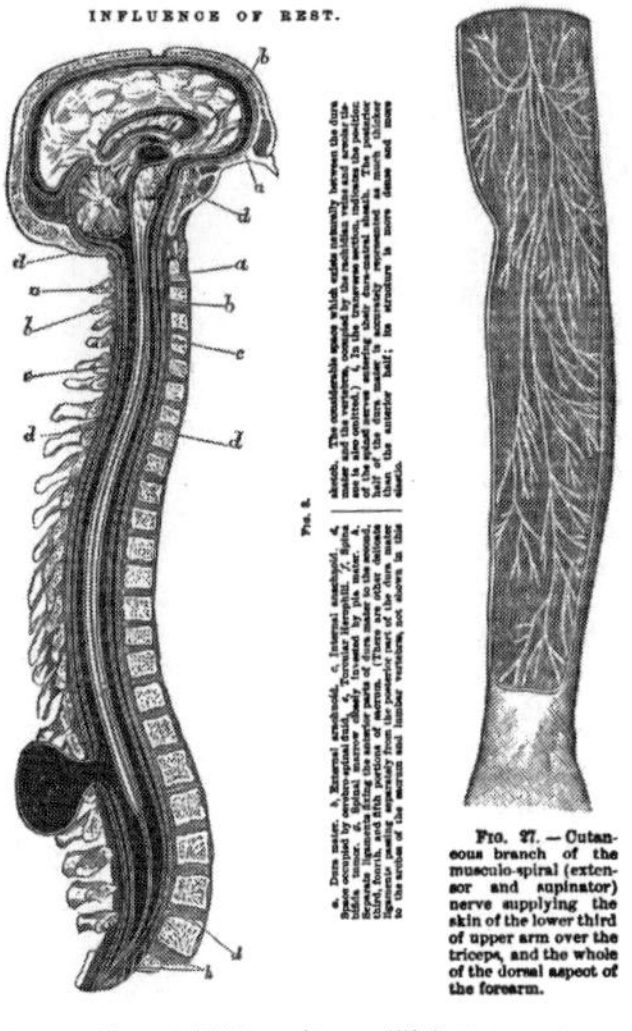

図1　痛みと神経。痛みに関するヒルトンの著作は、神経系統の解説に多くが割かれている。

かわらず、下腹部に強い痛みを訴え、その部分に病理上の問題があると訴えていた。しかしヒルトンは、この男性患者の下腹部には病状は認められないとした。痛みはあくまで神経によるものであり、「もし患者が亡くなれば、我々はおそらく痛みが感じられた皮膚に張り巡らされた神経が損傷した脊髄の上の部分、つまり本当の損傷部に接続されていることを発見するだろう」と述べた。[19] この患者に関する、彼の仮説はこうである。この患者は脊柱の損傷によって骨盤以下の感覚が喪失しているのだが、そこから少し上の箇所では感覚（神経）は生きている。下腹部の痛みは実際には骨盤のすぐ上の神経の痛みである。しかし、このヒルトンの説明に患者は納得しなかった。脊髄への塗り薬の処方に反対し、下腹部への処方を求めた。

もうひとつの事例は、耳の後ろに痛みを訴えた男性患者の症例である。[20] この患者の臨床所見は耳の裏のリンパ節の腫れであった。しかし、ヒルトンに従えば、痛みの箇所は必ずしも病座ではない。彼は、虫歯の腐敗の結果、耳道をつたって耳の裏の神経部分が侵されたための腫れだと診断した。そして、抜歯処理を施すことでこの患者の痛みを解決したと述べた。

こうした事例からも分かるように、痛みに関するヒルトンのテーゼは神経知識に多くを負っている。以下に示す彼の言葉は、そのことを如実に表わしている。

もし患者が体のある表面に痛みを訴えた場合、それはその近くに宿る神経によって表現されているに違いない。そこには痛みを表現する他の構造は存在せず、中枢神経と末梢神経の終わりのあいだのどこかに身体表面に表現された痛みの正確な原因があるに違いないのである。[21]

ヒルトンの痛み論は、広義にはパリ解剖学派に影響を受けたものだったが、狭義にはイギリスの神経学に習ったものである。神経学的な痛みの理解は彼独自のものではなかった。ヒルトンが参照することができた研究として、イギリスの外科医ベンジャミン・C・ブロディの交感神経論がある。聖ジョージ病院の外科医教授であるブロディは一八三七年、[22]『局所神経疾患に関する実証的講義（*Lectures illustrative of certain local nervous affections*）』を刊行し、交感神経と痛みの関係について議論している。ここでブロディは、痛みは病の所在を示すものではないと主張し、身体が報告する情報を重視する姿勢を打ち出した。たとえば、左の肋骨の下三・四インチほどの所に痛みを感じる中年女性患者の事例では、患者の愁訴を信用せず、脳から発せられる神経のいずれかの箇所の問題として痛みをとらえている。[23]また、アレクサンダー・ターンバルもブロディ同様に、交感神経の問題として痛みを理解する姿勢を打ち出した。[24]つまり、ヒルトンの痛み論はイギリス神経学に裏付けられたものでもあった。

ヒルトン後の痛みをめぐる医学の歴史へと話を進めてゆこう。注目したいのは、一九世紀末のフランス人神経科医ジョゼフ・ジュールス・デジュリーヌの研究である。デジュリーヌはパリのサルペトリエール精神病院の医師である。視床が脳の大脳皮質株の神経核のひとつであり、痛覚をつかさどる器官であることを提起したことで名を知られている。異常痛覚過敏症（hyperalgesia）は視床の損傷によって起こるものとする、一九〇三年に発表された研究も有名である。[25]フランスでは、神経科医ジャン＝マルタン・シャルコーが一九世紀後半に病理解剖学的手法を用いて大脳の機能局在を探求してきた。[26] デジュリーヌの研究はその延長線上にあるものである。

デジュリーヌの研究と並行して、一九世紀末から二〇世紀前半のイギリスでは、痛みと神経の関係が神経学者によってさらに探求されていった。神経系統が脳と身体を結ぶ枢要な器官であり、感覚、思考、運動といった人間行動の根本を決定するものと見なされたためである。イギリスは神経学の研究が盛んな国であり、とくに、ジョン・ヒューリングス・ジャクソン、マイケル・ジョージ・フォスター、ヴィクター・ホーズリーらの著名な神経科医を輩出した。なかでもジャクソンは、癲癇が脳の局部の異常によって引き起こされることを示したことにより、イギリス神経学の父とも称される。[27]

彼らに加えて、非常に影響力が高かった神経科医がヘンリー・ヘッドである。[28] ヘッドはロイズの保険ブローカーの家に生まれた。一八八四年にケンブリッジで学士号を得たのち、一八九〇年にユニヴァーシティ・カレッジで医学士号を取得。ユニヴァーシティ・カレッジ病院、ロンドン胸部病院、レインヒル公立精神病院での勤務医経験を経て、ロンドン病院の内科医となった。彼の名を高めたのは、腕の皮膚神経の再生と感覚変容に関する自己被験体実験、具体的には自らの左腕の神経を切除し縫合することで感覚器官の変化を観察した実験である。[29]

この実験は、デジュリーヌの痛みの理解に部分的修正を迫るものであった。実験が行われたのは一九〇三年。彼は肩の橈骨神経を切除し、感覚喪失の体験、痛覚の再生過程を描出した。痛覚の完全な再生には二年かかった。重要な点は、その再生過程における感覚の変化を詳述したことである。再生の初期段階においては、特定の箇所や特定の痛みに対するというよりは無差別的で反射的な痛みが彼を襲った。彼は、これを原発性（protopathic）の痛みと呼んだ。その後感覚が戻ると、皮膚の刺激を弁別する痛みを彼は感知した。これは、感知可能な（epicritic）痛みと名付けた。[30] この研究を基に、一九一一年、ヘッドと同僚の神経科医ゴードン・モルガン・ホームズは、「脳の損傷から生じる感覚器官の混乱（Sensory disturbances from cerebral lesions）」を医学雑誌『脳（*Brain*）』に発表した。[31] これは、ヘッドの痛みの分類に基づき、デジュリーヌの痛覚視床決定論へ部分的な修正を提起したものである。デジュリーヌに従えば、痛覚に関わる情報は視床に一路向かうことになる。しかし、ヘッドらは、神経系統と脳は身体の損傷に伴う痛みに反応する場合と単なる刺激（たとえば温熱）に反応する場合があることを明らかとし、痛覚神経の情報は一元的に発せられるのではなく、伝達される過程で修正されうるものだと主張した。そして、痛覚神経の情報は脳皮質に向かう感覚通路と視床の灰色物質（gray matter）に向かうものがあると主張し、視床の重要性は肯定しつつも、脳皮質の感覚機能を補完する複雑な機能の存在を論じた。[32]

ヘッドに関する例からも分かるように、一九世紀末から二〇世紀初頭の神経学においては、感覚中枢をめぐる多様な意見が存在していた。たとえば、前述のジャクソンは脳後部に感覚中枢を想定していたが、イギリスの神経科医デヴィド・フェレールは、感覚中枢を脳前部に求め、そこで感覚とその他の下位の意識事象が調整されていると主張した。[33]

その後も、ヘッドに続いて、数多くの自己被験体実験が試みられた。その多くの実験は痛みの問題と深い関係を持つものであった。たとえば、一九三一年、尿路結石から生じる痛みの除去のために脊髄を切断する実験的手術が報告された[34]。これは、泌尿器科医ロナルド・オジエール・ウォードという医師による実験である[35]。彼の報告によると、首前外側の神経と鼻前部の神経を切除する手術の結果は良好であり、痛みは排尿障害だけに見られたとされている。

もうひとつ事例を挙げよう。一九三三年に行われたセント・アンドリュース大学ジェームズ・マッケンジー研究所での痛みの生成メカニズムに関する研究である[36]。この研究は、同大学の解剖学教授であったデヴィッド・ウォーターストンが自己を被験者にして、さまざまな刺激を皮膚、血管、筋肉などの異なる組織に与えて反応を確かめるというものであった[37]。この実験を通じて得られた結論は、痛みは神経が張り巡らされた箇所だけで起こるものだということであった。神経の所在に応じたものであるという原則から、痛みは皮膚上よりも皮膚下になるとより複雑に反応すること、血管に対して刺激が与えられた場合には機械的に付けた損傷により強く痛みが出ること、筋肉の場合は損傷の状態により強く痛みが出ることなどが確認された。つまりここでは、痛みとは神経によって作り出された感覚を単純に意味するものではなく、身体器官に応じた多様性を持つものと理解されたのである。

世紀転換期に、痛みの医学は化学的な転回を経験する。たとえば、神経伝達物質アドレナリンの発見である。ここで、痛みは神経という身体器官から、さらにそこを流れる化学物質の問題へと転じてゆく。神経伝達物質の問題は、ドーパミン、セロトニンが発見されるなど、一九六〇年代から七〇年にかけてさらに大きく展開した[38]。

以上に示したのは、痛みをめぐる神経学的探求の一部にすぎない。痛みをめぐる神経学的探求は、一九世紀後半以降のイギリスにおいてはほとんど絶え間なく続き、現代にまで至っている。医学を通して痛みは、神経という身体の一局部に物質的に還元され、人間ではなく身体に聞かれるものとなった。

三、痛みの目的——進化論的痛み

痛みが神経系統の問題として論じられたことは、現代に向かって一直線に科学的な身体理解が進んだことを意味しない。一九世紀後半のイギリスでは、神経系統が伝える痛みの感覚とはいったい何のために存在するのかという半ば哲学的な議論が存在した。なぜ火は上空を目指して運動するのかという古代自然哲学の目的論にも似た議論が展開されたわけである。その議論の軸は、痛みが人間身体を保護するものなのか、あるいは病とともに苦しめるものなのかという点であった。これは、より大きな文脈からすれば、痛みを神罰とするキリスト教的な理解に替わる、近代的な痛みの目的が問われた結果であった。以下で具体的に見てゆきたい。

一八五九年、ノリッジの開業医エマニュエル・クーパー・ウィリスは出産後の痛みを例に挙げて、痛みの目的を肯定的に議論している。[39] 彼は、出産後の女性によく見られる痛みは「事後的痛み（after-pain）」と呼ばれるべきものであり、身体の回復を担保するものだと主張した。出産後の痛みは、なんらかの疾患によるものではなく、克服に時間のかかる身体システム上の疲れだと言うのであった。[40] しかし、それが痛みを抑制し除去しなくてもよいという考えにつながったわけではない。彼は、痛みの抑制が医師のミッションであり、「患者に害がない時はいつでも、痛みを緩和することが我々のなすべき義務である」という同僚の医師の言を引いている。[41]

痛みを身体の肯定的な作用ととらえる考え方は一九世紀後半においても見られる。一八八七年、『ランセット』編集主幹は、痛みは身体の損傷箇所からの救済の求めであり、その目的は身体を「保護する（protective）」ものだと述べている。[42] これは明らかに、局在論的な病理解剖学の成果を前提としたものであり、また、痛みに耐えることを神意に服することとするキリスト教的な文化を意識したものであった。後者の点については、同編集主幹が「必要な痛みに耐えることは英雄的に見えるかもしれないが、痛みという警告に耳をふさぐことは痴呆の所業である」と述べていることからもうかがえる。[43]

同様の議論は、一九〇六年の『ランセット』編集主幹の巻頭言からも確認できる。[44] ここでは、キリスト教的観点からの痛み、とくにヨブに言及しつつ、人間の罪に対して与えられるものとしての痛みという観念に疑念を投げかけた。ヨブの逸話は、痛みは神が不信心者に対して与えるものであり、痛みから逃れるためには神に従うべきだという教訓が込められたものである。前記の巻頭言では、痛みから逃れるためにはヨブのように神への信仰を確かなものとするしかないのかと問われたのである。

当然予測されることだが、この編集主幹の答えは否であった。近代医学に基づくならば、痛みとは生命体を利する目的から生じる保護的な機能だからである。たとえば、頭のない蛙にある刺激物質を投与するという実験では、足をひっ込めるという動作が観察される。同編集主幹はこの実験から、脳が存在しない、つまり神経が伝える痛みのメッセージを受信し判断する器官を欠いた状態にあっても、動物は不快なものを反射的に遠ざけるようになっているという見解を導いた。刺激物質がいかなる性質のものであっても神経は反応し、反射的に遠ざけるのが身体の原則であり、それゆえ痛みは有用かつ保護的なものとなる。すなわち、この巻頭言では、経験主義的な近代医学の思考が目的論的思考と結び付けられ、近代医学の痛み論として開陳されているのである。

他方、一九世紀後半のイギリスにおいては、以上とは異なる考え方が痛みをめぐる医学的議論に導入された。それは、当時最もファッショナブルな科学的知見であった進化論と同時期に支配的な政治経済的思想であった功利主義である。このこと自体は不思議なことではない。なぜならば、功利主義の主唱者であるベンサムの基本概念には快楽と苦痛が存在するからであり、そこから後世の思想家たちは痛みの問題を考えたからである。また、進化論の発想それ自体には、自然淘汰による生物構成の最適化が含意されており、功利主義と関係を取り結んだことはごく自然なことである。[45]

進化論が痛みの医学と具体に結び付いたのは、一八八七年に『ランセット』に掲載された論争においてである。その端緒は、ロンドンの一般開業医ヒュー・キャメロン・ギリーズが保護的な痛みに関する議論を主張したことにあった。[46] 彼は、痛みを「主として慈悲深い(eminently merciful)」ものと表現し、「肯定的な目的を持たないところでは痛みは生じない」という、前述した保護的な痛みと同様の議論を展開した。[47]

ギリーズの主張に対して『ランセット』には多くの投書が寄せられた。その多くは、ギリーズの主張に進化論と功利主義の立場から反対するものだった。その趣旨は、痛みが肯定的な目的を持つかどうかは病者個人の回復によって判断されるべきではなく、進化という人類全体が経験している歴史的過程において評価されるべきだというものである。この反論者たちによると、進化の過程における自然淘汰(自然選択)は痛みをめぐる許容能力にもおよぶものであり、痛みの許容能力が低い種は自然に淘汰される。その点で、痛みそれ自体は功利主義的な目的を持つものである。換言すれば、痛みの意味は、人間個人にとって保護的かどうかではなく、人類の進化という種全体の問題から導かれるべきだというのである。

ギリーズの主張に対して最初に反論したのは、リージェンツ・パークのグロースター・ロードに居を構えていた開業医W・J・コリンズである。[48] 彼は、痛みの根源にあるのは進化の過程そのものだと主張した。その根拠は、進化の過程で変化する人間の身体形状に求められた。コリンズによると、人間の最たる特徴は直立歩行であるが、それを支えているのは脊髄の発達である。この身体的形状の変化は、進化という「大きな計画」によって形作られたものである。しかし、それは生存のための環境への適応というメリットだけではなく、身体的な痛みを誘発するものである。たとえば、出産時の痛みはこの進化の過程の結果生じたものであるとコリンズは言う。そして、痛みの意味を、進化という種全体の経験に求めるのである。

ロンドンの神経科医ハリー・キャンベルは、コリンズとは異なる角度から、進化論的な痛みの意味を論じた。[49] その主張は、「痛みに対するキャパシティは適者生存の過程で進化してきた」のであり、「痛みに対するキャパシティは概ね、自然淘汰によって進化してきた」というものである。[50]たとえば、何かの損傷によって痛みに苦しんでいる動物がいた場合、同じ痛みによってあまり影響を受けない同種の動物よりも生存しやすい。それゆえ、痛みは種の発展の上で、耐えられ、乗り越えられるべきものだと言うのである。そこで痛みは、保護的痛み論とは異なった形で肯定されるべきものとなる。「自然淘汰の原則に基づいて個人の身体において進化するものは何だとしても、その個人に有益なもの」となるのである。[51]その上で、キャンベルはギリーズを当時の常識となりつつある進化論から痛みをとらえていないと舌鋒鋭く批判した。

コリンズとキャンベル以外の医師たちもギリーズに手厳しい投書を寄せている。ロンドンの西眼科病院の外科医A・セント・クレア・バクストンは、痛みが保護的な目的を持つとすれば、痛みの量が多ければ回復に向かうのかとギリーズに疑問を呈した。[52]ボーンマスの外科開業医E・R・ウィリアムズは、腫瘍の臨床事例では痛みが治まると病状が回復することを指摘し、「痛みは人間の普遍的な遺産である。痛みは我々がより高次な状態へと進化するための代償である」と述べた。[53]

このような批判の嵐に対してギリーズは形無しだった。腫瘍の事例を想定していないとか、進化論のような常識的な議論を知らないわけがないと弁明に終始した。[54]こうした弁明に対しては、キャンベルやバクストンらからさらなる批判の投書が寄せられた。[55]それほどまでに、痛みの意味は医師たちにとって重要な問題だったのである。

一九世紀のイギリスにおいて痛みが神経学的に理解されるようになると、その目的は、キリスト教的な痛みという前時代的な観点からではなく、神経学にならって保護的なものと主張されるようになった。近代医学が痛みを神経的なものとするなかで、その目的が問われたわけである。しかし、一九世紀後半の政治経済的あるいは科学的な言説の潮流において、保護的な痛み論は否定され、痛みの目的は人類全体の進歩あるいは功利という観点から語られるようになった。このような議論の展開は、痛みの神経学的な理解が確立したことで生じた副産物のひとつなのだが、徒花のような現象ではない。とくに、その功利主義的な痛みの理解は、次々節で述べる二〇世紀前半の痛みの医学史へと受け継がれてゆくのである。

四、鎮痛のマナー――鎮痛薬の探究とヒロイック・トリートメント

痛みの神経学的な理解が確立してゆく時、医師たちは臨床上遭遇する痛みに対してどのように対処したのか。[56] 端的に述べれば、その答えは鎮痛である。それはすなわち、ヒルトン流の真の病座を見つけて治療を施すとか、あるいは痛みの保護的な機能を称揚するとか、もしくは進化論的に痛みを適者への試練として片づけることを意味しない。鎮痛は、また異なる医学的思想を基にしていた。

鎮痛は、古典古代から長らく医者の責務のひとつとして認識されていた。それは近代に至っても変わることはなかった。ただし、鎮痛のあり方はより実験的かつ身体侵襲的なものへと変わっていった。そ

れは、現代の私たちから見れば、病者に対する最善の福祉を考慮したものではなかった。一九世紀の鎮痛のマナーは、患者の痛みの消失を目的としてやみくもに化学的物質を処方することであった。世界がグローバル化するにつれて、ヨーロッパにはさまざまな植物が流入し、多くの場合、その効能が理解されぬまま薬として用いられた。鎮痛薬はその最たるものであった。

効能が定かでない薬剤をやみくもに処方することは、医学史研究において、ヒロイック・トリートメントと呼ばれる。[57] これは薬剤処方に限った概念ではない。その定義は、治癒を期待できない病に対して、医師が大胆な身体侵襲的治療法を施し英雄的な成果を求める行為である。一九世紀中葉のように病からの治癒がほとんど期待できない状況においては、たとえわずかな事例であっても、治癒を導いたとおぼされる治療法がことさらに医師の英断・成功として喧伝され、今日からすれば突飛な治療法が広く実践された。薬剤投与のほかには、瀉血や大胆な外科切除手術が挙げられる。

ヒロイック・トリートメントとしての鎮痛の基礎をなしたのは、身体の損傷（怪我）は生体における交感性を刺激するという、一八世紀の外科医ウィリアム・ハンターの思想である。ハンターによれば、身体外部の炎症は他所の身体器官に影響する。その炎症を収めるには、対抗刺激として瀉血などが有効となる。このような考え方は一八五〇年代から徐々に否定されたが、その際に何か革新があったわけではない。とくに外科の場合、前時代の治療法を野蛮なものとして表象し、痛みを最小化する当世の外科を正当化するという修辞的な戦略があったためである。[58] 不要な痛みを抑制することは医師の義務であるという記述は、一九世紀後半の外科のテキストブックに必ず見られるようになっていった。

外科における鎮痛についてさらに述べておくと、一九世紀中葉の外科ならびに歯科の領域で発展した麻酔薬の利用は、鎮痛の歴史に大きな画期をもたらした。一八四四年、コネチカット州の歯科医ホーレス・ウェルズが一酸化二窒素による麻酔を使用したことが、麻酔薬の歴史においては常に参照される出来事である。しかし実際には、麻酔の文化はそれ以前から存在しており、とくにアヘンの効用は一八世紀から知られたものであった。また、一九世紀初頭になると、アヘンに加えてモルヒネとエーテルが、一八三〇年代初頭になるとクロロホルムが使われるようになった。エーテルに関して言えば、アメリカ発という点への引っかかりから、イギリスでの受容のスピードは若干遅かった。[59]

鎮痛の問題は、外科にとどまらず、内科医や一般開業医の診療実践においても日常的に考慮されるべきものであった。むろん保護的な痛みに対してはなんら介入の必要性は認められないのだが、すべての痛みがこれには該当せず、むしろ多くの疾病や怪我に対して鎮痛は診療の主たる目的となった。たとえば、一八七一年、プリマスの開業医ウィリアム・デールは、『ランセット』に掲載された論文で、回復に結び付く痛みと死と結び付く痛みの二種類に痛みを分け、それぞれに対処法を記した。[60]前者は、前節までの議論でいうところの保護的な痛みであり、鎮痛の対象からは外される。他方で、後者は同情と看護の対象であり、その「痛みから救出すること」は医者の責務だとデールは述べた。そして、肺病（結核や肺炎）、喘息、心臓疾患、癌などの致死性の疾患に着目して、鎮痛の必要性を主張した。[61]なぜならば、そこには、文学作品に見られるようなロマンティックな死の痛みは存在しないからである。たとえば、ディケンズの『ニコラス・ニックルビー（*Nicholas Nickleby*）』の登場人物スマイクが結核にかかり、魂と肉体のあいだで断続的で静かに痛みと戦い、緩慢な死へ向かうというロマンティックなビジョンは、デールが実際に関わった医療現場には存在しない。そこには、耐え難い痛みが存在し、目撃するものにとっても耐え難いものであった。心臓病や狭心症の痛みもまた長時間におよび、患者が卒倒するまで続くほどだとデールは述べている。ほとんどの病に対して効果的な治療法が存在しなかった一九世紀後半において、鎮痛は、極めて日常的かつ必然性を持った診療行為であったのであり、だからこそ痛みを目撃する人の心情を和らげる意味でも、ロマンティックなフィクションは必要だったのかもしれない。

では、死に結び付く痛みに対して、デールはどのような処方を提起したのかというと、それは鎮痛効果が見込まれるさまざまな物質をなかば実験的に投与することだった。彼は、病を治す希望がついえた時に鎮痛が必要となると述べており、だからこそ節操のない実験的な投薬に走ることができた。彼が推挙した鎮痛剤は、トリカブト、タバコ、ジギタリス、ドクニンジン、ベラドンナ、アヘン、クロロホルム、エーテルである。[62] トリカブト、ジギタリス、ドクニンジン、ベラドンナは処方量を間違えば死に至る毒性の植物である。またいずれも、今日で言えば鎮痛というよりは強心や鎮静などの別の薬効を本来の使用の目的とするものである。それにもかかわらずデールが推挙したのは、いずれも身体に目に見えて影響が見て取れる物質だからであった。病理学や特定治療法が確立していない致死性の病に関しては、なんらかの介入効果が見て取れることが何より重要であった。回復するにせよ悪化するにせよ、変化を起こしていることだけは間違いなかったこと。それがヒロイック・トリートメントでは重要だったのである（図2）。

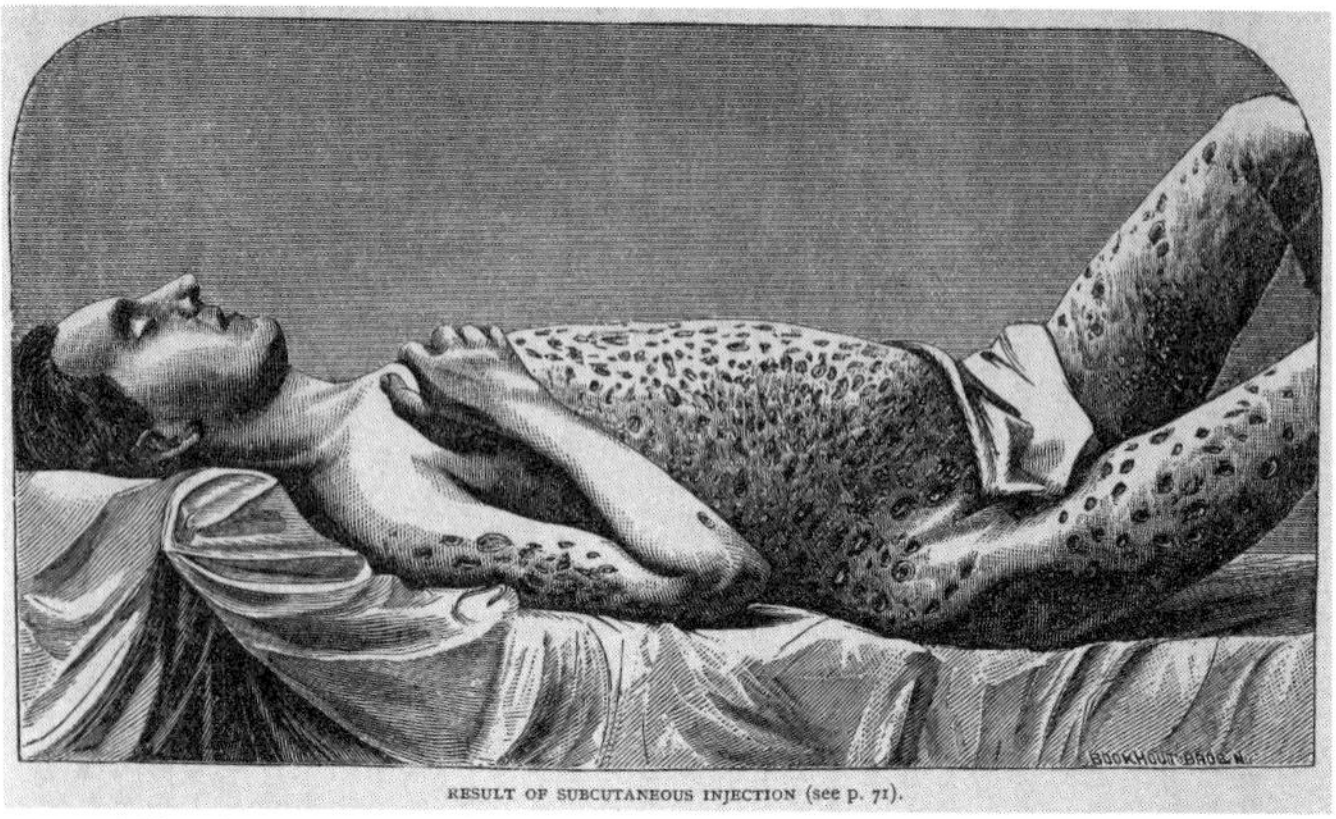

図２　劇薬を皮下注射した結果（1881年）。タイトルは「人を虜にする薬物　アヘン、モルヒネ、クロラール、ハシシの常用」。作者はH・H・ケイン（Harry Hubbell Kane, 1854–1881）。

しかし、デールがこの論考で真に主張したかったのは、自らが推薦する鎮痛剤の存在であった。主に鎮静剤として用いられていた抱水クロラールである。[63] デールは、これを催眠剤として利用することで、アヘンとは異なり、中毒症状を生じさせることなく鎮痛が可能であると主張した。[64] そして、ご丁寧にも、抱水クロラールを臨床的に用いた医師の証言まで引用し、まるで商品の宣伝であるかのようにその効果を強調した。抱水クロラールのセールスポイントは、アヘンやモルヒネが引き起こす消化器官への影響が見られないこととされた。アヘンやモルヒネを頻繁に処方すると夜は眠れるのだが、朝になって病的な状態や食欲の低下が見られるとし、抱水クロラールならば、痛みと不眠を解消し、かつ消化にも問題が無く、効果は高く持続的であり、一日三回程度の処方で事足りると言うのであった。デールによる抱水クロラールの推奨は、不治の病者に対する、新たなヒロイック・トリートメントの売り込みだったのである。

こうした薬剤投与によるヒロイック・トリートメントは、デールだけの専売特許ではなかった。C・A・レインは、深刻な肺炎などの深刻な病に対して、痛みの緩和を目的としたアヘンやジギタリス、ストリチニンといった劇薬の投与を推奨している。[65] また、F・G・チャンドラーは、結核患者に対してモルヒネやアヘンと混ぜて使用すると睡眠の促進になると主張した。[66] 一風変わった処方としては、オーストラリア・メルボルンの医師ジョン・ホールデン・ウェッブが、不治の患者に対して石鹸液半ドラム(一・九五グラム)とコレステロールを半グレーン(〇・〇三二四グラム)混ぜたものを処方することを推奨している。[67] この処方の効果は、悪臭に苦しんで死ぬことが無いことであった。

薬剤のほかに、鎮痛方法としてたびたび言及されたのが電気による刺激であった。ここでは、ブリストルの外科開業医ジョセフ・モーティマー・グランヴィルが一八八一年に『ランセット』に発表した、電気刺激による鎮痛法に言及したい。[68] これは、神経学的な痛みの理解に基づいたものである。グランヴィルは、神経を通電させると人工的な振動が神経を伝い、「皮膚の上を蟻が這っているような感覚やチクチクする痛みを生じさせ、無感覚状態へと至り、最終的には筋肉表面の痙攣を引き起こす」と述べ、その上で「神経の動きは、正常であろうと異常なものであろうと、振動によって成り立つものである。そして、人工的な装置によって発せられ伝えられる、その他の機械的な振動は、外側で働き、組織を通じて増殖し、神経内部の動きを修正することにつながる」と主張した。[69]

このグランヴィルの痛みの理解は、このようなヴィクトリア期に流行した振動(vibration)による神経刺激の理解を前提としたものであった。[70] さすれば、電気刺激による鎮痛という方法も、当時としては、空想的にすぎるものではなかったことになる。ただし、グランヴィルは人工的な機械的振動がなぜ神経内部の動きを修正するのかについては詳しくは語っていない。すなわち、その点においてはかなり実験的なものであり、身体侵襲的効果が認められれば儲けものというヒロイック・トリートメント特有の考え方が見て取れる。

電気刺激もまたヒロイック・トリートメントの一種だったという推測は、ドイツ人神経学者ヨハネス・カール・ユージーン・アルフレド・ゴルドシャイダーの鎮痛法を紹介した、一八九六年の『ランセット』編集主幹の巻頭言からも傍証できる。[71] この記事によると、ゴルドシャイダーは、皮膚の感覚研究から、まだ特定されていない感覚受容器が痛みや接触を感知すること、感覚の知覚は与えられる刺激の強弱によることを主張した。[72] この点に触れた上で、ランセット編集主幹は、電気刺激による感覚の刺激を有力な鎮痛法のひとつとして推奨し、さらにはベラドンナやモルヒネの処方、瀉血、冷却、温熱、催眠や暗示など、ほとんどありとあらゆる鎮痛法を並びたてた。ここから分かるのは、一九世紀末になっても、鎮痛のマナーはヒロイック・トリートメントだったということなのである。

五、安楽死という処方——功利主義の果て

一九世紀末から二〇世紀になると、痛みの問題はより先鋭化した形で再登場する。この時期には、優

生学が影響力を増し、自然淘汰されるべき種と認識された病者たち、とくに不治の病に侵された者たちをいかにして社会的に損失の少ない合理的な方法で「処理」するかが問われてゆくようになった。こうした関心の先に浮上したのが安楽死をめぐる議論である。

N・D・A・ケンプの先駆的研究によると、イギリスにおける安楽死の議論は、トマス・モアが『ユートピア（*Utopia*）』において不治の患者を痛みから解放することを肯定したことが起点とされる。[73] その後、安楽死に関する議論が盛り上がりを見せたのは一七世紀の初期啓蒙思想においてであった。フランシス・ベーコンは、医師の責務について論じた際、個人の自由に基づく痛みからの解放に言及した。それは決して患者の生命を終わらせることを意味しなかったものの、「安楽死（euthanasia）」という言葉がここで初めて使われた。[74] この時、肉体的痛みに耐えることに価値を見出すキリスト教の思想から、啓蒙思想の下で個人の自殺する自由へと、思想上の変化が導かれた。

その後、一八七〇年代になると、今日の意味での安楽死が盛んに議論されるようになる。この時点では、医学的というよりは哲学的な議論が先行した。一八七〇年に刊行された『バーミンガム懐疑主義クラブ・エッセイ集（*Essays of the Birmingham Speculative Club*）』において、匿名の教員サミュエル・D・ウィリアムズが「安楽死」というタイトルのエッセイを著したことが議論の発端となった。彼は、不治の病に侵され痛みに苦しむ病者に対する、合理的精神の下での「慈悲深き殺人（mercy-killing）」の必要性を以下のように主張した。[75]

治る見込みがなく苦痛の大きい病の場合、その患者が望む時はいつでも、クロロホルムの処方や将来クロロホルムの代替となるであろう他の麻酔薬の処方を行うことが医療従事者の責務と認識されるべきである。一時でも（患者の痛みに対する）意識を壊すために、そして患者に素早く痛みの少ない死をもたらすためにもである。[76]

ウィリアムズはこう述べるにあたって、啓蒙主義者が自殺の自由を擁護する際にそうしたように、セネカへの言及を行っている。[77]

ウィリアムズの安楽死肯定論は合理主義的な思想家たちからは歓迎された。たとえば、著述家のライオネル・アーサー・トルマッシュは、一八七三年の『フォートナイト・レヴュー（*Fortnight Review*）』で賛意を表明した。[78] また、社会主義者のアニー・ベサントも功利主義的な観点からウィリアムズを支持した。[79] このような同時代の知識人からの支持は、ウィリアムズのエッセイが時の流行思想である進化論に依拠していたためと考えられる。ウィリアムズは、安楽死の目的は「強者の不断の勝利と弱者の不断の選別」であり、その結果として「人種の力」を維持することだと述べているからである。[80] 進化論は社会主義者を含む進歩的な知識人に広く受容されていたことからも、トルマッシュやベサントの支持は極めて妥当なものだった。

ウィリアムズの主張に対して、医師たちは冷淡な反応を示した。現代においても医療倫理の聖典とされる「ヒポクラテスの誓い」においては、患者にいかなる害も与えてはならないことが謳われており、その観点からも、自殺ほう助に相当する安楽死は許容され難いものであった。[81] そのため、多くの医師たちが安楽死に慎重な姿勢を示した。一八九二年、当時のイギリスにおいて指導的な内科医だったクリフォード・オールバットは、ヨーク医学協会の講演で安楽死を明確に否定した。[82] オールバットは優生学の立場には立たなかった。彼は、弱者を単に切り捨てるのではなく、その「生命の状態を注意深く統治する」ことが必要だと述べた。[83] また、一八九九年、『ランセット』編集主幹は安楽死問題に寄せて、モルヒネやクロロホルムによる痛みの緩和は許容されうるが、過剰投与が人道的ではない場合もあるとして警鐘を鳴らした。仮に鎮痛薬の過剰投与を認めるならば、その濫用、つまり悪意のある安楽死＝殺人を許容することにもなりかねないと言うのであった。[84]

とはいっても、前述したように一九世紀西洋医学の治療能力の低さは広く認識されており、安楽死が医学的に完全に否定されたわけではなかった。それは、国王侍医だったヘンリー・ハルフォードが死を望む患者に多量の鎮痛薬を処方していたことからもうかがえる。[85] また、一八八七年に刊行されたイギリス人内科医ウィリアム・ムンクの『安楽死、あるいは安らかな死のための医学治療法（*Euthanasia: or medical treatment in aid of an easy death*）』は、題名からも分かるように安楽死を支持するものであるが、実際の内容としては不治の患者の病床環境の整備やアヘンの使用に関する手ほどき書であった。[86] すなわち彼は、積極的な安楽死を勧めているわけではないのだが、不治の患者に関しては消極的にその価値を認めている。つまり、安楽死まで行きつかなかったとしても、鎮痛に際して患者に害を与えることは十分にあり得たのである。

一九世紀末の安楽死の議論は何か具体的な成果を生み出したわけではなかった。しかし、二〇世紀初頭になり、進化論が優生学の名の下に社会問題に対する処方として有力視されるようになると、安楽死の議論は息を吹き返した。第一の波は、一九一九年、不治の患者の自殺をめぐって「死ぬ権利」の問題が議論された時のことである。この時、『ランセット』編集主幹は、不治の症例に対する痛みの緩和は社会的に共有されうる問題だとして、安楽死の法制化が必要だと主張した。しかし同編集主幹は、安楽死の法制化にあたっては、具体的な不治の定義を定めることが難しいことも認めており、この議論はすぐに沈静化した。[87] 一九一九年にこのような議論が認められるのは、第一次世界大戦が多くの傷病兵を生み出したことと無縁ではないと思われるが、現時点では詳細は不明である。

一九三〇年代になると、安楽死の法制化を求めて、公衆衛生医キリック・ミラードが自発的安楽死運動を展開した。ミラードは、ノッティンガムの国教会聖職者の息子として生まれた。エディンバラ大学で医学士号を得て、バーミンガム熱病病院（Birmingham Fever Hospital）で天然痘を始めとする感染症の専門家として研鑽を積んだ。一八九九年になると、感染症治療の経験をもってバートン・オン・トレントの公衆衛生医務官となり、その道一筋で活動した。レスターの公衆衛生医務官時代は、乳幼児死亡率の改善と強制的予防接種への反対で知られている。[88]

自発的安楽死運動は、一九三一年、公衆衛生協会でのミラードの講演に始まった。[89] この会合でミラードは、「死が避けられず延命が親族や友人に負荷のみとなるような苦痛に満ちた緩慢な死に替えて、迅速で痛みの少ない死を施すことを望む個人を適切な保護の下におくことを法的に制度化すべきだ」と述べ、安楽死の法制化を主張した。[90] ミラードによれば、合法的な安楽死は「合理的で、勇気があり、利他的なもの」であり、[91]「人道性と社会学的見地に立って」必要な制度であった。[92] この「人道性」と「社会学的見地」という表現には注意が必要である。前者は、患者に不要な苦しみを与えないという意味でのものであり、モア以来の伝統的な安楽死の表現である。後者はというと、当然のことながら、私たちが知っている現代の学術的な社会学という意味ではない。当時の社会学とは、社会全体にとって利益になる施策を考案することを意味するものであり、優れてベンサム的、あるいはチャドウィック的な功利主義の産物である。つまり、ミラードは、長引く疾病が社会にもたらす負担を合理的な手段によって解決することを指して、社会学的見地と述べているのである。ただし、このような功利主義的な主張には大きな問題があった。安楽死はいずれにしても人の生命を終わらせること、すなわち殺人を意味する行為であり、その判断を担うのは医師となる。殺人という嫌疑が医師にかけられないようにしなければ、医師からの支持は期待できなかった。そのため、ミラードは、医師への殺人の嫌疑を避けるため、安楽死に関する公的審査機関の設置を提案した。

ミラードは一九三五年になって、自発的安楽死法制化協会（Voluntary Euthanasia Legalisation Society）を設立し、法制化に向けたロビイングを本格化させた。同協会の執行委員会は、ミラードを中心としたレスター人脈で構成された。ミラードを名誉会長にし、会長にはレスター・ロイヤル施療院の顧問外科医チャールズ・ジョン・ボンド、そのほかの委員に同施療院の名誉内科医アストレイ・V・クラークや同地の非国教会系聖職者が名を連ねた。[93] 彼らはいずれも全国的に影響力を持つ医師・聖職者であった。一般会

図3　自発的安楽死法制化協会の主要メンバー(1936年)。政治家、聖職者、弁護士、学者など錚々たるミラードのレスター人脈が並ぶ。後列の左から、副会長リストウェル卿(Lord Listowel)、F・R・C・ペイン(Canon F. R. C. Payne)、H・T・クーパー(H. T. Cooper)、A・パーシー・グローブス(A. Percy Groves)、アストレイ・V・クラーク(Astley V. Clark)。前列の左から、C・キリック・ミラード、ピーター・グリーン(Canon Peter Green)、ポンソンビー卿(Lord Ponsonby)、C・J・ボンド(C. J. Bond)。

員には、優生学協会(Eugenics Society)会員、公衆衛生医務官、文芸思想家や知識人が名を連ねた。ヴェラ・ブリッテン、ヘンリー・ハヴェロック・エリス、シシリー・ハミルトン、ローレンス・ホースマン、H・G・ウェルズなど、優生学者だけではなく、フェミニストや社会主義者など進歩主義的な知識人も多く参加した[94](図3)。

同協会の初回会合では、運動の原則がより精緻に定められた。自発的安楽死運動の根本的要求は、人間の耐性の限界を超える悲惨さをもたらす不治の病の場合に、病者は救済を要求する権利、医師は救済を与える権利を認めるべきというものである[95]。それは、「文明化された人間は、人間の生命と発達に関する統制を徐々に増やすことが求められている。これは、誕生と死という双方の極を統制することを意味する」からだと説明される。[96] 死を伴う人間生命の統制とは、不治の患者という「使い物にならない生命（useless lives）」の増加に対して「賢い制御（wise handling）」を行うこと、「より効率的な救済（more efficient relief）」を達成することであった。[97] 家族の負担を減らすとか人道性といった、それまでの説明に比べると、明らかに優生学的な関心を表明している点が特徴的である。そうした懸念を考えてか、精神疾患、高齢者痴呆、精神薄弱（学習障害）について安楽死を適用することはないとも述べられている。また、安楽死に第一次的に関与することになる医師の心情を慮ってか、病者の生死に関して医師により大きな権限が与えられること、あくまで人道的な処置であり医師は処刑人でもないことが謳われた。

しかし、医師たちからは多くの反対意見が寄せられた。医学雑誌の投稿欄では、いかなる殺人も許容しないというキリスト教的な価値観から安楽死は許されるものではないとする意見、[98] 医師の責務は患者の生命を救うことだという意見が、[99] 自発的安楽死法制化協会に対して表明された。極めつけは、医師の仕事は「あの命、この命が好ましい」と生命の選別をすることではないと主張した『ランセット』の巻頭言である。[100] 自発的安楽死の主張の根本には優生学的な生命の選別が動機としてあり、この巻頭言はその点を鋭く突いたものであった。

しかし、自発的安楽死法制化協会は議会へのロビイング活動を着々と進め、一九三六年には上院に自発的安楽死法案が提出されるに至った。[101] しかし、医師の経歴を持つ上院議員たちの反対から否決へと至った。[102] また、同法案の挫折は、議会外でカトリック教会が精力的に反対運動を繰り広げたため、自発的安楽死が合法化されてしまえばなし崩し的に対象が拡大するのではないかという懸念が、とくに学習障害の問題をめぐって、持たれたためであった[013]。さらに、保健省官僚もこの問題を国民の健康に直結する問題ではないとして一切の支援を行わなかった[104]。

　こうして、不治の病者の痛みを根本的に解決しようとする自発的安楽死運動の試みはついえた。それは、同時期のナチス・ドイツと比べれば、イギリス的な穏当な結論だった。しかし、こうした安楽死の議論において痛みの功利主義的理解が発展し、ベンサム主義的な生命統治と結びついた点には注意が必要だろう。前世紀において、痛みは患者の愁訴ではなく身体検査を通じて確認され、さらに神経系統へ還元されるようになったのに対し、二〇世紀においては、進化論を引き継いだ優生学の下で痛みは社会全体の利益という問題に置き換えられてゆく。そこには、生命統治への意思が生々しく存在していたのである。

　近代医学の発展過程において、痛みの理解はそのあり方を大きく変えてきた。一九世紀初頭に局在論的な病理解剖学が登場したことにより、痛みは、神経の問題に還元されるようになり、身体の局部の問題として物質主義的にとらえられるようになった。そこでは人間の主観は相対化され、痛みは身体に聞くものとなった。そして、この理解に基づいて、鎮痛効果が見込まれる化学物質がやみくもに投与されるというヒロイック・トリートメントが広く実践された。ここでも病者はその主体性を剥奪され、医師の功名心が支配する枠組みの下で痛みは扱われた。

痛みに関する医学的な理解の探求は二〇世紀中葉以降も引き続き推し進められた。それは、いささかグロテスクとも思える実験を通じてである。一九四〇年代以降、薬理化学の発展の影響を大きく受け、痛みをいかにして化学的に操作できるか、化学的に定量的に表現できるかという関心に基づく研究が進展した。たとえば、一九四〇年、『ランセット』編集主幹は、痛みを引き起こす刺激の程度に関する研究を紹介している。[105] これは、コーネル大学の鎮痛剤研究者ジェイムズ・W・ハーディ、ハロルド・G・ウルフ、ヘレン・グッデルらの研究に関するものである。[106] 彼らは、温熱刺激による痛みの反応を定量的に表現するという実験を行った。具体的に述べると、まず千ワットのランプの光をレンズで凝集させ、三・五センチメートルほどの距離で三秒ほど額にあてる。これを、被験者が痛みを感じるまで繰り返す。数値で表すと、華氏一一三度(摂氏四五度)であった。華氏一五二度(摂氏六七度)になると、痛みは一定になる。結果、照射された箇所はこぶになる。こぶになった時点が痛みの閾値とされる。その上で、この痛みを治める化学的物質の投与する実験へと移行する。ここでも定量的なアプローチが用いられる。痛みが治まった際のアヘンやアドレナリンの量が測定されるのである。

さらなる痛みの定量的表現の例としては、一九四三年に発表された、オックスフォードの生理学者ジョージ・ゴードンとデヴィッド・ウィッタリッジの実験がある。この実験では、眼を閉じた被験者に不定の刺激を皮膚に与えて、刺激と脳波の間隔を把握することが試みられた。[107] その際、指とつま先が窒息状態にされた被験者と通常の状態の被験者の比較が行われた。その結果、当然予測されることではあるが、窒息状態にされた被験者の場合、刺激と脳波の間隔が通常状態の被験者よりも大きいことが確認された。通常状態の場合は一四人の被験者において〇・二六秒で刺激を脳に伝えていたが、窒息状態の場合は一〇人の被験者において一・〇四秒であった。

こうした痛みの客観的な把握を目指す研究が展開される一方で、人間の主観性が痛みという問題から完全に捨象されたわけではない。二〇世紀は、心理学の発展によって特徴づけられた時代であり、二〇世紀前半の『ランセット』では、精神起源の痛み、感覚に還元されない痛みの問題がたびたび提起された。[108] 神経に還元されえぬ精神起源の痛みに関する議論としては、一九四五年発表の子供の腹痛に関する研究が興味深い。[109] アメリカの小児科医ジョゼフ・ブレネマンは、臨床上たびたび遭遇する子供の腹痛の原因に関して、ガス、消化不良、アレルギーなどの身体的な問題を検証する。しかし、身体起源の説明ができず、そこから精神起源の痛みという仮説にたどり着くのである。

このような痛みをめぐる客観性と主観性の問題は、現代の脳神経学的研究によって、前者を強調する傾向が優勢となりつつある。現代の脳神経学は、脳画像撮影装置を用いて、痛みを含む感情的機能を客観的かつ定量的に測定可能なものとして提示するようになった。これは、一九世紀以来、西洋医学が追求してきた神経学的な痛みの系譜に連なるものである。

他方で本章は、一九世紀末以降のイギリスでは、痛みの意味に関する哲学的探求が盛んとなり、前近代的な宗教的な贖罪という意味合いから、身体の危険を伝える保護的な機能、そして種としての進化のプロセスへと痛みの解釈が変化したことを論じてきた。そのなかでも重要なのは、一九世紀末以降に盛んになる進化論的な意味付けである。進化論およびその系譜にある優生学において、痛みはもはや個人的な苦しみではなく、人類全体もしくは社会全体の問題として理解され、そこから功利主義的な管理、生命統治のために安楽死の必要性が議論された。ここでは、全体と個人の対比があり、前者を重視する考え方が優勢となったことが見て取れる。現代へと寄せて言えば、優生学はナチス・ドイツの経験が故にタブー視されることになったが、人間の生命をより功利的に統治しようとする試みは漸進的に拡大してきた。脳死、生体移植、出生前の遺伝子検査はいずれも、功利主義的な価値観の下で提起されたものである。病者の安楽死をめぐっても、その合法化を求める声は止んではいない。そのことは、二〇一六年七月に相模原市で起こった障害者施設での殺傷事件と、それを受けてインターネット上にあふれた、安楽死を間接的に支持する意見とも無縁ではないだろう。

最後に、ひとつ問題提起をしておきたい。痛みをめぐって、主観から客観へ、個人から全体へというように歴史が展開する時、人間個人の痛みの感じ方、あるいは愁訴のあり方は根本的に変わってしまったのだろうか。近現代を通じて、人間は客観的な痛みの見方を身に着け、功利主義的な処方をわがものとしたのだろうか。医学的な痛みの理解、功利主義的な痛みの理解は医学の外で規範的に作用したのか、あるいはそうはならなかったのか。このような問題群を本章は検証しなかった。規範的に作用したのであれば、かつてサミュエル・ピープスが自身の健康状態を細かく日記に記したように、痛みを含む日々の身体の状態に関する客観的な数値を記録する人間が一九世紀から二〇世紀にかけて多数登場したのだろうか。現代の私たちは、体の不調に直面した時、体温、脈拍を測り、その数値から正常と異常を判断するだろう。そのような人間を近代的人間と仮に呼ぶならば、いつどのように登場したのか。それは、痛みの医学史の先に議論されなければならない問題かもしれない。

II 救済——一九世紀における物乞いの痛み

金澤 周作

自分が痛みに苦しんでいることを、どうすれば他人に分かってもらえるのだろうか。他人が痛みを訴えている時に、どうすれば自分にその真偽が分かるのだろうか。本当に痛んでいる人が救われる（を救う）にはどうすればよいのか——。この問題は、弱者の救済の局面において常に伏在していたが、前近代的なキリスト教的世界観と現代的な科学的世界観というふたつの巨峰に前後をはさまれた一九世紀、その困難性は深刻であった。

遍在する悲惨

近世・近代を通じ、イギリスには弱者が満ちあふれていた。しかも彼らは多くの場合、隠されておらず、日常の光景にはっきりと組み込まれていた。みすぼらしい風体をし、しばしば生存ラインを下回る危機と隣り合わせの人生を営むことを余儀なくされた貧しい勤労者層や安定した経済的地位から転落して人知れず呻吟する人々が、そもそも人口の過半をなしていたことは言うにおよばず、イングランドとウェールズに一万五〇〇〇ほどあった教区には必ず、公的な救貧法行政（poor law administration）から給付を受けたり救貧院に収容されたりする一定数の極貧者（pauper）――自活できない老人、病人、障害者、未亡人、孤児など――がいた。それのみか、街路には底辺で生計を立てる諸種の行商人や大道芸人、それに娼婦や物乞いが徘徊していた。また、都市や町、郊外や農村、漁村を結ぶ道路上にも、職を求めて移動する季節労働者や旅芸人、「ジプシー」集団や浮浪者、出身教区へ送還される極貧者や、イングランドとウェールズの外へ追い出されたり逆にそこに流入してくる食い詰めたスコットランド人やアイルランド人、故郷へ帰る除隊兵や難船員、そして外国からの移民など、無数の社会的弱者が行き交っていた。

与え手と受け手の「あいだ」

このような圧倒的な悲惨のプレゼンスと、世界中の文物を集め繁栄を極めた「豊かな社会」のあいだ、換言すれば、救済の潜在的な受け手と与え手のあいだには、どのような交渉があったのだろうか。官民双方の弱者対策の仕組みや体系（機能）、その背後にあるさまざまな動機（意図）に関して、与え手側に引き付けた研究蓄積は厚い。同時に、受け手側の主体性やバイタリティを掘り起こすタイプの社会史的な仕事も陸続と現れている。[1] しかし、本章ではそのどちらの路線も取らず、与え手と受け手の間に成り立っていた回路に関心を絞り、なかでも、救済の有無を決定する前提となる感情の次元を扱ってみたい。時期は近世・近代の中でも、イギリスが劇的に富強化し、新しい社会問題が次々に生起して貧富の格差も拡大した一九世紀に限定する。対象は社会的弱者の中でも、統治諸権力による把捉が困難なゆえにかえって厳しい視線にさらされた広義の物乞い・浮浪者に置く。そして、与え手と受け手を媒介する回路に流れたいくつもの感情の中でも、焦点でもあり、また、双方向性が顕著だと思われる「痛み」を観察することによって、与え手と受け手の関係を根底的なところで規定していた、この時代・地域に固有の救済をめぐる交渉の文化とその変容のさまを明らかにしたい。具体的には、物乞い・浮浪者が発信した「痛み」のサインがどのようなもので、それらを受信した側が、どのようにサイン群を弁別して救済の有無を決め、その「痛み」への対応を返したのかを検討してゆくことになる。

以下、第一節で物乞い・浮浪者を取り扱うための諸前提を定めつつ、先行研究に照らして本章の位置を明確にする。次に第二節で物乞い・浮浪者による「痛み」の発信を、第三節でチャリティ組織によるその「痛み」に対する応答を論じる。

一、物乞い・浮浪者という問題

ふたつの物乞い観

一九世紀イギリス社会の思潮に消し難い刻印を押した二人の人物、功利主義の哲学者にして改革者ジェレミー・ベンサムと、ロマン主義の詩人ウィリアム・ワーズワースは、物乞いに対して対照的な見方をしていた。[2] 一八三四年の新救貧法における最大の特徴となる劣等処遇（公的救貧の受給者が受ける待遇を非受給者の最低水準より下回らせること）を先唱していたことからも知られるように、ベンサムは怠惰な貧者によって公的資金が費消されることを激しく嫌悪していた。実現しなかったとはいえ、彼は「全国チャリティ社」なる、極貧者をその自己負担で強制的に閉じ込める施設を運営する企業を考案してもいる。この計画では、物乞いは捕縛されて最寄りの労務院（house of industry）に送致され、そこで捕縛者への報奨金や院内での自身の扶養費、院の運営経費などからなる債務を負わされ、それを債権者たる労務院に労働によって弁済し、かつ外に雇用を得られた場合にのみ釈放されるというのであった。そのようなべンサムの物乞い観を、全国チャリティ社を研究したバーミュラーは次のように要約している。

物乞いについてベンサムは一切の同情を持たず、そのおぞましい姿を街路から徹底的に消し去るべく、容赦ない対策を提案した。彼の評価によれば、物乞い行為は物乞い自身にとってさえ何の利点もない災厄であった。物乞いは道行く人を同情の痛みと嫌悪の痛みにさらす。彼らは「誠実への主たる防壁」たる恥を取り去ることによって、また、真の犯罪者に偽りの仮面を与えることによって、犯罪を助長する。彼らはまた産業を阻害する。なぜなら「汗水たらして働く者を、哀れを誘う口上や憂色をたたえた顔をして稼ぐよりも少ない稼ぎしかない」大間抜けのように見せることで、「産業の子」たる働き者を侮辱しているし、物乞い行為に費消される一瞬一瞬は、もしその物乞いが仕事に就いていた場合からすると大いなる時間の損失だからである。最後に、物乞い自身の幸福は、彼らの道徳的更生によって最も大きくなるだろう。裕福な物乞いが一人いるとしても、大多数は窮乏の流砂に深く引きずり込まれており、そこから脱することができないでいる。ベンサムはこう述べている。物乞いが物乞いを続けるのは、歯痛を不必要に我慢するようなものだ。(こういう者は)「歯痛が快楽なのではなく、歯痛を取り除く決心がつかないでいるのだ」。そして痛む歯のように、習慣、ことに怠惰の習慣は「激痛」なしには止められないのだ。「しかし、どこかの段階でその激痛を乗り越えてしまえば、安楽が結果として訪れるであろう[3]」。

痛みに着目する本章にとって示唆的なことに、ベンサムは物乞いの罪として、与え手に「同情の痛みと嫌悪の痛み（the pain of sympathy and the pain of disgust）」を与えていることを挙げており、また、その罪の暮しを歯痛になぞらえ、その「痛み」から抜け出すには「激痛（pang）」を要すると論じている。

他方、ワーズワースは、彼の名を一躍世に知らしめた『抒情詩集』（第二版、一八〇〇年）序文の、後の改訂増補版において、「私たちは快楽によって増殖されないような同情を持っていない」として、「痛みに同情する場合、常にその同情はわずかに快楽とまじり合って生み出され、伝達される」と書いた。[4] 快楽と苦痛の原則を述べているので、一見、あたかも功利主義への接近のようにも映るが、その詩集に収められた詩「カンバーランドの老物乞い」では、「この男を無価値な者とは見給うなかれ」、「この世の重荷と見給うなかれ」、「労務院なる誤った名の場所に閉じ込め給うなかれ」と、論敵としてベンサム——物乞いを労務院に収容する会社を考案した人物——を念頭に置いているかのような調子で、他者の痛みへの同情に混在する快楽を積極的に肯定し、田園の共同体にとけ込む旧き良き物乞いの姿を情感豊かに描いている。[5] 実際、一八三三年の詩「功利主義者たちへ」では、「経済の狂乱よ、去れ！／何がもたらされよう？——鉄の時代だ／そこでは心あらぬ研究で得た事実が／想像力を組み敷いて／神の如き魂の働きを、絶対的な統制の下に置いて廃棄するだろう／すなわち知識ではないのだ、我らの本性を堕落から引き上げるのは／平静な理性を信仰に結びつけるなら、護ることができるだろう／人類の高邁な権利を——事物と洞察の真の一致を／営みと存在の意味の真の一致を」と、明白に反功利主義の立場を表明している。[6]

ベンサムの物乞い観を功利主義と政治経済学のそれとするならば、ワーズワースの物乞い観はロマン主義と伝統キリスト教のそれを代表していると言ってよいだろう。そうすると、この対照的な物乞い観は、政治経済学とロマン主義の対立のみならず、都市と農村、新と旧、性悪説と性善説、個人と集団、抽象と具体、量と質、公的救貧と私的チャリティ、理性と感情、俗と聖、苦痛と快楽など、さまざまな対抗軸に沿って対峙していることになる。すなわち、物乞い観には、一九世紀に深甚な影響のあった主要な世界観の二極が明瞭に表れるのである。彼らを処罰対象と見るか同情対象と見るか、経済的に無価値な主体と見るか道徳的に有用な主体と見るか、その二極間に、物乞いあるいは浮浪者をめぐる問題系は位置付いていた。そこでは「痛み」が参照点になっていることにも留意したい。

さらにもう一点、ふたつの極が共有しているある観念にも触れておかねばならない。すなわち、世の中には救済に値する貧者(the deserving poor)と救済に値しない貧者(the undeserving poor)がいる、という確信である。[7]ベンサムは物乞いを後者に分類した一方で、ワーズワースは彼らを前者に分類している。たしかにそのような顕著な差異はあるが、その上で二人は、そして一九世紀の人々は、この区分に強く執着し、救済に値する貧者に選別的な施し(discriminating giving)をしたいと望み、救済に値しない貧者に非選別的な施し(indiscriminate giving)をしてしまうことを恐れた。選別的な施しは、救い救われる望ましき「共同体」の維持・発展に不可欠だと考えられていたのである。[8]ベンサムは物乞いを共同体から排除しようとし、ワーズワースは包摂しようとしたと言い換えても良い。

このように、一九世紀イギリスを生きた人々が社会的弱者、とくに物乞い・浮浪者を観たり彼らについて考えたりする際、ベンサム的パースペクティヴとワーズワース的パースペクティヴ、救済に値するかしないか、そして救済方法の点で選別的か非選別的かという論理が、一種の色眼鏡として機能していたのである。それでは次に、これまで無限定に用いてきた物乞い・浮浪者が何を指すのかをはっきりさせておこう。

物乞い・浮浪者とは誰か

法的にも社会通念的にも、物乞い（beggar）と浮浪者（vagrant）は、定まった住所を持たず、いかがわしいとされた生業か、あるいは他人からの施しによって生きている者を指した。ただし、彼らを取り締まるのは浮浪法（vagrancy laws）と総称されていることからも分かるように、物乞いという概念はおおかた、浮浪者に含まれるものであった。一七一三年の浮浪法が処罰すべき浮浪者としてカテゴライズした人々は、勧進、大道芸人、偽ジプシー、占い師（手相、運勢）、家族を見捨てた健常者、通常の賃金で仕事をしない人、物乞いをする怠け者であり、そこに一七四四年の浮浪法は、酒場《エールハウス》や納屋や屋外で夜を明かしながらその事情を弁明できない者を加えた。[9] この頃までに、規制対象の浮浪者は三種に分類されるようになっていた。一七四四年の浮浪法によれば、第一は「怠け者・厄介者（Idle and Disorderly）」という、家族をかえりみず教区内で物乞いする者、第二は「ならず者・放浪者（Rogues and Vagabonds）」という、家族を見捨てて教区の外で物乞いする者、そして第三は「手に負えぬならず者（Incorrigible Rogues）」という、第二の範疇のうちの常習者であった。[10] このように、物乞いと浮浪者はほとんどひとつのカテゴリーとして認識されていた。したがって、以下では、単独で浮浪者と言う時も、物乞いを含意しているものとする。

しかし、注意しておかねばならないのは、この規定はあくまで「処罰すべき」浮浪者ないし物乞いの一覧であって（つまり法で取り締まりにくい物乞い・浮浪行為はあった）、しかもなんら客観的な基準を有せず、当局の裁量でどうにでもなる余地が非常に大きかったという点である。そしてこの事実が示唆するのは、物乞い・浮浪者は、大勢いるのは疑い得ないが、実際には極めてとらえどころのない存在だったということである。二〇世紀に入ってもその事情は変わらず、一九〇六年の議会文書に収録されている「浮浪問題委員会」の報告書がそのことを鮮やかに記している。いわく、

真正の労働者が職を求めて渡り歩いているがうまく見つけられなかったり、ありついても長続きしなかったりする時、どの段階で、浮浪者階級に加わったと見なされるべきなのか。また、どれくらい日雇い労働に従事すれば浮浪者階級から抜け出るに充分だと見なされるのか。いずれもはっきり言うことは不可能である。そして浮浪者は多くの場所で見出される。路上、救貧院の浮浪者収容区画、木賃宿、官民両方で提供されているシェルター、刑務所。それ以外にも彼らが雨露をしのぐ場所としては納屋やレンガ工場などがある。さらに、宿なしの放浪者の人数は、景気や天候、季節雇用の誘因に応じて年間でもさまざまな時期に大きく変動する。それゆえ、浮浪者の総数を示した数値はどのようなものであれ、単なるひとつの推計だと考えなければならない。[11]

この報告書では、続いて、入手できるさまざまな調査結果を検討し、二〇世紀初頭時点の浮浪者数を、三～四万から七～八万人のあいだと見積もり、そのうち常習的な（処罰対象の）浮浪者は二～三万人だろうと結論している。[12] ちなみに、救世軍創設者ウィリアム・ブースは、一八九〇年のブリテン島の実態として、総人口三一〇〇万人中、一六万五〇〇〇人の「ホームレス」がいると考えていた。[13] 内務省の報告によると、一八六八年四月一日、イングランドとウェールズの各地の警察が存在を把握している（処罰対象になり得る、つまり全体の一部でしかない）浮浪者総数は三万六〇〇〇人あまりであった。[14] さらに遡ると、パトリック・カフーンは一八〇三年に出版した書物の中で「他人の労働に依存して生計を立てている者」の数を一三二万人（人口比一四・一パーセント）と推定したが、そのうち、物乞い（Mendicants）が五万人、ジプシーなどの浮浪集団（Vagrants）が二万人、ならず者・放浪者（Rogues and Vagabonds）が一万人、放浪富くじ売り（Lottery Vagrants）が一万人だと見積もっていた。[15] 結局のところ、正確な数値は決して知り得ないが、一九世紀を通じて、常に数万人単位の物乞い・浮浪者がイギリスに存在したことは間違いなく、その数、規模感が社会にとって脅威であったことも疑い得ない。なかには求職中の労働者も少なからず入っていたはずであるが、分からないがゆえにかえって恐怖がいや増すといった要因もあったと思われる。

このように把捉の困難な物乞い・浮浪者に対して、イギリス社会はどのように対応したのであろうか。本章の前提的な知識となるので、略述したい。

物乞い・浮浪者対策の体系

物乞い・浮浪者を取り巻いた近世・近代イギリスの法制システムは、救貧法、定住法、浮浪法の三つから成り立っていた。救貧法は一六世紀末以来、教区の負担、すなわち担税者から救貧税を徴収することによって、教区内で発生する極貧者の扶養を義務付けた。一八世紀になると、教区あるいはいくつかの教区合同で救貧院が設立される例が増加し、極貧者は在宅で給付を受けるか救貧院に収容されて扶養されるようになった[16]。

ただ、極貧者が救済を当て込んで相対的に富裕な教区に移住したり、経費節減を目指す教区当局からそのように促されたりするといった弊害が深刻化するにおよび、教区間の不公平を是正するため、一六六二年に定住法が制定された。これにより、すべてのイングランド人およびウェールズ人は、現住所すなわち在住教区（parish of residence）の如何にかかわらず、いずれかの場所に一種の本籍地すなわち定住教区（parish of settlement）を持つこととされた。そして、その人物がどこで困窮し極貧者の列に加わろうと、その救済義務は、その時の在住教区ではなく、もともとの定住教区に課せられることとなった。そうして在住教区が送還費用を工面できるなら、当該の望ましくない極貧者は定住教区へ送還されることが原則となった（費用負担を低く抑えるため、送還費用の教区間決済のシステムや、定住教区から在住教区への当該極貧者の扶養費用の送金といった便法も編み出された[17]）。

浮浪法は、この救貧法と定住法の網からすり抜けてしまう人々——（犯罪者を含む）定住志向がないように見える者、（定住権を持たない）スコットランド人やアイルランド人や外国人など――を対象にしている。一五世紀から断続的に制定されてきた浮浪法は、一八世紀になると、先に言及した一七一三年法や一七四四年法で取締りの範囲を拡張しつつ、原則として、物乞い・浮浪者を捕縛し、有罪宣告が下った場合は笞刑または各地に点在する労務院での重労働刑に処し、その上で、軍役に従事させるか、あるいは出身教区へと送還する仕組みを整備した。なお、送還の費用は通過教区の応分負担とされたが、実質州税によって支出された。それゆえ、送り出す側が費用負担を強いられる定住法による送還よりも、この浮浪法による送還を、教区は選好したとされる。定住権を持たない教区で極貧化した者は、教区によって浮浪者のレッテルを貼られ、捕縛の上その教区を追放されることもあった。[18]

救貧税は、一八世紀末から一九世紀初頭にかけての貧困増大に伴って、教区の担税者にとって耐えがたい負担となったため、一八三四年には救貧法改正法が成立し、これにより、それまでの（旧）救貧法に代えて、新救貧法が施行された。新機軸は、すべての教区を六〇〇の教区連合（ユニオン）にまとめ、救貧の単位を連合にしたことと、連合ごとに救貧院を建設させ、労働可能にもかかわらず極貧者となった者を、原則として、外で自活し得る最低ラインを下回る待遇しか提供しないという条件を呑む場合に限り、救貧院内部で救済するとしたこと（劣等処遇による救貧院テスト）である。一八四〇年代になると、各地の救貧院は、一時的な宿泊を求める物乞い・浮浪者を、専用の区画（浮浪者収容区画）に泊まらせるようになり、また、通常の極貧者とともに、原則を逸脱して、院外で給付を受けることも少なからずあった。[19]

三つの法は相互に連関しつつ、それぞれ物乞い・浮浪者に対処していた。しかし、法が把捉（救済あるいは処罰）できた物乞い・浮浪者は一部にすぎない。一八五一年の国勢調査によれば、その年一月一日に、イングランドとウェールズの救貧法で救済された物乞い・浮浪者は、院外救済で二三二〇人（救済総数の〇・三パーセント）、院内救済で一一七〇人（救済総数の一・一パーセント）でしかなかった。[20] その他数万人の物乞い・浮浪者は、安価な木賃宿や民間からの施しを利用して、糊口をしのいでいたのである。

こうした公的な対策を分厚く下支えしていたのがチャリティである。ロンドンにあった物乞い関連の救済団体だけをいくつか挙げるだけでも、「困窮者避難所」（一八〇五年）、救済に値する物乞いだけに選別的に手を差し伸べようとした「物乞い撲滅協会」（一八一八年）、「ホームレス夜間シェルター兼困窮者一時救済所」（一八一九〜二二年に設立）、ストリート・チルドレンの更生を目指した「感化作業場」（一八五三年）、そしてよく知られた「チャリティ組織化協会」（一八六九年）など数多い。[21] この他に、路上で日々繰り広げられる個人的な施し行為があった。このような民間での救済実践の現場でこそ、物乞いとのあいだの交渉には、ベンサム的物乞い観とワーズワース的物乞い観に挟まれた、健全な共同体を維持するため救済に値する者を選別的に救わねばという強迫を伴う、社会的に大筋で共有された感情的基層が不可欠であったし、また見出し得るであろう。本章はそこに「痛み」のレンズを通して迫ると先に述べた。だが、それが先行研究の中でどのような位置を占めるのかについては、ここまで触れてはこなかった。次項では改めて研究史を振り返り、すでに以上の行論でも依拠した成果を確認した上で、研究をどの方向に進めてゆくのかを明示したい。

法制度史、社会史から文化史へ

本格的な物乞い・浮浪者研究は一九世紀に遡るが、金字塔と言えるのが、リブトン＝ターナー『浮浪者と浮浪行為および物乞いと物乞い行為の歴史』（一八八七年）である。[22] 古代・中世から一九世紀末に至る、イギリスを中心とした、しかし諸外国の事例も広く収集した、物乞い・浮浪者のあり方と彼らに対する法的な対策を網羅した基盤研究の地位を占める。法制史として詳細を極めている。そして二〇世紀後半の現代歴史学では、社会史的観点からの研究が進められた。近世イングランドを対象にしたものとして最も有名なのは、早くから日本でこの研究を進めていた佐藤清隆によって邦訳もされた、たくましい浮浪者たちを扱うバイアーの『浮浪者たちの世界』（一九八五年）であるが、[23] 定住社会から疎外された浮浪者の文化的構築と社会的実態を考究したヒッチコックの研究（二〇一六年）も重要である。[24] 一八世紀については、スネルの業績（二〇〇六年、など）が一頭地を抜いているが、[25] エクルズも二〇一二年に法の施行実態を追究した実直かつ実証的な地方史に立脚した仕事を公刊している。[26] これは下層民が法を駆使して移動するさまが描かれた良質な社会史研究でもある。[27]

一九世紀についてはメイオール（一九八八年）が「ジプシー」の実像・イメージ・当局の対策を丹念に追い、一時的な物乞い・浮浪者とは異質の恒常的な移動民の姿を活写した。[28] 定住社会の構成要素としての移動民を位置付けた点はあざやかであり、「ジプシー」が一九世紀前半までは農村地域に労働力と物資と情報をもたらす貴重な機能を果たしていたという指摘も重要である。「ジプシー」以外の一九世紀の物乞い・浮浪者については、ローズ（一九八八年）[29]とハンフリーズ（一九九九年）[30]が、どちらも二〇世紀後半までを射程に入れた概説ではあるが、前者は最下層民の社会史を、後者は法制度に重心を置いた浮浪者対策史を手際よくまとめており、有益である。日本では、先駆的な佐久間亮の仕事（一九九〇年）が、しかるべき史料群の丹念な読み込みに基づき、一九世紀初頭、新警察導入によってそれまで曖昧であった「浮浪者」観が「犯罪者」へと収斂していったという議論を提出しているし、三時眞貴子は近年マンチェスターをフィールドに、浮浪「児」を支援し社会に還元しようとする仕組みの解明を目指しており、注目される。[31]筆者も二〇一五年の論文において、海難者が物乞いを許されて故郷に帰還する体系を再構成するなかで、浮浪法を始めとする国内の法制度や民間のチャリティが、招かれざる客であるところの無一文の海難者を厄介払いする流れを生み出した点を強調した。[32]

こうした先行研究の法制史、社会史の研究成果によって、本章の先の概観は可能になった。しかし、以上の諸研究は総じて、物乞い・浮浪者という存在が一方にあり、他方でそれを（言説的に構築して）社会問題化する陣営があって、対策がとられ、それに対して当の物乞い・浮浪者が抵抗、回避、利用をするという構図において共通しており、「問題」と「対策」のあいだをつなぐ論理が、社会経済的、あるいは政治的な意図や機能に終始しているように思われる。別言するなら、規制や救済の与え手と、規制や救済の受け手としての物乞い・浮浪者の「あいだ」に行き交っていたはずの、基層的な、感情のレベルの交渉が等閑視されているように思われるのである。[33]

この問いに取り組む際に最も参考になったのは、ロバーツの論文「施し関係の再編――LMSとイングランドにおける物乞いの撲滅　一八一八‐一八六九年」(一九九一年)である。[34] LMSとは先にも触れ、以下の本論でも事例として注目するロンドンの物乞い撲滅協会のことで、同団体に関する専門的研究としては管見の範囲でこの論文が唯一の成果である。ロバーツは、一九世紀イギリス社会には、物乞いに与えたいというキリスト教的な心情と、彼らに与えるのは逆効果だという政治経済学的な思考が背反しつつ並存しており(ワーズワースとベンサムの対比を想起してほしい)、そのジレンマに解決を提示したのがLMSだったと主張する。この団体の運営委員会はアマチュアリズムを堅持しつつも冷徹な選別の思考を実践するが、寄付者は同情的な心情を寄付によって満足させられたと言うのである。しかし一九世紀後半に新たに物乞いへの恐怖が社会的に嵩じた時にLMSは対応できず、より専門性を強調したチャリティ組織化協会(一八六九年)の台頭の前に影響力を減退させたという。

一九世紀後半に「施し関係の再編」があったとする主張には、LMSの二〇世紀初頭でも顕著で旺盛な活動に鑑みれば疑問なしとは言えないし、肝心の受け手がほとんど視野に入っていないことも問題ではあるが、「心情」の重要性を喚起したことは大きい。何より、論文の結びに付された次の洞察は、本章が目指すところをかなり正確に予示している。

ブルジョワ層は概して、雇用者としてかあるいは別の構造化された仕方で、労働貧民とのあいだに強固な結び付きを持っていた。物乞いは結局のところ、そんな一部のブルジョワ層の精神と感情の中に象徴的で伝統的な連想を呼び覚ますのであった。こうしたつながりが欠如していても、現代都市の官僚化し専門化した社会の市民は不安を感じはしないだろう。〔しかし〕一九世紀のほとんどを通して、首都ロンドンの市民はそのことに不安を感じていたのである。疑念、いとわしさ、困惑、憐れみといったさまざまな感情のあいだで引き裂かれて、彼らはそこからの脱出を求め、その答えをボランティアによる贈与関係の専門化の中に見出したのである。[35]

本章は、この「さまざまな感情のあいだで引き裂かれ」ていた与え手と、受け手たる物乞いのあいだに行き交って交渉を成り立たせた一種の通貨としての「痛み」に注目し、与え手・受け手の関係を感情の次元から再考する。敢えて言うならば、感情論的転回を経た後の、文化史の試みということになる。[36]最後に、さらに大きなヨーロッパ貧困史の文脈から、本章の企図を意義付けておく。この分野の古典となって久しいゲレメクの『憐れみと縛り首』(一九八九年)は、主に物乞いがある種の「身分団体」として「社会的分業の範囲内」に位置付き、また「職業的に安定」していた中世から、彼らを抑圧する姿勢が顕著になる近世までを扱った書物であるが、[37]近現代の貧困と憐れみの関係を素描した末尾の箇所には本章を後押しするかのような展望が述べられている。すなわち、チャリティは、社会経済的な利害という説明だけでは理解できない。それは自己顕示志向と「真の」人間愛の「感情の複合」であり行動様式だという。それゆえに、「貧困に対する姿勢の歴史を理解するには、「感情の歴史」の地平を開拓する意味を自覚しなければならない」[38]。本章は、「痛み」を媒介したチャリティの「感情の歴史」たらんとしている。

二、痛みの発信

見える／展示する痛み

ナポレオン戦争終結後の不況期に、物乞い・浮浪者への社会不安はとくに昂進したようである。詳しくは後述するが、官の側では首都ロンドンにおけるこの問題の実態調査と政策提言を目的とした議会特別委員会が一八一六年に設けられ、その帰結として一九世紀の物乞い・浮浪者規制の基盤となる一八二四年法が制定された。民間では一八一八年にチャリティ団体であるロンドン物乞い撲滅協会（LMS）が設立された。また、一八一七年にはジョン・トマス・スミスが、ロンドンに巣食う物乞い・浮浪者の姿を印象的な版画に刻んだ『ヴァガボンディアーナ』を出版している。[39] そしてこの書物の系譜は、一九世紀半ばにはかのヘンリー・メイヒューの下層民ルポルタージュにつながってゆく。本節では、これら物乞い・浮浪者へのまなざしがいかなるものであったのかを、とくに目に見える痛みとの関連で解きほぐしてゆきたい。

『ヴァガボンディアーナ』の序文で、J・T・スミスはこう書いている。

物乞い行為は、最近、とくにここ六年ほど、ロンドンで非常に深刻な問題となったので、より積極的な立法による介入が絶対に必要である。実際、怠惰で壮健な者による騙りの手口は非常に多彩で狡猾、広範囲におよんでいるため、ほとんどの場合、チャリティの真の対象と偽のたかり屋どもを見分けるのはこの上なく困難なのである。[40]

このようにベンサムよろしく峻厳な選別的態度を表明したスミスは、やがてなされる法的措置によって物乞いがいなくなることを予測して、「こうした輩の中でも最も際立った者の姿を、その独特の習性ともどもとどめておくことは、彼らに長年にわたってたかられてきた方々にとって興味をひかぬことではありますまい」と、物乞いの視覚イメージを満載した書物を出す意義を述べる。

スミスが描き記録した物乞いは多岐にわたる。元船乗り、さまざまな身の上の盲人、黒人、ユダヤ人、フランス人、アイルランド人、街路を掃いて小銭を稼ぐ掃除夫、傷痍軍人、身体障害を負った人、地面を漁って古釘などを集める人、動物の骨を集めて暮らしている人、鳥の鳴き声をまねる人、薬草売り、靴直し、木製パズルを作って売る父子など。しかも、これらは類型化された代表例の表象ではなく、出没地域と固有名詞が特定された人物の写し絵であった。スミスはこのうちの約半数は偽物ないしは自己責任で人生に落伍した者だと見ている。とりわけ掃除夫へのまなざしは冷たい。他方で、盲人と病疾者については、「不運」の犠牲者として、深い同情のコメントを付している（図1）。つまり、身体的な「痛み」（の痕跡）を意味する障害や傷、四肢欠損は、他の諸種の物乞いに対して理性を働かせて選別的救済を実施するのとは異なり、より基層的な、感情のレベルで同情を喚起し救済の方向へ与え手を押し

図1　両手を失った物乞い

流す力を有していたように思われる。同情を起動する有効なスイッチのひとつが、「痛み」だったのだ。だからこそ、物乞いたちは、そうした目に見える「痛み」を積極的に発信した。

一八一六年の物乞い問題に関する議会特別委員会は、前年に設置された同様の委員会が充分に行えなかった調査を継続し、首都とその近隣にはびこる深刻な物乞い・浮浪者による「はなはだしく途方もない詐欺」を白日の下にさらし法改正の必要を提言した。[41] この報告書の中にも印象的な痛みの発信例が記録されている。ロンドンでも指折りの治安の悪い地域、セヴン・ダイアルズに居住する鋳物師サムスン・スティーヴンスンが証言しているところによると、彼の住まいのごく近くに、街頭物乞いが大勢集まる住居があった。そこにはとくに、物乞いして手に入れた古靴を新しく仕立てて売り払う者たちが多くいたという。彼らのやり口は次のようなものだった。

> 聞いたところでは、やつらは靴を物乞いして日に三から四シリングを稼いでいるそうです。なんでも、時には本当に物の良い靴が手に入るからだとか。それで、人のチャリティ心をかき立てて靴を差し出させるやり口というのは、必ず裸足でいて、足を何かで傷つけて血をだらだら流すのだそう

です。[42]

同じスティーヴンスンが実際に知っているという、ある物乞いも、「足首のあたりを引っ掻いて出血させ」た上で、「決して靴を履いては出歩かない」。こうして、この男は靴物乞い仲間の中でも最も稼ぎがよいのであった。[43] 痛みの演出は疑惑を生ぜしめたとはいえ、それは物乞いにとって確かに効果があったのである。一八三九年の『四季評論』誌でも、ロンドンの物乞いについて「我々の注意が最初に向くのは不具者と盲者」であるとし、「四肢の欠損や視力の欠如はそのどちらも運よく兼ね備えている人々の心を打つ」と評している。[44]

こうした見える痛みを強調する物乞いの存在はヘンリー・メイヒューの目にもとまった。『モーニング・クロニクル』紙上で一八四九年から五〇年と、五一年から五二年にかけて、二度にわたりロンドンの下層民のインタヴュー記事を連載して評判をとり、それらを元に協力者たちの助けを借りて調査を深め、一八六一年から六二年にかけて公刊した全四巻の『ロンドンの労働とロンドンの貧者』は、底辺の行商人や労働者、売春婦や物乞い・浮浪者について精彩を極めた描写を残した第一級のルポルタージュである。[45] その第四巻に収められた、アンドリュー・ハリデイの描く物乞いたちの姿は、『ヴァガボンディアーナ』の衣鉢を継ぐものと言ってよい。

この本が紹介する物乞いのタイプは、見出しだけでも以下の多種を含む。

無心の手紙書き、無心の広告書き、恥じ入った挙措をする物乞い、腫瘍物乞い、清潔な一家をアピールする物乞い、陸海軍兵士物乞い、外国人物乞い、被災物乞い、小商い物乞い、物乞いの係累、困窮職人物乞い[46]

さらに、上記の「被災物乞い」の内訳として、難船員、爆発事故に遭った鉱夫、焼け出された商人、身体障害を負った物乞い、不具者、盲人、失神する物乞い、屑漁りなどが紹介される。かかる物乞いの一覧の中には、一般的なイメージの逆をゆくタイプの物乞いも含まれる。たとえば、ある物乞いは、敢えて何も乞おうとしない。その表情でもって、あたかもこうメッセージを発しているかのようだと言う。

そこのキリスト教徒の友よ、わが拙い細工物を買ってくださらんか。私は物乞い行為を軽蔑しております。飢えて死にかかってはおりますが、どんな拷問を受けたって、こうなってしまった恥ずかしい秘密を私の口から聞き出すことはできますまい。[47]

通常の物乞いが行う悲惨な身の上口上を敢えて自らに禁じて同情を誘うこのタイプとは別に、箒を持って街路に立つ掃除夫物乞いの中には上等の背広を着て、洒落たしぐさで通りすがりの女性たちから金を得る者もいたし、服装はみすぼらしいが服から出ている顔や手は石鹸で磨き上げた「美しい」家族もいた。[48] これらはいわば、「痛み」を隠ぺいする物乞いだが、やはり『ロンドンの労働とロンドンの貧者』

のルポには、見える／展示する痛みを前面に出した物乞いも顔を出す。

本当に自分の肌を傷つける者もいるにはいたが、大多数は痛みの少ない「偽傷物乞い（Scaldrum Dodge）」として知られる手管を用いていた。脚や腕の一部に石鹸で厚い石膏のような面を創り、そこに酢を塗りつける。酢は石鹸をふつふつ膨れさせ、ただれたような様子になる。こうして通りすがりの者はこの物乞いが本物の傷に苦しんでいると信じ込まされてしまうのだ。……（中略）……生涯を通してずっと物乞いをしてきたある老人が教えてくれたのだが、彼のある知人男性は脚の到る所を突き刺して血を流し、潰瘍にかかったように見せていたのだそうだ。[49]

痛みは効果的に潜在的な与え手にアピールしたであろう。しかし、信号の刺激が強すぎると意図せぬ結果を招くこともあった。「神経質な女性が、その足元ではい回る腕や脚の無い男の姿を見てひどく怯え、心身を害しさえした例が、いくつも記録に残ってい」て、そのような姿の者を目にして胎児に影響が出た事例が挙げられる。女性たちは「蟹のような男」が突然現れると身震いするのだという。[50] メイヒューの書物とは別に、同じ時期の報道記事には、自らの腕をきつくロープで縛り、腕を腫れさせて、「嫌悪を催させる（disgusting）光景にした」たかり屋の事例もある。[51] 先のベンサムの表現に従うなら、見える痛みの強調は、度が過ぎると、その表象の受信者すなわち潜在的な与え手に「同情の痛み」よりも「嫌悪の痛み」を感じさせたのである。

以上のように、物乞い行為の中には、見える／展示する「痛み」の発信が組み込まれており、それは発信者の窮状を伝達する有効な信号だったが、その強度の調節には微妙なさじ加減が要求されていた。一九世紀末には、そうした痛みの受信側の感受性が変化したのか、与え手による応答はより主体的になっているように見える。その具体相については次節で扱うこととして、次に、目に見えない「痛み」の発信の実態を検討してみよう。

見えない／描写する痛み

目に見えない「痛み」は、主に無心の手紙を通して発信された。一八世紀以来、リテラシーの下方拡大などを背景に、困窮者から富裕者に宛てられた金や援助を懇請する手紙は大量に書かれ、その一部は史料として残存している。多くの場合、手紙を受け取った富裕な有力者にとって未知の取るに足らない困窮した人物――詐欺的なものはもちろん架空の差出人である――から届く手紙は、その筆力で同情を引き出そうとした。手紙の内容の真贋は文面からだけでは分からない。そうであるがゆえに詐欺的要求を紛れ込ませる余地が大きかった。[52]

　無心の手紙の書き手が、与え手とのあいだの交渉を成功させた例が以下である。アン・アーモラーなる老女は、一七八九年二月二四日付で、ノーサンバランドのカイローから、スペンサー伯の未亡人に宛て、「伯爵夫人にこのような手紙を差し上げました失礼を幾重にもお詫び申し上げますが、奥様の慈善心と善良なおこころざしが、哀れな困窮した母親を顧みてくださることを願ってやみません」との書き出して、次のような身の上を綴った。彼女の息子ウィリアム・アーモラーは、ガーナー艦長率いる軍艦フライ号で航海長をしていたが、宛先人である伯爵夫人を始め何人もの貴顕が乗り合わせた定期船を護衛した際の戦闘で亡くなってしまった。その結果「ほとんど唯一の支えを奪われて、この上なくみじめで苦しい貧困と**苦痛**（Affliction）の状態に陥っ」た。このような「悲惨と絶望に沈み込んだ」私のために、いくらか「少額の年金」を賜りたい。そして追伸には、伯爵夫人へ迷惑を長くかけるつもりはないと記す。なぜなら、「七二歳を過ぎ、手足の自由もまったく利かず、身体はどこも不調をきたしていますし、それに、唯一の支えであった息子の死で砕けた気持ちのままやっとの思いで暮らしておりますので」。

この、目に見えない「痛み」に満ちた手紙は、スペンサー伯爵夫人の心を動かし、彼女はアン・アーモラーに「年額二〇ポンドの終身年金を設定」することに決した。信ぴょう性を高めたのは、手紙が、アンの面倒を見ていた地元教区の牧師補（curate）、ジョージ・グッドウィルによって代筆されていたことにあったと思われる（アンは弱々しい筆跡で自署のみ）。その後、アンはグッドウィルの筆を通じて、一七九〇年三月、九一年二月に伯爵夫人宛てに近況報告をし、感謝を伝えていたが、一七九一年一一月三〇日付の手紙で、グッドウィルは、アンが二三日にその「不幸な人生を閉じました」と報じている。[53]

興味深いのは、この種の手紙では、目に見えない痛みを文字通り「痛み」として表現するものが多数あることである。同じくスペンサー伯爵家に宛てられたマーガレット・S・ヴィンセントなる女性からの一八二四年一二月九日付の手紙では、夫が視力を害して仕事を失ってしまったため、本当は無心の懇請などしたくはないが、「いかに**苦痛を伴う**（painfull）とはいえ」背に腹は代えられず、慈善心のある方々に手紙を出しているとある。[54] また、ノース卿宛てのムーアなる人物からの手紙（一七八三年六月一九日付）は、妻と六人の子を抱え、借財も嵩んでしまったため、「私は**痛みを伴う必要性**（painful necessity）にかられて」援助依頼をしていますと述べる。[55]

また、ロンドンの有力チャリティ団体のひとつ、捨子養育院に保存されている無心のための「陳述」は、一八二〇年七月二四日付で、チャールズ・チャーチルなる人物について（おそらく本人によって）書かれている。それによると、四五歳の彼はデヴォン州のリスペクタブルな家の出だが、相続した財産を若気の至りで蕩尽し、商売に手を出しては失敗し、妻と一〇人の子を抱え、度重なる不運で貧困にあえいでいた。はては首つり自殺におよぶが我が子に発見されて一命を取り留める。このことが、「あまりに早まった行為に走ったという**痛苦の念**（painful reflections）を生み、これまでの錯綜したさまざまな悲しみと重なって」、八方ふさがりになってしまった。そこで、「私の狂おしい心の**苦悶**（agonies）を鎮めること」を「裕福で人道的な方々、そのチャリティがこの偉大な帝国中に隠れもないイギリス公衆」に求めている。[56]

一八〇六年から七年に首相を務めたウィリアム・ウィンダム・グレンヴィル宛の無心の手紙も、見えない「痛み」を「痛み」として表現している。一八一六年八月二八日付のヘンリエッタ・ジョーンズの手紙では、四人の子持ちの未亡人が夫トマスの死去以来、「**痛ましい不運**（painful misfortune）」によって「富貴の身から極端な逆境へと転落」したと縷々窮状を述べている。[57] 一八三二年の差出人不明の手紙は、自身のリスペクタブルな出自を強調した上で、海軍に勤務した後、休職半給を得られないまま除隊することになり、それがきっかけで困窮しているという。自身も妻も病身で、「精神的にも身体的にもこの上なく**苦悶に満ちた感情**（Agonized feelings）を抱きつつ」チャリティによる救済を要求している。[58]この翌年に届いた手紙では、妻が三年にわたって病に苦しんだ末に死去し、五人の子供と残された夫マクニーなる人物が、かつてはまったく異なる境遇、すなわち余裕のあるリスペクタブルな生活をしていたのに、今は「所有しているほとんどすべての物を手放さざるを得ない**痛みを伴う必要性**（painful necessity）」に迫られていると訴えている。[59]

以上の例から示されるのは、無心の手紙における「痛み」とは、多くの場合、自身の出自や価値観や矜持にそぐわない行為、すなわち持ち物を手放す、生活水準を落とす、家族に苦労をかけるといったこと、そして無心をしなくてはならない事実に起因する心の痛みであったと言える。また、さまざまな手紙の文面から判断するに、前項の見える／展示する痛みと比較した場合、「嫌悪の痛み」を潜在的に与えることは稀だったと思われる。では、嫌悪感を抱きにくい、つまり拒絶しにくい無心の手紙の真贋をいかに区別するのか。この問題は一九世紀イギリスの富裕層にとって真剣な懸案事項であった。そして、彼らの思いと願いは、これまで数度言及したロンドン物乞い撲滅協会（一八一八年）によって結晶化する。その活動、言い換えれば与え手による受け手からの痛みの発信に対する応答の営みは、次節で扱う。その前に、痛みを軸にした身の上話を長年にわたって紡いでいる稀有な無心の事例を検討してみたい。

秀才ダニエル・スピランが書く痛み

王立文芸協会（The Royal Literary Fund）というチャリティ団体がある。「定評ある文筆での功績」を持った困窮した文筆家の救済を目的に掲げ、一七九〇年に文芸協会として設立され、一八〇六年に摂政王太子――後のジョージ四世――をパトロンに迎えて以来「王立」を冠した組織である。フランス革命にも共鳴し、名誉市民権まで授与された非国教の牧師デイヴィッド・ウィリアムズの主導によって設立され、当初のメンバーにはジョン・ウィルクスやフランシス・バーデット、ユニタリアンで反ピットの立場からフォックスと結んだギルバート・ウェイクフィールドなどが含まれた、急進主義の影響の強い団体であった。一方で、同団体は体制に近い有力者たちの支持もとりつけており、会長職にはビュート侯やサマセット公らが就いた。やがてディケンズやトロロープ、サッカレーやキプリングといった成功した文筆家も積極的に関わるようになり、現代まで続く名門団体となった。[60] 一九世紀を通じて、救済申請をして採択された者には、事情に応じて数十ポンドの一時金が与えられた。

さて、この文芸協会への救済申請書類が残されており、そのなかに、ある一人の男の満たされざる人生模様が刻まれたものがある。男の名はダニエル・スピラン。彼の人生と本章のテーマである救済と痛みはいかに関わっているのだろうか。まずは、申請書類（自身の手になる救済を求める理由書や、知人らによる推薦書など）に詳述された彼の経歴と挫折の数々を、「痛み」のアピールとして、読み解いていきたい。[61]

一七九九年一〇月九日、アイルランド南西部の港湾都市コークに生まれたダニエル・スピランは、長じてダブリンのトリニティ・カレッジを卒業し、同カレッジの内科医《フィジシャン》学部のフェローに採用された。在学中から古典の学識でも頭角を現し秀才の誉れ高かったのだが、カトリックの信仰を持っていたため、プロテスタント（とりわけアングリカン）であれば得られていたであろうさまざまな便益を受け損なったらしい。時は依然、カトリック差別が生きている時代であった。一八二八年にはダブリンのカトリック教会で同市出身のエレンと結婚し、子宝にも恵まれるが、数年後、同市で医学生用の下宿の経営を試みて失敗し借金を抱えてしまう。文筆で世に出る野心を抱き、また事態の打開を図って一八三四年に家族と共にロンドンへ転居するも、債権者に訴えられて三六年には債務者監獄（the Fleet Prison）に収監されるという憂き目に遭う。

ロンドンでは以後一貫してどうにか文筆業（主にデモステネス、ルキアノス、エウリピデス、ソフォクレス、ホメロスなどの註釈付き翻訳の出版や、ヨーロッパ大陸で書かれた医学書の翻訳[62]）で身を立てようとするが、労苦の大きさに比して実入りは悪く、生活は一向に良くならない。一時は内科医への転身を図るが、これにも失敗し、借金まで抱えてしまう。一八四五年にはアイルランドの三都市で新設されることになったクイーンズ・カレッジのうちコーク校の教授職候補に名が挙がり、人生が好転する気配が出てくるものの、大飢饉の発生などの不測の事態が生じたためか校舎建設が遅延し、数年候補のままでいた挙句、言語障害（吃音）を理由に反対が出て話自体が立ち消えになった。なお、吃音の話題は彼の前半生の説明には一切現れない。宗教的要因や不運とはまた違う人生の阻害要因になっていたのだと想像されるが、それを認めたくない心理がこの奇妙な沈黙を生んだのかもしれない。さらに一八四六年には再び債務者監獄に繋がれ、出獄後も慢性下痢とリューマチを患って歩行困難に陥ってしまう。

追い打ちをかけるように、一八四九年には不幸が重なる。収入が途絶えがちで家賃滞納で家を追い出される寸前までいくし、大学教授職ではなく地方の学校の一教師職（usher）さえ、応募はするものの今度は年齢を理由に得られない。しかもこの頃、ダブリンに在住していた長男と次男（二一歳、二〇歳）が、アングリカンに改宗した上、牧師保護協会の庇護を受けたのみか、長男は父が死んだと偽って埋葬費用を詐取するという恥辱を被った。一八五〇年には大英博物館の閲覧室で仕事中に、心因性の麻痺の発作に見舞われ、利き手の左手が動かなくなり、言語障害と記憶障害も併発する。五三年には麻痺が右半身に広がり、人生を賭けて挑んできた文筆業の道が完全に断たれてしまった。こうして尾羽うち枯らし、一八五四年六月二六日、パンクラス病院にて失意のうちに死去するのであった。享年五四歳であった。

彼の人生がその死に至るまで詳細に再構成できるのは、一八三六年に最初の救済申請が行われて以来、死の前年の一八五三年まで、断続的に九度にわたって申請が繰り返され、その都度新たに出来した生活の危機が語られているからであるし、一八五四年に死去した直後には、彼の妻が申請をしているからである（通算すれば一〇度目）。恵まれた語学の才能を持ちながら、そして精力的に翻訳をこなしながら、宗教差別に遭い、吃音に苦しみ、稀有な就職のチャンスをものにできず、経済的に浮上することもかなわず、子供たちに裏切られ、つらい心身の病気に悩まされたスピランの人生の、申請書類上でのナラティヴは「痛み」にあふれている。

スピランの申請書類を通じて、「痛み」が明示的に書かれているのは三か所である。第一は、二度目の救済を王立文芸協会に求めた一八三九年五月一五日付の申請書で、このなかで彼は、過去一八年間文筆業に従事するもついに家族を充分に養えず、一八三六年の債務者監獄経験のために心身の健康も害して、現在は「最も**苦痛に満ちた**（painful）結末」——すなわち貧困に埋もれて世に出ず窮死することであろう——を心配していると申し述べる。その上で、今回手を差し伸べてくれさえすれば、二度と「貴協会にご迷惑をかけるという非常に**痛みを伴う必要性**（painful necessity）に迫られる」ことはないだろうと言うのである。ここでスピランは、自身の心の見えない痛みを描写している。

次に言及があるのは四度目の申請中（一八四五年）であった。それまでしばらく『医学外科評論（*The Medico-Chirurgical Review*）』誌への寄稿や同誌編集者から依頼された多言語の『内科医学辞書』の執筆をして定期収入を得ていたところが、編集権が別の人物の手に渡った途端にどちらの仕事も失って進退窮まっていたのである。三月一〇日付の書面において、スピランは家族が陥った苦境について「詳しく説明して**あなたを苦しませはしません**（I shall not pain you）」と書きつつも、「衣服類も私の残りの蔵書なども取り上げられて、外に出る術もないほど困窮してしまい、今となっては通常の生活必需品にも事欠きます」と窮状を訴えている。この場合の痛みは、与え手側である文芸協会の審査関係者が感じるであろう「同情の痛み」を、そして多少は「嫌悪の痛み」を指していることは明らかである。

第三の例は五度目の援助要請を行った一八四六年の手紙に表れる。一八三六年に続く二度目の債務者監獄からやっと出獄して三週間だという一一月四日付の書面で、監獄暮らしで健康を害し、今では「困難と**苦痛**（pain）なしには歩くこともままなりませんし、当初は慢性的な下痢のため、今は**リューマチの痛み**（rheumatic pains）で、ほとんどベッドに寝たきりです」と書いている。この痛みは言うまでもなく、物理的な（かなり目に見える）痛みである。

このように、スピランの語りには、救済の受け手と与え手のあいだで交わされるすべての「痛み」——救済を求める側の心の痛みと身体の痛み、そして救済を与える側の嫌悪の痛みと同情の痛み——が表れている。こうした痛みがどのような応答を惹起したのか。次節では本節に対応する形で、応答のさまを描いてゆく。

三、痛みへの応答

物乞い博物館

一九世紀末、レッド・ライオン・スクエアから入った狭い通り沿いにあったロンドン物乞い撲滅協会本部の一室が、「物乞い博物館」ないしは「浮浪者博物館」として、いくつかのメディアに注目された。これを分析することによって、前節で論じた物乞いによる見える／展示する痛みの表示に対して、一九世紀末に、どのような応答がなされるようになったのかを見てみたい。一八九〇年の『ペル・メル・ガゼット』は、監獄送りになった物乞いから取り上げた「商売道具」のコレクションとして、同情を引くための口上書きや説明図を次のように紹介している。この建物の四階は、絵で表現した奇怪な光景の、まぎれもない画廊になっている。ここに、火が燃え移った男性の精彩な絵があり、それに隣り合って、彼の背中に残った**おぞましい火傷跡**の絵が並ぶ。「私は生まれながらの盲目でした」と説明文にはある。「三度の手術によって少しだけ視力が戻りましたが、働いて自活するほどにではありませんでした。一二歳の時、あやまって火が燃え移り、そのためご覧のようなありさまです。よろしければ実際にご覧に入れましょう！」さらに別の絵が続く。名誉ある地位は、**脊椎の湾曲**を患っている男の苦しみと称するものを描いた一枚の写実的な絵画と二枚の複製画に与えられる。絵画一：バーソロミュー病院のベッドで患者が外科医のナイフを待ち受けている。絵画二：「私が着用せざるを得ない器具」。それと対面する形の別の画面では船が爆発していて、空中に**人体の断片がまき散らされている**。「私はニムロド号で片足を失いました」とあわれなジャックが言う。さまざまに装飾を施された数多くの銘板がこうした絵画の力強い色彩を際立たせている。あるものは「ほぼ盲目です」とあり、「白サンザシの枝が落下するという事故のせい」とのこと。また別の板は「紳士淑女の皆さん」と呼びかけた上で、「あなたさまにおかせられては、このあわれな不具の船乗りをお助け下さらんこと。私はブリストル籍のユーフェミア号上で本当に恐ろしい嵐に見舞われて、声と聴力を失い、片半身不随になりました。こうしてひどい困窮状態に陥ったのです」……（中略）……また別の絵では、男が病院で**舌を切除されている**。このおどろおどろしい図案は、一種の円形舞台を表現しており、二枚の複製画がある。中央に手術台があり、そこに患者が横たわっている。外科医がナイフを払い、助手が舌をつかみ、看護婦が手に受け皿を持っている。その周りを学生たちが囲んでいる。…別の恐ろしい絵画では、ポーターがメトロポリタン鉄道に轢かれている。非常に「**目も当てられない**」絵だ。……（中略）……別の板にはこう書かれている。「私は盲目です。**一二歳のころ、三人の少年が私の手足を縛り上げ、目を太陽に向けさせるという拷問をしたためです**」。とりわけ**吐き気を催す画面**では、あるマンチェスターの労働者を見舞った悲しむべき事故が描かれている。図一で彼は快適な自宅《コテージ》をあとにする。図二で彼は工場で働いている。図三で**機械に巻き込まれ、**図四で担架に乗せられ運び去られる。図五で外科医が処置をしている[63]〔太字強調は引用者〕。

記者いわく、この「グロテスクながらくた」のただなかに一時間もいれば、どんなに優しい人でも物乞いからの懇請に対して心を固くせざるを得ないだろうとのこと（図2）。つまり、こうした説明画と共にさらされる実物の身体障害や欠損という目に見える／展示する痛みは、救済を引き出す通貨としては価値を下げてしまっているのである。同時に注目すべきは、物乞いが用いる痛み表現の「グロテスク」さである。痛みの信号を強くしすぎたため（「吐き気を催す画面」）、公衆の「嫌悪の痛み」を喚起する結果となったと言うべきだろう。

一八九六年の『ウィンザー・マガジン』は、明らかに右の『ペル・メル・ガゼット』記事を下敷きにしているが、新たな情報も教えてくれる。まず、こうした物乞いの「商売道具」には「強い家族的類似」が認められる、すなわち、それらはロンドンのどこかにある「スタジオ」で一括生産されているに

①

②

③

①は脊椎の湾曲を矯正する器具を装着している図、②は男が片足を失う原因となったと称するニムロド号爆発の図、③は円形手術室での舌切除の図。

図２「物乞い博物館」の展示品

違いない。また、マイル・エンド・ロードの南側にある、偽の不具物乞いが蝟集する木賃宿は、別名「ボード書き工場」と呼ばれているが、ここで、物乞い用の哀れを誘う身の上を記したボードが制作されている。下手な作り手にかかると、「インド大反乱の時、ウェリントン麾下に仕えました」、「あのシンガポールの激戦で」などという誰が見ても嘘と分かることが書かれており、他には、右の引用ではただ病院で舌を切断としか書かれなかったことが、より詳細に説明されている。この男は船乗りで、ブーローニュである船が嵐に見舞われた際、フランスのライフボートが躊躇して出動しないなか、勇気あるイギリス水夫として見かねて救出を敢行した結果、舌の切除手術を要する怪我を負ったのだという。しかもこの男は説明画と共に、自分の舌と称するものをガラス瓶に入れて展示することによって「苦悶をさらに積み重ねた」。なお、これは羊の舌だったとのことである。また、この説明画は複製が八枚保存されているとも記す。先の引用末尾に書かれたマンチェスターの労働者の絵も二枚の複製が、この部屋の壁を飾っている。このように指摘することで、目に見える痛みの虚偽性が、強調されている。[64]

一九〇〇年の『クウィヴァー』誌も「物乞い博物館」と題する署名記事を掲載した。これもまた上記ふたつの内容をおそらく踏まえて書かれている。ただ、ここでは展示部屋のことを「トロフィ・ルーム」と表現し、物乞いの歴史を振り返る形式で書かれている部分がある。これら「トロフィ」の中には、

相当昔に遡るものがあり、多くの場合、だまされやすい公衆の感受性が、現代の路上画ではなく(とても持ち運びやすい)彩色画によって影響されていた過去の時代に遡る。さて、こうした昔の油彩画は必ず、難破したり、列車に轢かれるなどして一生不具になって自活できなくなったと物乞い本人が称するような、なんらかの恐ろしいカタストロフを描いていた。[65]

過去と現在で、物乞いの見える/展示する痛みに対する感受性が変化していることが示唆されている。「恐ろしいカタストロフ」の図は、かえって疑惑をもたらすのである。この記事ではさらに、よくある画題として「手術室の恐怖」を挙げているが、揶揄するかのように、「興味深いことに、こうした外科手術の画の多くは、切除手術を描いて舌の喪失に触れている」と言う。『ウィンザー・マガジン』に書

かれた舌の正体（ワイン漬けされた羊の舌）のエピソードをさらに詳しく書いてもいる。[66]

おそらく確かなのは、一九世紀半ばまでと異なり、物乞いの見える／展示する痛みのアピール力は擦り切れてきたということである。身体の痛みを強調する術に手が込んでくる過程と、その痛みが「同情の痛み」を喚起する力が弱まってくる過程とは、相関していたであろう。第一章で詳述された神経学的な痛み理解の新展開とそれに伴う医学的な鎮痛可能性への信頼向上、劣位の人種や（退化したと見なされた生来的な）犯罪者が共に痛みに鈍感であるとするような学説が一八七〇年代以来西欧で支持されていたこととも関連しているであろう。[67] 痛みの表象の強度が徐々に上がっていくが、かえってそれが陳腐化をもたらしたとも言えようか。第一節で述べた通り、物乞い・浮浪者の数は一九世紀末以降も減少したとは見えない。相変わらず社会問題であり続けていたのであるが、与え手と受け手のあいだの交渉を支えていた感情レベルでの変化があり、見える痛みはもはや過去化され、効能を大幅に失いつつあったのである。

そうは言っても、潜在的な与え手はただ物乞い・浮浪者たちに背を向けたのではない選別的な救済の努力を続けていた。次項ではその最も顕著な活動事例を素材にして、見えない／描写する痛みへの応答の様子を検討したい。

無心の手紙鑑定局

これまで言及してきたチャリティ団体、ロンドン物乞い撲滅協会（ＬＭＳ）は、不良物乞いを選別して排除し、真に救済に値する物乞いに援助の手を差し伸べることを目指した組織である。先に触れたロバーツの論文にあったように、救いたいという心と救うと逆効果だという頭のあいだのジレンマを解消する方向性を打ち出した点で画期的であった。この組織の主な活動は三つに分けられる。第一に、本項で注目する無心の手紙の鑑定業務、第二に、救済に値する物乞いの救済業務、そして第三に、救済に値しない物乞いの摘発業務である。LMSはどれほどの規模で活動を展開したのであろうか。表1は一八六九年から一八八九年のあいだの年次報告書から集計した実績一覧である。なお、ロバーツが一八六九年以降にLMSは新参のチャリティ組織化協会（COS）にとって代わられると主張したことに対し本章では異議を唱えたが、それを例証するために、COS設立以後の二〇年の実績を示すことにしたものである。

さて、LMSの三つの業務はそれぞれ、無心の手紙鑑定局、食事券配布局、そして警察から正式にバッジを支給された協会に属するボランティアの巡査《コンスタブル》数人が担っていることが分かる（表1）。

注目したいのは無心の手紙鑑定局で、一八六八年の段階ですでに累計一七万通、一八八九年になると二一万通以上の鑑定実績を誇る。年間五〇〇〇通余りを扱っていたとされる一九世紀前半に比べれば鑑定請求数は減少傾向にあるが、それでも年間平均で一〇〇〇から二〇〇〇通を処理していたことが分かる。この手紙は、協会の会員の元に届いたものであり、会員はその特典として、鑑定局に依頼すれば内容の真贋を調査してもらった上で、援助に値するかどうかの助言付きの報告書を受け取ることができた。もし、無心の手紙はすべて偽物であると最初から見なしていたのであれば、わざわざ鑑定依頼はしなか

年	無心の手紙鑑定局								食事券配布局						巡査の取扱事案		
	鑑定請求のあった手紙					運営委員会へ付託			食事券の配布先			食事提供拒否数	合計	提供した食事数	逮捕した街頭物乞い		
	新規	新規以外の再調査数	無調査で結果報告	合計	累計	却下	救済	支出額（ポンド）	対価労働受入者	対価労働拒否者	労働不能者				投獄	釈放	合計
1868				2,443	173,000		467	200						35,458	244	223	467
1869	1,306	684	1,110	3,100		662	573	741	776	146	341		1,263	27,134	300	274	574
1872	1,060	492	640	2,192		412	464	693	4,965	73	1,382	18	6,438	26,330	304	189	493
1875	878	470	658	2,006		283	481	653	2,613	32	1,554	5	4,204	21,609	242	146	388
1876	968	416	398	1,782		319	407	586	3,183	33	1,290	9	4,515	20,871	239	127	366
1877	904	405	405	1,714		264	326	685	2,629	23	1,060	8	3,720	14,016	175	113	288
1878	986	293	421	1,700		291	363	619	816		824	2	1,642	5,518	183	131	314
1879	1,061	368	491	1,920		398	385	580	1,648	5	554	4	2,211	7,236	137	100	237
1880	965	307	384	1,656		307	339	584	1,029	4	556	3	1,602	5,866	257	136	393
1881	982	377	373	1,732	200,000	334	534	660	1,252	4	550	3	1,809	6,576	607	163	770
1882	630	280	658	1,568		276	465	575	1,082	5	287	13	1,387	4,912	1,030	230	1,260
1883	1,043	251	258	1,552		275	326	619	1,170	2	204	13	1,389	4,753	989	330	1,319
1884	976	244	230	1,450		184	209	427	998	5	194	10	1,207	3,988	923	421	1,344
1885	943	237	219	1,390		125	171	371	1,072	13	188	6	1,279	4,174	711	309	1,020
1886	1,096	194	183	1,473		156	136	275	1,184	19	178	3	1,384	4,440	659	323	982
1887	1,000	200	212	1,412	209,000	172	170	379	1,183	19	103	6	1,311	5,173	525	217	742
1888	1,049			1,399	210,000	251							2,475				986
1889	1,143	178	140	1,461	211,500	298	292	353					7,345				970

表1　ロンドン物乞い撲滅協会の活動実績（1868–1889年）

＊年次報告書が欠号している年に関しては除外した

ったであろう。前節で紹介したような痛みに満ちた手紙は、容易に無視できず、しかも、なかには「本物」が相当数あったに違いないのである。そして、本物である限りにおいて、与え手は、援助を乞う側が発する目に見えない痛みに鈍感ではいられなかった。

メディアでも、無心の手紙は一九世紀を通じて頻繁に話題にされたし、LMSの無心の手紙鑑定局の活動は高く評価され、そしてLMSがもたらすエピソードが読者に提供された。早い例では、一八二四年の『タイムズ』に次のような記事がある。松葉杖にすがる自称七六歳のジョン・ブランシュフィールドが、LMSの巡査によって物乞い中に捕縛されたが、この男が「悪名高い無心の手紙書き」と判明した。LMSの一八二一年の記録には、彼がロレイン卿の元に家族の困窮を訴える手紙を送ったが、住所を調べると五か月間家賃を滞納した上で数日前に逐電しており、富裕なジェントルマンといった様子で過去一七年間にわたり無心の手紙で生計を立てていたとあった。妻は夫に逃げられた女として、夫は愛妻と子供らが困窮していると言って手紙を方々に出す暮らしだった模様で、三八通の手紙がLMSに照会されていた。結局、高齢を考慮してLMSは告訴を取り下げ、彼は出身教区（定住教区）に戻り救貧院に入ることになったようである。[68] 一八五七年の『サタデー・レヴュー』誌では、「イングランド人の慈善心の篤さは充分に賞賛に値する」としつつも、「この国民性には実際上の欠点がある」とする。すなわち、無心の手紙書きによって騙されることである。そして、うまく書かれた手紙に良いように騙されるのは「受取人の過ち」だと述べる。なぜなら、手紙がロンドンから来たとしなさい。そこには物乞い撲滅協会があって、たゆみない勤勉と大いなる鋭敏さをもって、年額二ギニーのわずかな年会費を支払っている会員から委ねられたすべての事案の究明を任務としている。……(中略)……手紙を転送すれば、だいたい二四時間以内に、その書き手の、見せかけではない真実を記した短い報告ができ上がるのである。[69]

見えない/描写する痛みを満載した無心の手紙は、長く命脈を保ったようである。上記のLMSの活動実績からもそれはうかがえる。文字情報で伝わる痛みは、潜在的な与え手の感情に強く響いたのだと思われる。そのことを示すもうひとつのエピソードがある。主人公はヴィクトリア時代を象徴する小説家、チャールズ・ディケンズである。[70] 一八四四年のある日、彼の元にウォーカーと名乗る人物から手紙が届いた。文筆を生業とするジェントルマンで、採用された脚本で上演されることになっていた演劇が主演俳優の体調不良で休演になったため、妻と四人の子供たちと共に困窮の極みにあるという。ディケンズはソヴリン金貨一枚と、衣服一揃えを贈った(ディケンズは文芸協会にも関わっていた)。まもなくして、妻が危篤だとする二度目の懇請の手紙が届き、ディケンズは二ポンド一二シリングを与えた。すると今度は、新しく家を入手したが、雨水を貯める天水桶がないために破滅の危機に瀕しているとの手紙が来たのだが、さすがに怪しく思い返事をせずにしばらくいたところ、昨晩九時に妻が亡くなりました、哀れな遺児たちのために「あなたのテーブルからいくらかパンのかけら」をいただきたいという短報が届いた。

驚いて使いを出して見舞うことにするが、この使者が到着した時「芝居はまだ始まっていなかった」。すなわち、ウォーカー本人は不在で、死んだとされた妻が健康そのものといった風情で在宅していたのである。ディケンズはこの件をLMSに委ねた。こうして、ウォーカーはLMSの職員スタージョンによって捕縛されてマリバン警察署に引き渡され、ディケンズもそこに赴き、証言をした。

その後、事態が奇妙な方向にゆくきっかけがふたつあった。まず、LMSのスタージョンがウォーカー一家の実際の困窮ぶりに同情し、妻と子供たち、それから留置されているウォーカーに自腹で施しをしたこと。そして第二に、警察判事のローリンソンがウォーカーの手紙の「見事さ」に感銘を受け、そのような教養の持ち主がこうした窮状に立ち至ったことに深く同情を示したこと。ウォーカー自身もこれに応答するかのように、次のように述べた。

私は最後の手紙を一一時に書きましたが、ちょうどその頃、私たちはほんとうにひどいありさまで、どうしてよいか分からなかったのです。妻が死んだなどと言って真実を踏み越えてしまったことを申し訳なく思っています。しかし動機は間違っていないと思います。食べるためのひとかけらのパンもなかったのですから。私はこれまで事務員と会計係をして生計を立ててきましたが、最後の仕事を失った時から、自分と家族を養えなくなりました。

ローリンソンが「あなたがこんな所に来たことを遺憾に思います」と言うと、ウォーカー被告は号泣した。そしてウォーカーは無罪放免を言い渡される。しかも、その場で救援募金までも行われた。ディケンズは、自分が冷血な「怪物のように世間で見られている」と感じながら法廷を後にした。

このエピソードは、選別的な慈善家が悪者扱いされ、実際に虚偽の名目で無心をした者が悲劇の主人公にまつり上げられてしまうという、救済における皮肉な結果を伝えている。文章で表現される直接には見えない痛みは、物乞い行為に最も高い識別能力を持っていたはずの警察とLMSさえ籠絡したのである。それゆえ一八四四年の記事は、LMSがやっていることは巧妙な無心の手紙書きをかえって守る結果になっていると批判した。いわく、LMSの仕事は、いつも物乞いしているわけではない「真のチャリティの対象」からの要請の圧力に抗して、プロの物乞いを守ることのようだ、と。一八五〇年にディケンズ本人が書くところはもっと厳しい。こうした物乞いの跋扈《ばっこ》を阻むには「簡単な策」があり、それは、救いたいという「感情をいかに犠牲にしても」、そうした救済要請のアピールに「耳を貸すな」というものであった。「感情」は、それほど与え手と受け手のあいだを規定していた。「感情」は物乞いたちの描写する見えない痛みに「耳を貸」してしまうのである[71]。見えない／描写する痛みは、見える／展示する痛みとは対照的に、擦り切れず、いわば通貨としての価値を保ったのだ。

最後に、無心の手紙の真贋の比率について考察を加えたい。無心の手紙についての研究史上の言及はいくらかあるが、主に虚偽の、詐欺的な手紙に注目が当たっている。同時代のメディアでも、ほとんどの場合、詐欺の文脈で話題に上った。では、どれくらいの手紙が「本物」の痛みを伝えるものだったのであろうか。一九〇六年の『クウィヴァー』誌では、LMSがその頃には累計二三万三〇〇〇通の無心

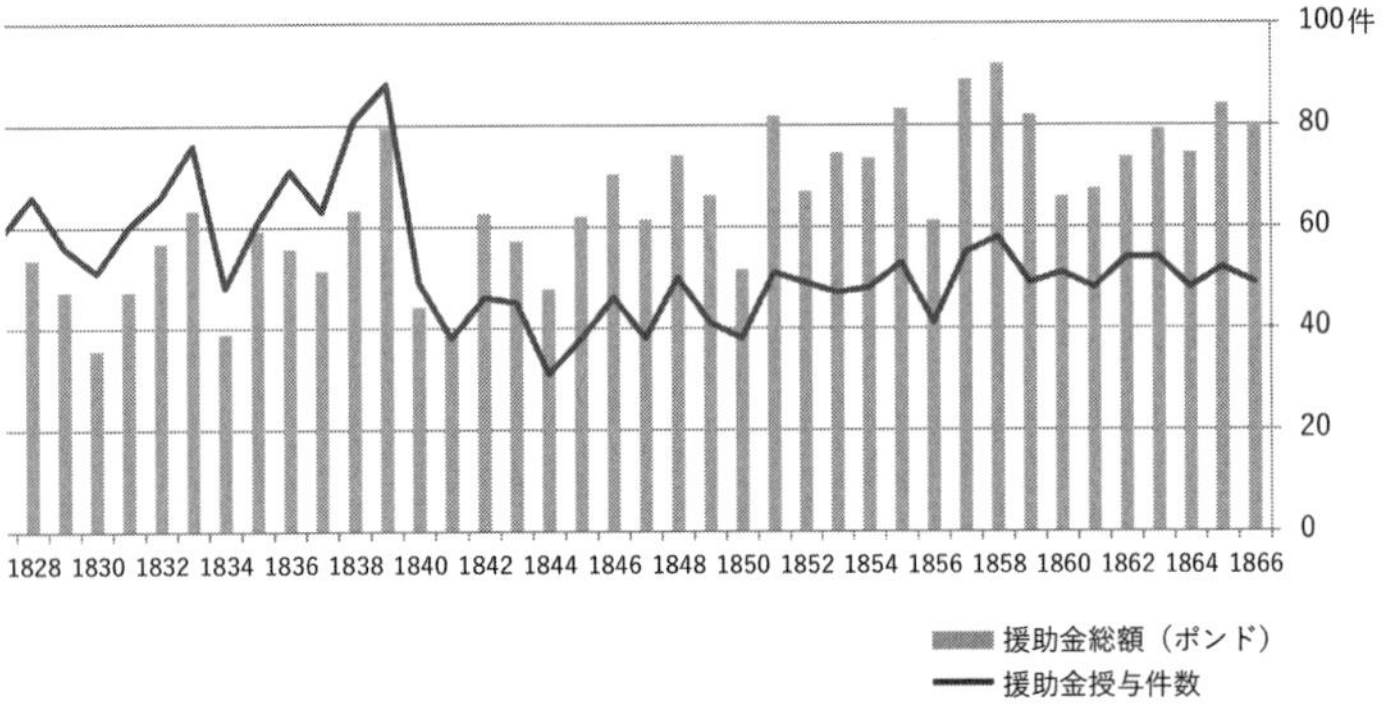

の手紙を鑑定したことに触れ、ＬＭＳの事務長ならばたちどころに、「書き手の約二五パーセントだけが救済に値する」と教えてくれるだろうという。[72] また、ＬＭＳの一九〇〇年の年次報告書を典拠としたある主張によれば、無心の手紙の四分の一は偽物で、残り四分の三のうちの半数は救済に値しなかったという。[73] しかし、見方を変えれば、偽物を含む不適当な手紙が八分の五、真に救済すべき無心の手紙が八分の三である。かなり拮抗したせめぎ合いが見てとれるのではないだろうか。

では次に、そうした真に救済すべきように思われる痛みが、どのような反応を引き起こしたのかを事例にそくして検討していきたい。

王立文芸協会

前節でその苦難の人生を紹介したダニエル・スピランに対して、王立文芸協会はどのように応答したのであろうか。まずは協会の活動実績を概観した上で、スピランに対する応答のありさまを検討に付そう。

王立文芸協会の一七九〇年設立時から一八六六年までの援助金授

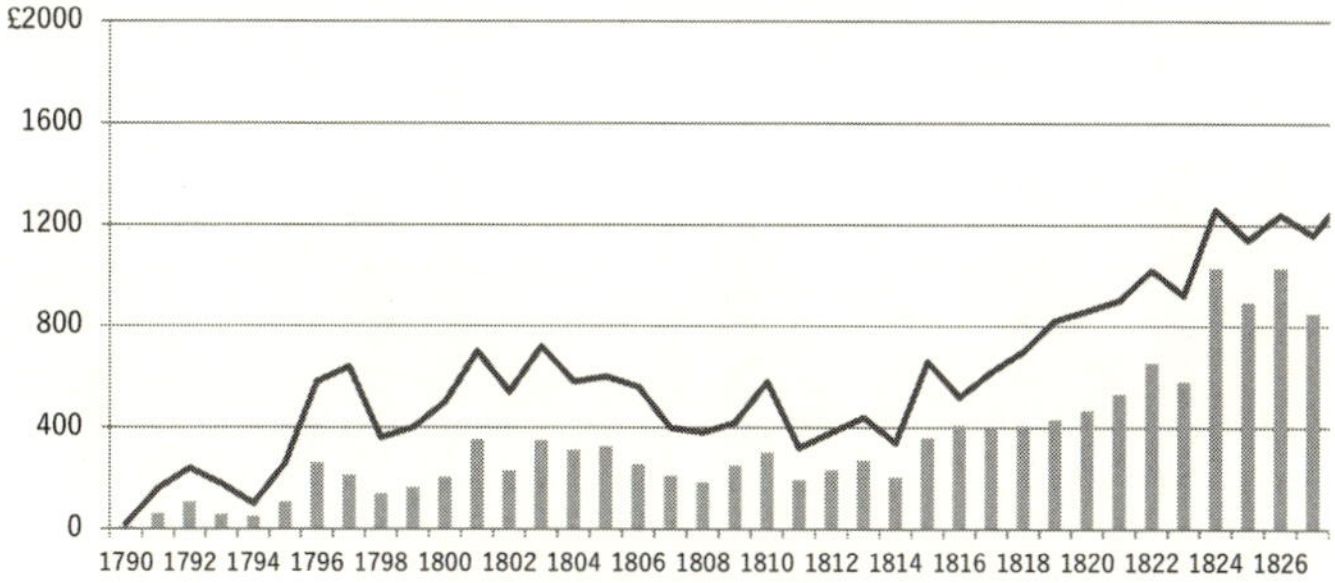

表２　王立文芸協会による援助金授与件数と援助金総額（1790–1866年）

与件数と授与金総額の推移を示したのが表２である（表2）。

毎年だいたい二〇〜六〇件の授与を実施しているが、一九世紀の第二四半世紀あたりから、一件あたりの授与金額が増額していることが分かる。また、同協会は、「文芸上の功績」を基準に救済をしていた。表３は救済された者の文学ジャンルの内訳を示したものである。

歴史・伝記、神学、科学・芸術、道徳哲学、自然哲学、定期刊行物、地誌・旅行記、古典・教育、政治経済学、教育、詩、エッセイ・物語、劇、法律、医学とその範囲は広い。最も多いのはエッセイ・物語に属する二〇四人で、次に詩人が一七五人、歴史・伝記の著述家が一七〇人となっている。哲学系と政治経済学からはほとんど受給者が出ていない。ダニエル・スピランが属したであろう古典・教育部門では九九人となっている（表3）。

この間、大半の受給者は初めての救済であったが（五二五人）、連続して申請し、受給できる場合も少なくなかった。二度目が二六三人、三度目が一七一人、四度目が一〇四人と続き、一〇回以上の受給者も一八人いた。理由さえ立つならば、この協会は、何度でも救

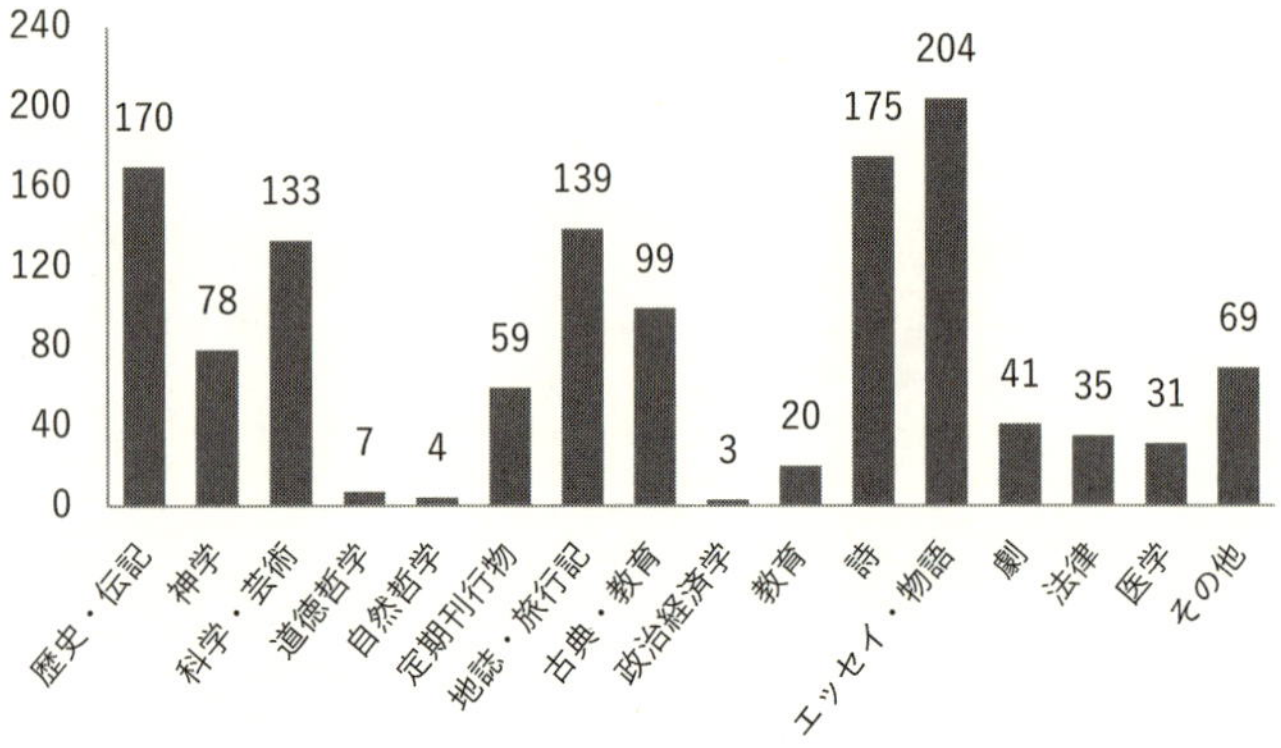

表3　王立文芸協会におけるジャンル別救済件数（1840–1866年）

ったのである。また、救済される者の中には、作家あるいは未亡人・孤児の資格で、女性が若干名含まれていたことも銘記しておきたい。[74]

それでは、このような活動を展開する文芸協会が、スピランに対して行った救済を見ていこう。[75] 最初の申請は一八三六年一一月に債務者監獄からなされており、それに対して、協会は二〇ポンドを授与し、それによりスピランは出獄できた。二度目の申請は一八三九年五月で、転居の計画を示したことに対して、協会は彼がダブリンに戻り医師として開業することを期待して三五ポンドを授与した（結局、転居は実現しなかった）。三度目は一八四二年一月のことで、借金の存在を強調した申請になっているが、これに協会は三〇ポンドを授与してこたえた。四度目は一八四五年三月で、ちょうど職を失い、持ち物が差し押さえられ、八方ふさがりの時期であった。協会は四〇ポンドを与えた。五度目は一八四六年一一月、再び債務者監獄に投獄されている頃に申請がなされ、協会はまた三〇ポンドを授与した。六度目は無職で寝たきり状態を訴えた一八四七年一一月で、協会は三〇ポンドを与えた。

スピランに協会が援助金で応じたのはこの六回であった。しかし、家を追われかけ、息子たちの裏切りに遭い、念願の教授職もつかみ損なった一八四九年、吃音を独自に克服した経験を活かした学校を創りたいと訴えて七度目の申請をしたが、経済状況も心身の健康も一切好転していないにもかかわらず、協会は申請を初めて却下した。大英博物館での発作のため利き手が動かなくなり、救貧院で最期を迎えることを恐怖したスピランは一八五一年に八度目の申請をするがまたも却下された。死の前年の一八五三年には麻痺を訴えつつ、援助金が得られたら若者たちに古典語と数学を教えて暮らしたいという願いを表明するが、やはり協会は申請を却下した。

スピランからすれば理不尽な対応ではあるが、文芸協会は独自の判断で選別的な態度を取ったといえる。一〇回以上の救済が決してないわけではなかった文芸協会ではあったが、スピランにはそこまで寛容ではなかった。理由ははっきりとは分からない。協会の議事録に何もヒントは記されていない。しかし、申請内容から判断するに、スピランが「文芸」で生きる見通しが立たなくなった時期と却下の始まりが重なっているように思われる。スピランの痛みは、協会の審査委員に「同情の痛み」ではなく「嫌悪の痛み」を催させるようになってきたのかもしれない。あるいは、この見えない痛みの描写が、同一人物から繰り返し発せられることが、一種の「擦り切れ」を生んだのかもしれない。

四、痛みと救済のあいだ

共通通貨としての痛み

物乞い・浮浪者が発する「痛み」は潜在的な与え手とのあいだに感情レベルの回路を開くものであった。ベンサム的態度とワーズワース的態度を両極に持ち、選別救済への固執という共通基盤を持っていた一九世紀イギリスの社会において、こうして開かれた回路は、救済が実際に行われたり行われなかったりするための前提条件をなしていた。そして「痛み」を媒介とする交渉においては、常に痛みの程度と真贋が問われていた。究極的に他者の痛みを知ることはできないとしても、与え手は本物の痛みを抱えた受け手を探し求め、受け手は自分の痛みをそのように伝えることに注意を払った。

通時的に大きくとらえてみると、相対的に、見える／展示する身体的な痛み（傷や欠損）の価値（真正性のイメージ）は一九世紀末に至るまでに相当に減じていったように思われる。それに対して、見えない／描写する心の痛み（恥や失望）の価値は、（おそらく国家福祉の成立までは）目立った暴落を起こさなかった。

すり抜ける痛み

プロの物乞い、すなわち救済に値しない対象は、痛みを演じていた、あるいはそう見られていた。それに対し、アマチュアの一時的な物乞い、すなわち真の救済対象は、痛みを生きていた。問題は、彼らが入り混じって、街路の物乞い・浮浪者層を形成し、また、無心の手紙の書き手を構成していたことにあった。しかも、演じると生きるとのあいだの境界線はいつまでも曖昧である。だからこそ、与え手の選別が働く余地、受け手の狡知が働く余地があるのだ。

本章で取り上げたダニエル・スピランは、「真の」救済対象であったかもしれない。では、彼の遺族はどうであろうか。スピランの死去した一八五四年、未亡人のエレンが文芸協会に援助を要請した。[76] 夫の二年にわたる闘病を支えた上、死後に収入がなく、病身の末息子と共に困窮しているという趣旨であったが、協会はこれをあっさり却下した。翌年二月一九日には、その末息子ジョンが協会に「シャツ」を無心する手紙を書いている。今度も協会は却下した。興味深いのは、ジョンの申請書類に後から付されたとおぼしき出典不明の新聞の切り抜きである。それによると、ジョン・スピランは過去三年間にわたり、医者たちに対して「悪名高い無心の手紙によるたかり屋」であり、最近一か月の投獄から釈放されたとあり、父ダニエルの存命中からジョンが無心の手紙を書いていた可能性が高かった。だとするなら、スピラン家は痛みを生きていたのか（救済に値したのか）、演じていたのか（救済に値しなかったのか）。そしてダニエル亡き後の遺族たちの痛みは、演じたものと言い切れるのか。ディケンズを騙したウォーカーのケースともども、救済に値する／値しないという当時の強固なイデオロギーに内在する矛盾を明瞭に指し示している。

しかし、この矛盾こそが、痛みを生きていると認定すれば救済を提供する与え手と、認定されるような痛みを生きて表現してみせる受け手の協働による、感情レベルの「共同体」の（チャリティの実践を通じた）形成・維持に寄与したのである。この常に揺らぎを内包する共同性と、それを支える痛みをめぐる感情のあり方はおそらく、物乞いがキリストの貧者という想像を強く喚起した前近代とも、物乞いが公的福祉の失敗を意味するアイコンとなった現代とも異なる、近世・近代に特徴的な現象なのである。[77]

III 情念——プロテスタント殉教ナラティヴと身体

那須 敬

近代医科学の言説の中で抽象化されてゆく「痛み」が発明される以前、痛みは「どこ」にあったのだろうか。またそれは、「痛む」当人の身体を超えて、どのようにして他人に伝達され得たのだろうか。またそのプロセスは、近代的な「同情」の思考とは、どのように異なるのだろうか。

一、処刑目撃者の奇妙な痛み

一七世紀のある処刑から始めたい。一六五一年八月二二日、すなわちイングランド共和国樹立から三年目の夏の金曜日の夕刻、ロンドンのタワー・ヒルで執り行われた、若き牧師、クリストファー・ラヴの斬首刑である。国王派と議会派のあいだで戦われた長い内戦（一六四二〜四八年）が議会側の勝利に終わり、一六四九年初めに国王チャールズ一世が処刑されると、イングランド議会は王制と貴族院を廃止し、共和国を宣言した。ピューリタン革命として知られる、イングランド史上最も劇的な国政変革であった。だがフランスに亡命した先王の息子チャールズ（二世）は、イングランド人が一方的に国王処刑を行ったことに憤慨したスコットランド契約派と同盟を結び、イングランド国内の旧国王派と連絡をとりながら、共和国政府転覆の機会をうかがっていた。やがて一六五一年に捕らえられた国王派スパイの自供から、大規模な反政府蜂起の計画が発覚する。供述によれば、ロンドンでの反乱計画の中枢にいたのは、親国王あるいは親スコットランド派と目されていたロンドンの聖職者たちであった。[1] 内戦初期には議会による宗教改革を熱烈に歓迎した教区牧師たちは、彼らが期待を寄せていたスコットランド教会との連携にイングランド議会が消極的で、さらには教会行政への聖職者の関与をも制限しようとしていることに気付くと、新政府に批判的になっていったのである。[2] ラヴは内戦中の一六四五年に叙任されたばかりだったが、国王処刑までには長老派と呼ばれる、議会の政策に批判的な聖職者グループの急先鋒として知られるようになっていた。このラヴの自宅が、国外の国王支持派との通信拠点に使われたことが明らかになる。五月に逮捕されたラヴは反乱計画への関与を否定したが、共和国に対する大逆罪により死刑判決を受ける。聴衆をひきつける力強い説教スタイルで知られたラヴの釈放を求めて、ラヴが牧師を務めていたセント・ローレンス・ジューリの教区民、ロンドン市民、聖職者たち、そしてラヴの妻から恩赦を求める嘆願書が議会に提出され、またラヴ処刑の賛否をめぐって激しい論争が巻き起こった。だが八月にチャールズ二世とスコットランドの連合軍がイングランドへの侵攻を開始したことで新政府の態度は硬化し、ラヴはロンドン塔を望む有名な刑場に上ることになった。[3]

内戦中は議会軍の従軍牧師として人望を集め、ロンドンでさらに人気を高めた説教者ラヴの処刑は、同時代の人々に与えた衝撃の大きさにおいて、その二年半前に行われたチャールズ一世の処刑に並ぶスキャンダルであった。当日の出来事は、ニュース・パンフレットに比較的よく記録されている。しかし、処刑台でのラヴの長い演説と比べれば、処刑の瞬間の描写は極めて簡潔である。長短さまざまなパンフレットの中で最も詳細な『タワー・ヒル処刑台でのラヴ氏の演説』（一六五一年）は、スピーチを一四ページ、続く祈りをさらに二ページにわたって記録しているが、その後は刑吏との短い会話の様子が続き、ようやく最後の段落になって、ラヴの首が「一撃」で切り落とされたという短い記述で、ナラティヴ全体が唐突に終わるのである。

彼は次に「主の祝福を」と言うと、処刑台上にひざまずき、その頭を断頭台の上にのせた。そして彼が両腕を広げて合図すると、刑吏がひと振りで彼の頭を切り落とした。[4]

近世イングランドの処刑を扱う歴史家たちは、処刑台上の身体が死の瞬間（または直前）に経験した身体的苦痛そのもの、、、、の詳細な描写をこの時期の史料に求めても、徒労に終わることに気付いている。同時代の記録者たちの関心は、死刑囚の演説の論点、罪の告白（または無罪の主張）、祈り、死を前にしての態度が毅然としていたか否か、観衆へ何を呼びかけたか、などに向けられており、その最期がどれほど「痛かったか」を記録しようとする積極的な姿勢は見られない。[5] 同じことは、一六四九年の国王処刑の報道についてもいえる。最も有名なパンフレットは、処刑を目前にしたチャールズの祈りと瞑想をまとめた書として出版された『王の肖像』（一六四九年）だが、そこで前景化されるチャールズの「苦難」は、国民に捨てられ不正な裁きを甘受する王の孤独と悲しみにある。しかし、彼の首に斧が下ろされた瞬間の痛覚に対する想像力は、喚起されないのである。[6]

一七世紀に残された記録に身体的苦痛の痕跡をさがす試みの難しさは、一八世紀以降のヨーロッパ心性史研究からも裏付けることができる。公権力による拷問が廃止されていく過程を著書『人権を創造する』（二〇〇七年）で考察したリン・ハントによれば、他者の苦痛に想像力を働かせること、すなわち社会的境界をこえた共感（empathy）や同情（sympathy）とは、個人の自律性や身体の個別性に対する意識が強まる一八世紀半ばに発見された、新しい感性であった。トマス・ラカーもまた、「叫びを上げている見知らぬ者の痛み」への強く深い「道徳的想像力」を喚起したのは、小説文学に代表される新しい人道主義的な物語形式であったと論じている。[7] これらの議論は、痛みそのものを他人の経験の中に見出そうとする姿勢自体が近代の産物である可能性を示唆している。それ以前においては、公開処刑とは公権力が悪を懲らしめ自らの正統性を顕示するスペクタクルであり、あるいは民衆が非日常的な娯楽と興奮を求めて集まるカーニバルであった。[8] 観察者たちが外部から想像したり代弁したりできるような「痛み」を表象することとは、処刑台の上の身体に求められなかったのである。

もちろんそれで、近世イングランドに痛みは存在しなかったと言うことはできない。死刑に身体的苦痛が伴うことは公然の事実であった。刑執行に鋭利な刃物を用いたり、短時間で確実に終了するように計らったりする場合、それは死刑囚が貴族やジェントルマンなど特別な社会的地位にあることとの、あるいは死刑囚に対する公権力側からの慈悲のあかしと考えられた。逆に大逆罪の処刑は、複数の身体刑の組み合わせによってできるだけ長時間続くように設計されていた。[9] 拷問については言うまでもない。処刑から視野を広げて疾病、怪我、出産、戦闘などを考察に含めるならば、一七世紀イングランドにおける痛みへの関心は現代より低かったなどと安易に結論することはできないだろう。法的概念としても日常言語としても「pain」は頻繁に用いられた語であったし、十字架上のキリストの受難と死は、プロテスタント宗教改革後も贖罪神学の中心にあった。ただ、経験されただろうと我々が考えるさまざまな痛みと、史料上にわずかに表象された「痛み」との対応関係は、決して明瞭ではないのである[10]。

そこで本章は、近世イングランドにおいて痛みという言葉が用いられた時に、そこで前提とされていた身体観・人間観がどのようなものであったかを確認することから始めてみたい。一七世紀の人々にとって痛みがどこで、なぜ、どのように起こるものであったかを検討せずに、彼らが今日の我々と同様に痛みを感じたか否かを論ずることはできないからだ。考察は、今日の学問区分で言うならば広義の科学史とキリスト教思想史の両方にまたがる。人間の感覚および感情機能についての前提知識と、一七世紀イングランドのプロテスタント文化における理想的な信仰者像とが、どのように互いを形成していたかを探り、ジャネル・ミューラーが提唱した「プロテスタント身体の記号体系を、より注意深く歴史化する」試みの一環としたい[11]。まず、一六五一年のラヴ処刑をめぐる史料を読み進めてみよう。

記録を読み比べるうちに気付くのは、複数の目撃者が、ラヴの死に伴う自然界の変調に言及していることだ。とくに、処刑直後に急変した天候についての記録が数多く残っている。ある新聞は、「ロンドンでは記憶にないほどの」激しい暴風雨と雷が起こったと報告し、別の目撃者は「恐ろしい稲妻と雷鳴が一二時間」続いたと記録している。著名なピューリタン聖職者リチャード・バクスターも「雷鳴、稲妻、暴風雨」を記憶しているし、古物研究家ジョン・オーブリは、「晴れた穏やかな日」であったのに「彼〔ラヴ〕の頭が切り落とされてから半時間ほど経ったころ、黒雲がたち込め、それまでに聞いたこともないような恐ろしい雷鳴が鳴り響いた」と記している。雷雨が翌日まで続いたことを強調する史料もある。[12] こうした天変地異は、暗黒と地震を呼び起こしたキリストの死の場面を連想させる。自然界の変動は、人間の法によって断罪された者の側に正義が宿っていたこと、したがって人間の裁きの側に不正があったことを指し示すかのようである。犯罪者の排除による秩序の回復が公開処刑の原理であったならば、反対に罪なき善人の処刑は、それまで安定していた自然秩序を狂わすのである。[13] 受刑者の身体はその外部世界の秩序と連動している、と言い換えることもできるだろう。聖人の受難は、それ自体が、世界を揺り動かす物理的な力を有しているかのようである（図1）。

ラヴの処刑が引き起こした現象の記録の中でも、現代人の感覚から最も奇妙に思えるエピソードが、ジョン・オーブリの失われた著作『自然についての覚え書き（*Adversaria Physica*）』の写しと考えられるノートブックに記されている。オーブリは、処刑台上のラヴを見つめたことで自分の身体に起きた異変について、簡潔に記述している。

ラヴ氏がタワー・ヒルで斬首されるのを見ていたら、首

図1　クリストファー・ラヴの処刑

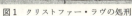

の後ろの部分に奇妙なぴりぴりする痛みを覚えた。その場面を見続けるほど激しくなるような痛みだった。[14]

『自然についての覚え書き』は、さまざまな自然現象に関わる観察録、体験談、逸話、引用文などを集めて編集した一種の事例集で、コモンプレイス・ブックと呼ばれる、一七世紀の知識人たちが好んで作成したテクスト群に属するものである。コモンプレイス・ブックは私的な備忘録から印刷出版物まで多様な形態を取り得る、広がりを持ったジャンルであった。[15] オーブリ自身、超自然現象、予兆、夢、魔術といった特異な事例を集めた『雑録集』を一六九六年に出版している。先に引用したラヴ処刑時の雷鳴のエピソードは、この『雑録集』の「予兆」の章に収録されている。だがオーブリの著作の多くは手稿のまま残されており、『自然についての覚え書き』も、草稿が友人たちのあいだで回覧されたのみで、印刷出版されることはなく、断片的な書き写しがこのノートブックのほかに二点現存するのみである。[16] 天候、地質、動植物、医術など、自然現象に関わるさまざまな観察事例や逸話のコレクションであるこの『覚え書き』の中で、ラヴの処刑に言及した先の奇妙な一文は、「Passions」と題されたセクションの中に登場する。「覚え書き。目で見た後で感じた痛みとパッションについて」という一行のあと、斬首刑を凝視して経験した自分の首の痛みについての逸話が記されているのである。このあとラヴへの言及はなく、続けてオーブリは、一匹の猫を打ち殺した時に、それが死に苦しむ様を見て「すっかり感化されてしまって」自分の頭頂部に「痛み」を覚えた、という別の話を記している。これらの痛みがどのような原理によって起こったのか、オーブリは説明しない。死に至る痛みは、それを見つめる第三者に伝播する、と考えたのだろうか。これはハントの論じた、他者の痛みに対する「共感」の、一七世紀の事例と言えるのだろうか。痛みとパッションのあいだには何の関係があるのだろうか。考察を進めるために、一七世紀イングランドにおける「passion」の意味を確認しよう。

二、情念理解の伝統

一六五八年に出版されたエドワード・フィリップスの辞書『英単語の新世界』を開いて「passion」を引くと、次のように三つの説明が併記されている。「苦難（a suffering）。または感情（an affection of the mind）。または詩やロマンス文学においては、愛の感情（the passion of love）を指す」[17]。興味深いことに現代版の『オックスフォード英語辞典（*OED*）』も、フィリップスの三類型をなぞるように、ラテン語 Passio から古英語へ引き継がれた passion の意味の変遷を解説している。*OED* によれば、passion はまずイエス・キリストの受難、またはその物語を指し、ここからキリスト信徒の殉教、次に身体的苦痛一般、さらに身体の不調、病、発作へと意味を広げる。次にフィリップスが挙げた二番目の意味、すなわち感情・情念としての passion の用法が登場する。感情の高まりとしての情熱、熱心といった概念に近接すると考えられるのが、フィリップスの三番目の定義、すなわち恋愛感情や情欲としての passion である。ただし一七世紀においては、恋愛に限定したこの三番目の用法は主流ではない。[18] *OED* は説明していないが、初めのふたつの passion すなわち苦難と感情とがなぜ同じ概念なのかを理解することが、本章にとって重要となる。キリストやその殉教者たちの受難としての passion が宗教改革後のイングランドでどのように取り扱われたのかについては後で検討することにして、まずは感情としての passion を考察しよう。ここでは慣例に従って、「情念」と訳すことにする。[19]

情念についての一七世紀ヨーロッパの著作として今日よく知られるのはデカルトの『情念論』(一六四九年)だが、イングランドにおいても情念は盛んに論じられていた。フランシス・ベイコン、ロバート・バートンからトマス・ホッブズ、ジョン・ロックに至るまで、近世イングランドの代表的知識人は総じて情念を取り上げたと言ってもよい。理論や語法に個人差はあるものの、情念についての彼らの基本的な考え方は、アリストテレスからトマス・アクィナスに発展的に継承されたスコラ学的な枠組みに依拠していた。[20] その概要を整理すると、次のようになる。

第一に情念は、感覚機能に強く結び付いた身体作用として理解される。古代の医学者たちは、人間の霊魂(soul)のうち、感覚・欲求機能をつかさどる感覚的部分(または能力)と、理性的思考や判断を行う知的部分(能力)とを区別し、前者は動物と人間に、後者は人間にのみ備わっているとした。[21] 情念は、外部世界の状態や事物——これを対象(object)と言う——を感覚によって受け止めた時に霊魂の感覚的部分が被る変化として説明される。たとえば、狼が羊に対して抱く「欲望」の情念は、狼が視覚・聴覚・嗅覚などによって感覚した羊という対象によって、狼が「被った」変化である。同様に、羊が抱く

「嫌悪」は、狼という対象を感覚した羊の中に起こされた情念である。このように情念は単独で経験されることがない。必ず外部の対象からの働きかけによって発生するという意味において、情念は字義通り受動的（passive）な現象である。ジョン・ロックが用いた例えを引くならば、情念はビリヤード・ボールの動きに似ている。ボールの運動は能動（action）ではなく、キューからの打撃の受動（passion）なのである。[22] 現代の我々が感情を、自然にわき上がる気持ちや、個人の自発的な思いとしてイメージしているとすれば、中・近世ヨーロッパにおける情念理解はそれとは大きく異なったものである。羊を見て狼が「欲望」するのは、狼の意志の働きではない。またその過程に知的思考はかかわらない。意志や思考は、外部からの助けを必要としない能動であって、それは人間の霊魂だけが持つ知的能力に属するからだ。[23] 言い換えるならば、情念のメカニズムは、人間らしさとよぶべき領域にではなく、動物的な生理現象の側に属していた。情念を感覚能力と結び付いた一種の生理現象としてとらえるこの考え方は、感覚を受動的な営みと考える中世の知覚理論と切り離すことができない。五感によって物事を把握する行為は、外部から身体内へ侵入する対象またはその情報（音や像）によって傷を受け、刻印《インプレス》される過程として理解されていた。[24] 情念にかられた身体とは、意図せずして、感覚によって身体に変調をきたした身体なのである。情念と受難が同列概念である理由は、こうして理解することができるだろう。

　情念は対象を受動することによって起こるという考え方は、情念の多様性をも説明する。トマス・アクィナスは一三世紀半ばに著した『神学大全』第二部の中で、対象が善（好ましい）であるか悪（嫌い）であるかによって、また対象とその感覚者との関係性（獲得の段階や、獲得・回避の困難さ）の違いによっ

	対象獲得の段階	対象が善（好き）	対象が悪（嫌い）
concupiscible passions 欲求情念	獲得前（出発点）	love 愛	hatred 憎悪
	獲得の過程（途中）	desire 欲望	aversion 嫌悪
	獲得後（終着点）	pleasure, delight 快・喜び	pain, sadness 苦痛・悲しみ
irascible passions 怒情情念	獲得／回避の困難さ	対象が善（獲得したい）	対象が悪（回避したい）
	可能	hope 希望	audacity 大胆
	不可能	despair 絶望	fear 恐れ
	現前している		ire (anger) 怒り

表1　トマス・アクィナスによる情念の11分類

て、情念の状態を分類した。すなわち愛、欲望、快または喜び、憎悪、嫌悪、苦痛または悲しみ、さらに、希望、絶望、大胆、恐れ、そして怒りの一一種である[25]（表1）。たとえば、対象が感覚者にとって好ましい場合、対象を獲得する前には愛が、獲得する過程においては欲望が、獲得が完了した時には快または喜びの情念が発生する。逆に対象が感覚者にとって悪いものであれば、獲得の度合いによる情念の三段階は、憎悪、嫌悪、苦痛または悲しみとなる。トマスの一一分法は広く普及したが、一七世紀には異なる分類法を提案する著者たちも現れた。たとえばニューカッスル公爵婦人マーガレット・キャヴェンディッシュは一六六八年の著作で、対象との関係の違いに応じて、憐れみ、自尊、疑いなども含む二〇種類の情念をリストしている[26]。

　情念は、感覚された外部世界に対する身体の受動的な反応であるが、情念自体もまた同じ身体の各部に不随意運動を引き起こす。対象によって「怒り」にかられた人物の顔が赤くなるのは、情念によって心臓が熱を帯び、その熱が顔面にまで上昇するからである。こうした身体的運動は、情念の結果というより、情念の性質そのものである[27]。情念を身体から切り離してイメージするデカルト的な発想は、ここにはない。デカルトは身体よりも精神の領域に情念を関係付け、アリストテレス以来の伝統的な情念論の批判を試みたのだが、一七世紀イングランドにおいては情念を感覚と直結した生理現象と考える伝統的見解が主流であった。前近代の情念論を論ずる難しさは、今日の我々が感情や欲望と呼ぶものと極めて異なる仕組みとしてこれを考えなければならないところにある。[28]

第二に、情念は霊魂の知的能力である理性から明確に区別されるだけでなく、時に理性に敵対する力としてとらえられる。情念は人間にも動物にも備わっているが、理性は神が人間だけに与えた特権的な能力である。人間が獣と同等にならないためには、理性が情念を常に制御していなければならない。なぜなら、情念は時に理性に対して反乱を起こし、その判断を狂わせ、理性が命じない仕方で身体を動かすことができるからだ。ベイコンは、弁論術が必要なのは理性の支配を妨害し、「たえず謀反をおこし扇動する」情念を御するためであると説いた。[29]

図2　鎖につながれた11の情念

第二代モンマス伯ヘンリ・ケアリの英訳によるジャン・フランソワ・セノーの『情念の効用について』（一六四九年）の扉絵には、神の恩寵（divine grace）の助けを受けながら、理性が一一種類の情念を鎖でつなぎ統制している様子が寓意的に描かれている[30]（図2）。喜びや希望といった、一般に肯定的にとらえられる情念を憎悪や怒りと同列に扱うことは、我々には奇妙に思われるかも知れない。しかしここに表れているのは、理性と情念の上下関係を大前提とする伝統的な人間観なのである。

情念が、理性の支配下に置かれながらも半ば自律的な力を保ち、時として制御できない程の激しい反応を引き起こし、人間の行動を乗っ取るのはなぜか。一七世紀イングランドにおけるトマス的情念論の代表的な解説者であるトマス・ライトは、情念の座が生命活動の中心たる心臓にあるためだと説明する。ライトによれば、とらえられた対象についての情報は、脳から霊魂精気（animal spirit）と呼ばれる目に見えない微細な物質に運ばれ心臓に送られる。心臓はこれを受けて「ただちに変形し、これを獲得あるいは忌避しようとする」[31]。この唐突で激しい運動こそ情念そのものなのであるが、この心臓の運動は、それが体内に送り出す血液内の体液の調合や熱をも変化させる。たとえば喜びの場合は、生命活動の本質である生命精気（vital spirit）を、苦痛や悲しみにおいては黒胆汁《メランコリ》を、怒りにおいては黄胆汁を増加させ、それぞれの性質に応じて体調に影響を与えるのである。こうして、心臓で引き起こされる体液や精気の「動揺（commotion）」は、心臓につながる身体の各部分の不随意運動を引き起こす。情念の表れとしてのふるえ、発汗、表情の変化、涕涙《ているい》といった身体的変化は、すべて心臓に起源しているのである。

だが情念が引き起こす動揺は、身体部位だけでなく、人間の知的活動にも影響をおよぼす。古代・中世の生理学によれば、熱の源である心臓のもうひとつの重要な役割は、前述の生命精気を生成し、これを含んだ血液を、動脈を通して脳に送ることである。脳において生命精気はさらに純度の高い霊魂精気に変換され、これが神経を経由して身体の各部に命令を送り行動させる[32]。すなわち、脳は理性の座とし、て指令する至高の地位を持っているが、そこで必要となる霊魂精気を生成するためには、心臓から送られてくる生命精気に依存せざるを得ない。であれば、もし心臓において情念が体液のバランスやその勢いを変え、脳に送られる精気の流れを乱せば、脳における指令系統も乱れてしまうだろう、とライトは説明する。理性は初め抵抗し、情念の影響を防ごうとするが、これに失敗した場合、理性の判断力は鈍る。さらに情念に激しく攻撃されれば、完全に屈服させられてしまう。情念の噴出は「魂を動揺させ、判断を狂わせ、意志をくじけさせ、（多くの場合）悪徳へ導き、徳から遠ざけさせる」。情念が、対象に対しては受動的でありながら、同時に人間の中では一種の支配力を確保し、能動的とも見える働きができるのは、このためである。[33]

スコラ学の影響下にあった他のさまざまな学説と同様、こうした説明は経験的に実証されたものではないため、現代の観点からは思弁的な空論と思われるかも知れない。だがここで重要なのは、人を神に与えられた理性と制御困難な情念というふたつの行動原理のあいだで悩む存在と見なす、ひとつの人間理解である。

三、情念としての痛み

以上、情念をその身体性、受動性、感覚機能との関係、心臓を中心とする生理学の中での位置付け、そして理性との緊張関係において概観した。ここで我々にとって興味深いのは、情念のひとつに「痛み」があることである。アリストテレスに倣い、トマスは「痛み」を「悲しみ」と共に、悪なる対象の獲得が完了した時に起こる情念として同一のカテゴリに入れている。ここで言う痛みは、今日我々が精神的苦痛と呼ぶものではなく、身体的な苦痛一般を指す。痛みと悲しみを同一視する考え方は、現代では理解しがたいかも知れない。トマスも、身体的苦痛は主に触覚によって即時的に把捉された対象によって引き起こされるのに対し、悲しみは触覚以外のさまざまな方法で受け取った対象、また現在だけでなく過去や未来に属する対象によっても起こされ得る、と認めている。だが全体として、これらは広義の「痛み」の中に包摂されると彼は考えた。「苦痛という運動は、いつも魂のうちにある」[34]。ここにも、生理現象と感情を区別せずにとらえる前近代特有の人間観が見られる。

痛みが悲しみと同様に心臓をその座とする情念であると考えるならば、痛む身体とは、痛みの情念によって体液運動に変調をきたす身体である。ライトは、「我々が一般的に、歯が痛いとか、指が、つま先が、脚が痛いなどと言う」のは、情念が心臓のみに留まり続けずに、対象を初めに感覚した部位で場所に働きかける。「どの部位であれ、やさしく触れれば喜び、傷つければ痛むのである」[35]。ここで、対象に「傷つけ」られることと、身体の部位が「痛む」こととが区別されている点に注意したい。近世の身体観において痛みとは外部からもたらされる刺激のことではない。それは身体内に起源する生理的かつ感情的な動揺、心臓を発して末端へと移動してゆく精気の運動であり、内側から外側に向かうエネルギーの流れであった。[36]

したがって、身体の部位に覚える不快だけが、情念としての痛みが引き起こす症状ではない。ベイコンの『森の森』(一六二六年)によれば、情念による体液や精気の動揺は、たとえば恐怖の情念においては顔を青ざめさせたり(血液が心臓に戻ってしまうため)、体毛を逆立たせたりし(精気の収縮により毛穴が閉じるため)、喜びの情念においては笑いや歌声を引き起こす(活性化された精気が外部に放出されるため)。同様に、痛み/悲しみの情念においても、対象を感覚した部位とは無関係な場所に変化が表出することがあり、その組み合わせは多様である。たとえば、ため息をつくのは大量の空気を吸い込み心臓の負担をやわらげるためであるが、その規模が大きくなるとむせび泣きになる。うめき声や叫び声は、精気が痛みの原因を放出することができない時に、代わりに放出されるもので、歯ぎしりは精気の集中、汗は精気の放出、涙は脳内の精気の収縮の結果である。[37] このように、情念とそれが身体にもたらす変調の組み合わせはさまざまであり、特定の対象が必ず決まった情念を引き起こすとも、また同じ情念が必ず決まった変化を身体の同じ場所にもたらすとも言えなかった。

このことは、人間の感覚、情念そして身体変化のメカニズムとその結果に――見かけ上の――不確定性をもたらす。ベイコンを崇敬していたオーブリが『自然についての覚え書き』に書き留めた「passions」の事例集は、まさにこの問題を考察するためであったと考えられる。オーブリはラヴと猫の死の目撃談の前後に、喜びの情念、または恐怖の情念にかられて体調に異変を起こした人物のエピソードをいくつか記している。絞首刑寸前に処刑が取りやめになった喜びで精気が「逆上」し、首に縄をかけたまま踊り出してしまった船乗り、町で起きた銃撃戦の爆音におののいて、すっかり幼児返りしてしまったサイレンセスタの老貴婦人、子供の投げた小石の音を教会の塔の崩落と誤解し恐怖死したウィルトシャ州の婦人、あるいは夜道で象に遭遇し（！）、悪魔と思い違えてやはり恐怖死したオクスフォード州の田舎男といった、他愛もない小話ばかりではある。[38] しかしいずれも、対象が発した像や音を視聴覚が「正しく」とらえていなくとも、情念が身体に重大な影響をおよぼすことを示す事例である。恐怖死した二人について言えば、対象の認知が間違っていたばかりでなく、誘発された情念が身体にもたらした結果はさらに取り返しのつかないものであった。だが、それが情念の力なのである。オーブリがベイコンの次の結論を念頭に置いていた可能性は高い。「すべての情念において、精気は最も多く働く部位、ないし最も影響を受けた部位に集まってくる[39]」。オーブリが断首台の上に置かれたクリストファー・ラヴの首を「凝視」した時に痛みを覚えた自らの首の後ろとは、オーブリの視覚がとらえた対象が彼の中で引き起こした情念によって、最も多く精気が集まってきた部位であった。少なくともオーブリはそう理解した。感覚された像が身体にもたらす生理的変調の一事例として、オーブリの「奇妙な、ぴりぴりする痛み」は『自然についての覚え書き』に記録された。それはラヴに誘発された情念ではあったが、処刑台上の他者に対する「同情」とは種類の異なる経験であった。

四、プロテスタンティズムにおける信仰と情念

次に、断頭台の上のラヴの情念について考えてみよう。宗教的に正しいとされた「受難」者の痛みはどのように説明されたのか。またそれはこれまで考察した情念論とどのようにつながるのだろうか。

近世イングランドのプロテスタント文化における「受難の身体」を考える時、最も代表的なイメージは、ジョン・フォクスの『殉教者の書』（英語初版一五六三年）に描写された、プロテスタント殉教者たちの姿であろう。ローマ・カトリック君主メアリ一世（在位一五五三〜五八年）の統治下、厳しい異端審問のために逮捕され、拷問を受け、公衆の前で火刑に処せられた聖職者や平信徒たちの人物伝として編纂された『殉教者の書』は、カトリック教会を残忍な反キリスト勢力として表象する一方、その犠牲となった者たちの揺るぎない信仰を称え、彼らの名誉を回復しただけでなく、真のキリスト教会の系譜にイングランドのプロテスタンティズムを結び付ける役割も果たした。[40] 言うまでもなくここでモデルとなっているのは、キリストの十字架刑と死の苦難《パッション》、復活と勝利、そしてその成果としての人類救済という一連のドラマである。神のために自由を捨て苦難を忍ぶ者は聖性を帯び、身体は損なわれても魂においては他のすべてを超越する英雄となる。キリストの模倣としての殉教を理想視するこの伝統はもちろん、初代キリスト教から中世カトリック信仰へと継承されたもので、宗教改革による発明ではない。また、プロテスタント体制下で弾圧されたカトリック信徒たちの「受難」が、国教忌避者《レキュザンツ》たちのあいだで語り継がれていたことも忘れてはならない。しかし、初版にして約一八〇〇ページ、第二版（一五七〇年）では二三〇〇ページ超の『殉教者の書』は、プロテスタント殉教文学としては前例のない大作であった。

とくに処刑シーンの執拗なまでの細部描写は、挿入された百点を超える木版画とあいまって、その後のイングランドの宗教文化に多大な影響を与えた。神に受け入れられる正義の身体としての受難者のイメージは、ジョン・バニヤン『天路歴程』（一六七八年）を始め、近世イングランドの多くの信仰文学に繰り返し登場することになる。[41]

しかし、信徒たちの受難に伴った身体的な苦痛については、意外にも『殉教者の書』の叙述は曖昧である。第二版の締めくくりで、フォクスは読者に呼びかける。殉教者たちは「身体においては苦難を経験した（suffered in their bodies）が、霊においては喜んだ。人々には迫害されたが、主には内なる喜びと良心の平安をもって慰められた」。[42] だが個々の処刑のエピソードにおいては、フォクスは信徒たちが苦痛にうめいたり身体をよじらせたりする姿を描かない。殉教者たちは刑場でもまっすぐに姿勢を保ち、祈り、讃美の歌を歌い、手を打ち鳴らし、群衆に呼びかけ続ける。自分が痛みを感じないと声に出して表明する者もいる。たとえば、一五三二年、スミス・フィールドで火刑にされた弁護士ジェイムズ・ベイナムは、腕と足が半分焼けた状態で火の中から言った。「おお見よ、教皇主義者らよ。奇跡を求めているのなら、いま見なさい。この火の中は、綿毛のベッドの中ほどの痛みも感じない。薔薇のベッドのように心地良いぞ」。[43] また、ウィリアム・ティンダルと共に聖書の英訳に携わり、一五三一年に処刑されたケンブリッジの神学者リチャード・ベイフィールドは「勇敢にも楽しげに」炎の中で過ごした。先に焼けた左腕を右手で掻くとそのまま抜け落ちたが、彼は最後まで叫び声を上げることなく祈り続けた。[44] あるいは、五人の死刑囚をまとめて鎖で柱に留める役人の手元が狂い、コルチェスタの若い使用人エリザベス・フォークスの肩の上にハンマーを打ち下ろしてしまった時、「これを受けて彼女は素早く頭を上げ、目を主に向け、ほほえみながら祈った」。[45]

『殉教者の書』における壮絶な身体刑の描写と痛みの不在の関係について、研究者たちの説明は錯綜している。殉教者たちは痛みを感じても口にしなかったのか、または痛みにマゾキスティックな喜びを感じていたのか、あるいはフォクスが犠牲者を英雄化する目的で痛みの表象を取り除いたのか。身体刑を受け、同時に信仰において勝利したとされる主体の痛みはどう処理されたと考えるべきか。たとえばキャサリン・ロイヤーは殉教者たちが痛みについて沈黙する理由を、理想的な信者に期待された「ストイシズム」に求め、ジェニー・メイヒューは苦難に直面した信徒たちの語り口に「言語パフォーマンスによるペイン・マネージメント」を読み取ろうとする。[46] しかし、研究者たちのこうした問いかけはそれ自体、身体と精神、感覚と言語を区別して考える、ひとつの人間観の表明でもある。信仰の力によって肉体の苦痛を超越する、という考えに不合理やある種の欺瞞を感じるか否かは、我々が信仰と肉体それぞれをどのようなものとして理解するかによって決まるからだ。では、フォクスが『殉教者の書』を書いた歴史世界において、痛みが感情の一種であり、信仰が肉体のひとつの状態であったならば、どうだろうか。

近世イングランドの宗教文化についての近年の研究では、プロテスタンティズムにおける「感情」の重要性が再評価されている。歴史家たちは長いあいだ、身体動作を伴う儀式や視聴覚に訴える教会装飾、奇跡信仰などはローマ・カトリック文化の特徴であるという前提の下で、プロテスタンティズムをその対極の文化として、すなわち知性や言語運用能力を重視する「言葉の宗教」として説明してきた。したがって、たとえば新しいプロテスタント信仰におけるキリストの受難は、信者の贖罪という神学的意味を理解することが重要であって、カトリック世界におけるように、キリストの身体そのものの神秘性や、その視覚的な表象に熱中することは「迷信」として避けられた、と説明される。[47] こうしたプロテスタンティズム理解は、教義における厳格さを追求する一方で感性の世界に対しては禁欲的な「ピューリタニズム」のイメージと合わせて、一七世紀イングランド史を近代化のモデルとする進歩主義的な歴史観を助長してきた。しかし近年の歴史学は、近代的な主知主義を一七世紀イングランドの宗教文化に投影することに慎重になっている。むしろ、近世プロテスタンティズムにおける感覚や感情の位置付けについての新しい研究は、宗教改革についての進歩主義的な見解を修正しつつある。[48]

たとえばアレック・ライリーは、宗教改革後の神学書や信仰文学における実用的な信徒指導で、正しい信仰に不可欠な補助として感情（affection, feeling, passion）が積極的に評価されていたと論ずる。[49] 罪の赦しと救済の主権を完全に神の意志に帰したカルヴァン主義神学の導入は、抽象的・非感覚的な神学知識を教え広めたのではなく、逆にそれまで以上に、人々の意識を自らの感情状態に向けさせることになった。「無感覚（numbness）」は、信仰の死を意味したからである。ライリーが「感情」と言う時、本章において考察してきた、本質的に身体機能である近世特有の「情念」を念頭においているのか、あるいは近代的な感情概念を不用意に持ち込んでいるのかは、定かでない。しかし、膨大な数の自伝や信仰指南書を分析したライリーの研究成果で興味深いのは、信徒の感情の状態を説明する一七世紀の言語が、体液説的な身体理解に強く彩られていたことである。たとえば、信仰の欠如した人間、感情を失った人間は「石」や「氷」のように「固く」、「冷たく」、「乾いて」いるとされた。これらはすべて黒胆汁《メランコリ》の性質である。反対に、活き活きとした信仰は「火」のように「熱く」、「熱意」や「激しさ」を持つ「唐突」な衝動であり、信者は神の恵みの「露」を浴び、「柔らかく」なり、「濡れ」、「溶け」、「浸され」、「涙」する。[50] 一七世紀前半に人気を博したある信仰書は、次のような悔悛の祈りを読者に勧める。「主よ、汝《な》が深き愛の槌もて我が固き心を打ちたまえ。汝が強き御力もて、その底まで刺し通したまえ。されば我がかしらより水は湧き出で、我が眼は涙の泉とならん。数知れぬ我が罪と咎めを悲しみ嘆かん[51]」。

一七世紀のプロテスタント信仰文学における、こうした「熱く湿った信仰」についての言説が、当時の情念理解と一致していることに不思議はない。何よりも信仰とは神への愛であり、愛は最も基本的かつ純粋な情念に他ならないからである。対抗宗教改革時代のカトリック世界で流行した宗教的瞑想《メディテーション》の思想を一七世紀イングランドへ紹介した、カルヴァン派の牧師でのちにエクセター、ノリッジ主教となった、ジョゼフ・ホールの『聖なる瞑想術』（一六〇六年）を開いてみよう。ホールいわく、瞑想とは「理解で始まり、感情で終わるもの。脳で始まり、心臓に降りてゆくもの[52]」。そうして「知識に光を、感情に熱を、信仰に生命を」吹き込むものである。また、ケンブリッジ・プラトニストのジョン・スミスは「脳を働かせ捻り出すような知識は、神についての最善で最も正しい知識とは言えない」と主張する。「私たちの心臓の、神聖な熱から生まれたものでなければ[53]」。ここには、理性ではなく情念のレベルにおいて神と交わることへの積極的な姿勢を、はっきりと読み取ることができる。

カトリック、プロテスタントを問わず、神学者たちは、理性に対する情念の反乱は危険だが、正しく制御された情念はむしろ人間に有益であると認めていた。エラスムスらルネサンス人文学者たちに呼応するように、ルター、カルヴァン、そしてイングランドの宗教改革者たちは、信仰における情念の効用を説いた。[54]「我らの主は〔……〕ご自分の、また世人の不幸にうめき、むせび泣かれた」とカルヴァンは説く。「そして主は、その弟子たちにも同様にするよう教えられたのである」。[55]ジョゼフ・ホールは、別の著作でこう述べる。「凶暴な情念は公共の平和を乱す反乱者である。〔しかし〕私は何の情念も持たぬストア派にはなるまい。神が私の中に立てられた内なる仕組みを投げ捨てられようか。クリスチャンらしく、私は情念を従えて生きる」[56]。信仰において積極的な価値を持つとされた情念は、「愛」や「喜び」だけではない。ライトは、エルサレムの神殿で売り買いをする商人を叱り追い払ったキリストの「怒り」を賞賛し、また「恐れ」が人を罪から離れさせ、「悲しみ」が悔い改めを促すと論じている。[57]エセックスの説教者ウィリアム・フェナーも説教集『感情論』（一六四一年）で、人間に情念が与えられたのは神の恵みに他ならない、と断言する。[58]信仰者にとって情念を巧みに操作することは、悪徳を犯さないという消極的な目的だけでなく、信仰を充実させる積極的な意味を持っていた。ライトも、情念を完全に鎮めてしまうのでなく、「徳に仕えるために時おり動かし掻き立てる」ことを勧めている。[59]

弾圧を恐れずに共和国政府を正面から批判したクリストファー・ラヴの信仰と正義も、彼の情念の激しさによって証明された。ラヴの妻メアリ・ラヴは、手稿として現存する夫の伝記の中で、ラヴを心熱く感情豊かな伝道者として描いている。「柔和で穏やか」なラヴは、牧師として不名誉な噂を立てられても「大きな忍耐をもってそれを聞き、いかなる情念にも突き動かされることはなかった」[60]。しかしその一方、ラヴは神への愛と他人への憐れみにおいては、極めて情動的な人物であった。信仰を見失い「暗闇を歩く哀れな人々」を見れば、彼らの悲しみを思うあまり「心臓が緩み、血を流した」。詩篇歌を歌えば、「引き裂かれた神の民」を憐れみ、「膨らんだ大量の精気が魂からあふれて神に向かって注ぎ出されるので」、涙がとめどなく流れた。[61]処刑の前日、ロンドン塔に面会に訪れたメアリとラヴが共に神に祈ると、「彼の心臓はおびただしく膨らんだ」。それは「イエス・キリストを通して彼の魂に示された神の恵みの豊かさ、あらゆる試練、試み、苦難の中での神の慈悲深い存在、そして彼に与えられた、言葉にできない喜びと慰めという、神の祝福によって」であった。[62]

この最後の例のように、神を強く想起することによって苦難を克服することとは、ある情念を増幅させて別の情念を屈服させることに他ならない。殉教者たちが悲しみや痛みを感じないのは彼らが「無感覚」になったからではなく、悲しみ・痛みをさらに上回る別の情念を動員することができたため、と考えることができる。事実、情念の操作方法は、一七世紀の情念論で繰り返し言及された。ライトは、好ましくない情念を抑制するためには、感覚に新しい対象を与えるのが効果的であると言う。「無節操な情念を追い払う最良の方法は、関心の対象を何か別の物事に移すことである」[63]。信仰者にとってそれは、全身全霊をもって神と向き合うことを意味した。多くの信仰指南書が瞑想、讃美、そして祈りにおいて情念を集中させることを読者に勧めている。祈る時は「感情を注ぎ出して」祈るように、とニコラス・バイフィールドの『神の言葉の精髄』(一六二二年)は助言する。なぜなら神は「唇だけの祈りではなく、心臓での祈りを見ておられるからである」[64]。フェナーは、祈りとは「正しい対象」である神に向かう「強力な」「心臓の流出」であると説いた[65]。ロンドンの信仰熱心な木材職人ネヘミア・ウォリントンは、「祈る時にも激しさが、聞く時にも激しさがなければならない」と自らを戒めている[66]。熱い信仰は、それ自体で情念の流れを変えると考えられたのである。『殉教者の書』を始めさまざまな歴史書や神学書からの引用を集めたサミュエル・ウォードの信仰指南書『死に際して信仰に生きる』（一六二二年）によれば、「信仰は、恐怖を希望に、ため息やうめきを願いや期待に、震えやおののきを躍動や拍手に変える」ことができた[67]。

図3　ローズ・アリン（『殉教者の書』より）

フォクスが『殉教者の書』に描いたプロテスタント信徒たちの受難シーンに共通するのは、危害を加えられている自らの身体部位に彼らが関心を払っていないように見えることである。彼らはむしろ祈りや瞑想、あるいは天を見上げる身体動作によって、意図的に神に関心を向けているように描かれている。一五五七年、エセックスの治安判事エドムンド・タイレルがコルチェスタのプロテスタント一家の娘ローズ・アリンを尋問し、彼女の手の甲を蠟燭の火で焼いた時も、アリンは声すら上げなかった（図3）。やがて手の腱が破裂し、「家にいた者全員がその音を聞いた」。「どうだ、泣かないのか」と責めるタイレルにアリンは、そうする理由がないと答える。「むしろ喜びたいほどです。神に感謝します」。タイレルは怒ってアリンを突き放し、口汚く罵った。「彼女は、彼の激昂を静かに耐えたのち、最後にこう言った。意図なさったことはこれで済みましたか」。その晩、共に投獄された仲間に「手が焼かれる痛みを、どうやって耐えたのか」と尋ねられると、アリンは答える。「それは初めは悲しみ（grief）でした、でもそのあと、長く焼かれるほど感覚は失われてゆき、ほとんど何も感じなくなってしまいました」。後日、死刑判決を読み上げられたアリンは、「大きな喜びにかられ」、歌いながら連行されて行ったという。[68] このテクストには、感覚と情念についての言語が幾重にもかさなって用いられている。アリンの手が傷つけられていた時、またタイレルの怒りと罵りの言葉を浴びせられていた時、アリンの思いは神に向いていた。彼女を支配した情念は初めは「悲しみ」であったが、やがて「喜び」が悲しみを上書きし、痛みは克服されたのである。

図4　トマス・ビルニー（『殉教者の書』より）

　同じく『殉教者の書』に登場するケンブリッジの神学者トマス・ビルニーは、火刑に処される前夜、友人たちの前で蠟燭の炎に指をかざして見せた。不思議がる友人たちにビルニーは、熱さを感じないと告げる。挿絵には、卓上の燭台に右手の人差し指を差し出すビルニーの姿が描かれている（図4）。彼の視線は、炎の中心に向かう指先に注がれているが、一方で左手は燭台の手前に開かれた聖書の上に置かれ、その指はページの行を追っているように見える。ここでは、ビルニーは触覚だけでなく視覚までも炎に向けた状態で、関心だけを神に向ける練習をしているかのようである。「恐れるな、私はあなたがたをあがなった」。フォックスはビルニーが開いたイザヤ書のテクストを挿入する。「川の中を過ぎる時、水はあなたの上にあふれることがない。あなたが火の中を行く時、焼かれることもなく、炎もあなたに燃えつくことがない」[69]。

クリストファー・ラヴの処刑の瞬間に、ラヴの身体はどのように痛んだのか、という問いはおそらく間違っていたようだ。死刑判決を受けたラヴは、天上における神との再会の喜びのために、「苦い恐怖心、死の棘は和らいだ」と宣言している。「かつての私は、頭が切り落とされることを考える今の私よりもはるかに強い恐れを、歯一本を抜くことに対して抱いていました」[70]。だが死刑は、ラヴにとって悲しみや痛みをもたらす対象ではなくなったのである。「死はもはや私の敵ではなく、イエス・キリストに次ぐ親友なのだよ。すべての罪と惨めさからの出口、そしてすべての祝福と栄光の入り口なのだから」とラヴは妻メアリに告げる。「私が断頭台に首を載せる最期の時は、枕に頭を載せるほどの恐れも感じることはないと確信するよ。首が切り落とされた瞬間に、私は天国のキリストと出会うのだから」[71]。歴代の殉教者たちのように、神を対象とすることによって、夫の中から恐怖も痛みも消えてしまったことを、メアリもまた確信する。「情念を意のままに従える彼の能力は見事なものでした。もちろん、他の人と同様、彼も情念にかられることはありました。しかし彼の情念はいつも、正しい対象に向けられていたのです」[72]。処刑の翌々日の日曜、ラヴの友人でありロンドン聖職者集団の中心人物でもあったエドムンド・カラミーは、オルダーマンブリーの自分の教区教会での説教に、新訳聖書「使徒行伝」から、最初の殉教者ステパノのエピソードを選んだ。ステパノは石打ちの死刑を受けたが、「しっかりと天を見上げ、そこに神の栄光と、神の右に立っているキリストとを見た」。ステパノの感覚が神だけに向けられていたことをカラミーは強調する。これによって、ステパノは「あたかもベッドで死ぬ時のような、穏やかな気持ちで死んだ。人々は彼を石打ちにしたが、彼は眠ったのだ[73]」。

五、コンパッションする身体

ここまで、身体的苦痛と宗教的信仰という、現代では異なる問題系に属すると考えられる現象が、近世イングランドにおいて身体という同一のプラットフォーム上で共存し均衡を保っていた可能性について、またその全体を結び合わせるキー概念としての情念について考察した。最後に、この枠組みにおける「共感」のあり方について考えてみたい。初めに触れたように、苦しむ他者に対する感情移入としての「同情」が一八世紀以降に登場した新しい文化だったとすれば、伝統的な情念論の時代における共感とはどのように可能だったのだろうか。

キリストをモデルとした受難は、宗教的アイデンティティだけでなく、初期公共圏において政治的な正統性を確立する手段ともなったと言われる。自らを、またはその代理イメージを殉教者として表象することで支持者の共感を得ることができるからである。フォックスの『殉教者の書』やラヴの受難物語も

図5　チャールズ1世（『王の肖像』より）

含め、そのプロパガンダとしての政治的効果についての研究は数多い。[74] なかでも、受難のモチーフによって大衆の共感を獲得するのに最も成功したと言われるのは、国王チャールズ一世その人であろう。イングランド内戦期のニュース・パンフレットやバラッドの研究を続けているジョード・レイモンドによれば、内戦中の報道では自己中心、優柔不断、カトリック贔屓、王妃贔屓、そして何よりも「無感情」な人物として表象されることの多かったチャールズは、敗北が明らかになるとイメージを一転し、家族愛に溢れつつも、国家のために自ら命を捨てる聖人へと変身したという。名誉回復に決定的な役割を果たした出版物のひとつが、チャールズが一人称で自らの苦悩を語る『王の肖像』（一六四八～四九年）である。[75] 有名な扉絵には、処刑の前夜、独り苦悶し涙するチャールズの姿が、キリストの「ゲッセマネの祈り」を見事に模倣した形で描かれている。王は地上の王冠を捨てて右手で茨の冠をつかみ、さらに天上に輝く永遠なる王冠に目を据える。彼の手が茨の棘に触れ、一方でテーブルの上には聖書が開かれているという構図は、蠟燭の炎に指をかざすビルニーのイメージとよく似ている[76]（図5）。『王の肖像』の商業的成功と共に、パンフレット作家や詩人たちはこぞってチャールズの苦悩をキリストに重ねて詠い、王の孤独な最期を口々に称えた。[77] 王党派詩人ジョン・クォールズは、チャールズが国家だけでなく、自らの情念さえも従えることのできる王であったと誉めた。[78]

しかし、共和国時代のイングランドの人々が何をもって国王に「共感」したと言えるのかは、実はそれほど明確に論じられていない。[79]問題は、研究者たちが近代的な「共感」や「同情」のモデルを一七世紀に持ち込んでいることにあるのかも知れない。少なくとも、『王の肖像』が、チャールズの精神的苦悩を強調することで読者の共感を集めた、といった議論には、疑問の余地がある。[80]一七世紀において、痛みと信仰が共に心臓を発し身体を流れる情念としてとらえられていたことを思い返すならば、我々は受難者とそれを囲む者たちとの共感可能性について、すなわち比喩表現ではなく経験された身体現象としての「コンパッション」について考える必要がある。

フォクスの『殉教者の書』を再び開き、ロンドン司教エドムンド・ボナーの拷問を受けた織物職人トマス・トムキンズのエピソードに注目しよう。前述のアリンやビルナーの逸話によく似ているが、情念の他者への伝達について、興味深いヒントを与えてくれる記述である。トムキンズに棄教を迫ったボナーは、チャプレンのジョン・ハープスフィールドの目の前でトムキンズの腕をつかむと、その指先を蠟燭の火でゆっくりと炙る(図6)。トムキンズは死を覚悟して、「ああ主よ、あなたの御手に私の魂をゆだねます」と祈った。

図6　トマス・トムキンズ(『殉教者の書』より)

すると、

彼の精気はあまりに舞い上がったので（so rapt up, that）、何の痛みも感じなかった。〔指が〕焼かれているあいだ、彼がまったく身を引かなかったので、血管が収縮し、指の肉が破裂し、水がほとばしり出て、ハープスフィールドの顔に降り注いだ。あまりにもそのようであったので（In so much that）、ハープスフィールドは憐れみに突き動かされ、止めるように司教に願い求めて、言った。「もう充分にこの男を試されました[81]」。

信仰・情念・痛みについてこれまで考察した諸前提を踏まえれば、単なる暴力描写ではなく、登場人物たちの情念における共感の証言としてこのテクストを読むことができるだろう。「あまりにも……だったので」という表現が二度用いられていることは示唆的である。トムキンズが痛みを感じなかったのは、彼が蠟燭の炎ではなく、神を対象としてとらえたためである。彼の中で精気を舞い上がらせたのは「痛み」ではなく、神へ向けられた彼の熱い信仰であった。指先から吹き出たトムキンズの体液のしぶきを浴びたハープスフィールドが感受したのは、まさにトムキンズのそのような熱い情念であった。「あまりにもそのようであったので」ハープスフィールドは文字通りの意味におけるコンパッションにかられ、審問を遂行するという彼の意図は、司教に拷問を止めるよう願う憐れみの情念に打ち負かされた。トムキンズの情念がハープスフィールドの情念に合流した瞬間を、フォクスは描いているのである。

身体から外部へ流れ出る液体は、人の生命力や信仰、正しさなどを最も端的に示すものであった。生命が心臓に発する精気や体液、熱の流れに依存し、またこの流れにおける動揺が情念なのであれば当然とも言える。情念は運動であるゆえに、身体から身体へと移動する。トマス・ライトも強い影響を受けた近世ヨーロッパのカトリック文化においては、「聖心」信仰が最高潮に達しようとしていた。キリストの燃える心臓こそ、神の無限の愛の源泉と見なされたのである。心臓を天使に槍で突かれた一六世紀スペインの聖テレサや、キリストの心臓の中を直接覗くことを許された一七世紀フランスの聖マルグリット・マリー・アラコクらが体現していたのは、精神的に感情移入するのではなく、心臓=身体においてキリストと一体化=コンパッションする信徒の理想型である。[82] 共感とは、観察者の側が他者の感情状態を想像することによってではなく、他者の側から放出される情念を観察者が文字通り受け止めた時に実現するものであった。『感情論』でフェナーは、説教者の役目は聴衆の情念を掻き立て、神に向かわせることだと述べているが、そのためには説教をする者自らが熱い情念に充たされなければならないと論じた。聖職者たちの「かしらが湧き水のように、目が泉のように、昼も夜も涙にくれる」ならば、聴衆も「動かされる」だろう、と。[83] 国王派聖職者ジョン・フィートリの信仰指南書『涙の泉、三つの小川に注ぎ出す 1.悔恨、2.共感、3.献身』（一六四六年）の扉絵に描かれた、高く挙げた両手の指先から液体が流れ落ちている女性は、まさに情念あふれる信仰の証人を体現している[84]（図7）。トムキンズに似たイメージは、フォクスの『殉教者の書』や類似テクストの中にさらに見つけることができる。ポルトガルで処刑されたイングランド人商人ウィリアム・ガードナーの、手首を切断された両腕から吹き出る

図7　フィートリ『涙の泉』（1646年）扉絵

図8　ウィリアム・ガードナー（『殉教者の書』より）

液体もまた、見る者に情念のレベルでの共感を誘うかのようである[85]（図8）。

共感する側もまた、体液の変動を経験する。コルチェスタで手の甲を焼かれたローズ・アリンと同時期に逮捕された、若き使用人エリザベス・フォークスの死刑判決文が読み上げられた時、裁く側にいたカトリック祭司のウィリアム・チェゼイの頬を涙が伝ったとフォクスは記す。チェゼイにはメアリ一世が即位する前、プロテスタント国教会に帰順していた経歴があった[86]。チャールズ一世の処刑に話を戻せば、長く失明していた少女が、処刑台からしたたる王の血に浸したハンカチを「目」に当てられて癒されたという有名なエピソードがある。奇譚で部数を稼ぐ民衆向けパンフレット文学の典型として紹介されることが多いが、こうしたエピソードは、体液を経由して人から人へ伝達する生命力という考え方を分析する上で興味深い出発点となるかも知れない[87]。いずれにしても、他者の痛みが分かること、すなわち他者と「共感」することの具体的な意味と仕組みについて、近世文化史の研究者は根源的なレベルから考え直す必要があるようだ。カトリック、プロテスタントを問わず、キリスト教の中で奨励された「共感」とは、文字通りパッションを共有すること、共に受動することだが、これは、今日的な意味における精神的な「同情」や感情移入とは異なるものであった。コンパッションとは、キリストの流した血と自らの涙を混ぜることであり、自分の心臓を他人の情念に同調させることなのである。

ラヴの処刑に戻ろう。「pain」という言葉はラヴを語るテクストよりも、ラヴの周辺の人物の描写に多く使われている。ラヴの友人で長老派サークルにいたロンドン商人ジョン・ジェキルは、国王側との通信にラヴが関わっていたと裁判の場で証言してしまうのだが、友人を売ってしまったという罪悪感にさいなまれて、獄中のラヴに手紙を書き送っている。「私のはらわたは苦しめられています。私は痛む、私は痛む。心臓の中心から。私のこの心臓の思いをあなたに伝える言葉もないことは、主がご存じです」[88]。ラヴの殉教が人々におよぼした動揺は、メアリの手記でも随所に記述されている。

何千人もの見物人が集まっていました。タワー・ヒルには彼〔ラヴ〕を見た人々の苦いむせび泣きと嘆き声が鳴り響いていました。人々は彼に触れたい、二度と見られなくなる彼の顔を見たいと押し寄せてきたのです。「ラヴの血がどれだけ流れるかタワー・ヒルに一緒に見に行こうぜ」と、処刑の朝、隣人に言ってやってきたひとりの男が群衆の中にいました。しかし、〔ラヴを〕見て、その演説と祈りを聞いた彼は、激しく泣き、仲間に叫んだのです。「俺は彼のために死んでもいい。彼のために俺の血を流してもいい」。そのあとこの男は、ラヴの血に飢えて出かけたことを悲しみ悔いながら家に帰りました。ラヴの死による本当の改悛者だと言われました。[89]

目に見えない無数の情念が刑場で渦を巻く様子がメアリの目には映っていたかのような叙述である。ラヴの断頭台上の痛みとは、宗教改革以来、長く蓄積されてきた殉教文学の伝統の中では無効化され、別の情念に置換され得る痛みであった。タワー・ヒルで、神との面会を目前にしたラヴが喜びで心臓を膨らませ祈った時、あふれ出るその情念の勢い、熱さを受け止めた人々もまた、彼らの目前で何が起きているのかを悟り、心臓の動揺を抑えることができなくなった。もちろん、その「被り」方はさまざまであり、なかにはオーブリのような冷めた観察者もいたことだろう。しかしこれらの経験はみな、人間を本質的に受動的な存在、すなわち他者から働きかけられなくては世界を経験することのできない存在と前提し、またそれゆえにこそ、互いに共感することのできる存在と考える、ひとつの歴史世界の中にあったのである。

Ⅳ 試練

——宗教改革期における霊的病と痛み

後藤 はる美

近世において、人々は世界を「超自然（＝神）の領域」と「自然の領域」からなるものとして理解した。心と体を持つ人間はその混成であり、「病」とは、その両方が損なわれることを意味した。神の領域が揺れ動く宗教改革の中で、人々は「病」と「痛み」をどのように理解したのだろうか。また、彼らの痛みは、彼らと社会をどう取り結んでいたのだろうか。

近世における痛み（pain）とは何か。この問いに関する第一の障壁は、痛みの経験がそれ自体として、主題化して語られる場がほとんどないという問題である。痛みは、報い（penalty）や懲罰（punishment）を表すラテン語poenaから派生し、女性の産みの苦しみに象徴されるように、キリスト教世界では原罪を想起する言葉でもあった。しかし、一七世紀の史料上でこの言葉が使われる機会はそれほど多くない。その主要な要因は、近世における痛みをめぐる語りが精神的あるいは肉体的苦痛それ自体ではなく、その外側に意味を見出すところにある。外側とは、一七世紀において宗教的文脈を指した。[1] ヨーロッパにおける痛みに関するシンポジウムの報告集に寄稿したショーエンフェルトによれば、ユダヤ＝キリスト教世界において、痛みは神と人間のあいだを媒介する、第一のものであった。[2] 本章では、宗教的な意味付けを背景に一七世紀の人々が痛みをどのように経験し、理解し、表現したかを、ある女性の日記と、ある家族を襲った魔女事件という、ふたつのヨークシャの事例から検証したい。

一、霊魂・身体・情念

痛みとデカルト的二元論

近世における痛みの最たる特徴は、痛みが身体と魂の双方の欠陥を表すことである。これは、人の身体がどのように理解されていたのかと密接に関わっている。古代ギリシア以来、人間は魂と肉体を持つ創造物として人々の認識の中に位置付けられてきた。定説では、一六世紀に始まる宗教改革の中で、霊的なものを肉体から切り離してゆくプロテスタント的な身体理解が進み、分水嶺となるデカルトが一七世紀に現れて、魂と肉体（精神と物質）の二分法を提示すると理解されてきた。この説は一定の説得力を持つものの、一七世紀の歴史的実態としては必ずしも当てはまらないことは、前章（第Ⅲ章）にも見る通りである。魂と身体の連動性や両者の関係は、デカルトの時代においても迷走しており、少なくとも議論の対象となる事柄であった。[3] この問題は、古来より哲学的探求において情念（passion/ pathos）と呼ばれてきた事象を考える時、より一層錯綜する。情念は、しばしば魂の一部として、魂のうちの理性的部分と対置され、また、身体と霊魂というふたつの実体を互いに関連付ける要とされてきたからである。

著名な哲学者・道徳哲学者が具体的にどのような感情――これもpassion の訳語であるが、ここではより広義の現代的な意味での「感情」と便宜的に使い分けておこう――を情念に含めたかにはばらつきがあり、またその分類の基準そのものも多様であるため、安易な比較は成り立たない。痛みと情念の関係はさらに複雑である。たとえば、プラトンの情念は怒りに代表されるが、苦痛もまた、快楽・大胆・

恐怖・欲望・希望といった他の情念と並んで取り上げられている。アリストテレスにとっては、情念とはむしろ快楽や苦痛をその内に含む、怒りや恐れ、愛憎を指すものであった。ひるがえって「パトス」とは「不幸や苦痛のうちの大なるもの、受難」を語義に含むものと定義付けられた[4]。他方で、彼らは共に情念を霊魂の一部と位置付け、同じく霊魂に座する「理知」とも「欲望」とも異なる「気概的」部分、あるいは、「理性的（思惟的）」、「植物的（栄養的）」、「動物的（感覚的）」という霊魂の能力の三分説における「動物的」霊魂の働きであると考えた[5]。

一七世紀のデカルトもまた、痛みを情念と分類している。より厳密には、そのうちの「身体に関連付けられたもの」であるという[6]。デカルトは精神（＝思惟するもの）を、人体を始め他のすべての物質から切り離した人物として名を知られている。その彼が、物心二元論を確立したあと、晩年に着手するのが情念論である。情念とは、精神と肉体という完全に別ものとして分かたれたふたつの存在の結合の仕方を扱う問題であった。彼によれば、苦痛は、多くは「悲しみ」という情念を引き起こす精神の「感覚」であり、「神経を害するほどの何らかの激しい作用」から生じるものであるという。デカルトが新しいのは、この感覚を引き起こすメカニズムの解釈である。その原理は、「人間論」に掲載された有名な図（図1）によく表されている[7]。付随する解説によれば、Ⓐ地点にある炎の粒子が、足先Ⓑに触れると、足の表面の皮膚が動かされ、その部位に結び付けられている神経の髄を構成するⓒを引く。ⓒが、その終点である脳の内表面にある孔の入口ⓓ、ⓔを開くと、それがつながる空室Ⓕの動物精気が流れ出て、これらが足を炎から遠ざけたり、身をひねったりして危険を避ける筋肉を動かすのに使われるという[8]。ここで留意したいのは、この機械的人間身体の反射のような動きは、痛みそのものではないことである。情念とは、この脳室内の松果腺が制御する動物精気の動きによって生じるものであった。デカルトいわく、図に描写された細糸ⓒが脳内に引き起こす運動が「精神に《痛み》の情念を抱かせる」のである。[9] デカルトにとって情念とは、能動的な「精神の意志」の対となる、「精神の受動《パッション》」であり[10]、あくまで精神に内在しつつ精神のもうひとつの状態である「意志」を動かす働きを持つとされた。痛みは身体に紐付けられてはいるものの、それ自体は精神の状態、情念の一部と考えられたのである。霊魂（精神）と身体がいかにして互いに関係付けられ得るかという難問は、デカルトの二元論でも完全には解決できなかった。彼は、物心の結合状態を人間の「実践的なありよう」として受け入れざるを得なかったのである。[11]

図１　デカルト「人間論」（1664年）より

同じ問題に、独特な理論で挑戦しようとした自然哲学者のひとりに、一七世紀後半から活躍するイングランドのウォルター・チャールトン（Walter Charleton）がいる。彼が持ち出したのは、霊魂と身体の双方の性質を備える第三の要素「物質的霊魂」である。彼によれば、この高度の自立性を持ったいわば身体的霊魂は、本来の霊魂や、それとは別個の身体と同様に、確たる実体を持っていた。この物質的霊魂は、快苦を感じ取ることによって人間に正しい行動を導くものであり、情念の座となる存在であるとされた。[12] 一七世紀の終わりに至っても、霊魂と身体、そして情念の複雑な関係はいまだ解明の途上にあるのだった。

他方で、チャールトンに見られるように、情念が理性や道徳との関係で語られるのは、感情が理性や道徳判断を阻害するという、現代人が想定しがちな前提から生じるものでは必ずしもない。古代哲学において情念は、それを反映して価値判断を下すという働きをするものではなく、むしろ価値判断のほうが先にあり、その反映・表現として情念が生じると考えられていたという。この点で情念は、理性的霊魂とは異なる形で、ものごとの真偽を判じる魂の働きであった。そしてそれゆえに、教育可能であり、また陶冶の価値があるものとして重視されたのである。[13] これに対してストア主義者は、同じく情念の影響力を重視しながら、実践面では逆方向に――すなわち、いかに情念を抑圧し、根絶するかに勢力を注いだ。中世のスコラ哲学に引き継がれる理性対情念の構図が形成されるのは、この時代のことである。その後トマス・アクィナスを経由してプラトン、アリストテレスを継承し、しばしば近代感情論の源と評価されるデカルトが現れた。彼は、前述のように人体の構造の機械論的説明を援用しつつスコラ的情念論を否定し、情念が理性との関係において持つ積極的な役割を再び評価したのであった。この世で理性を持つ唯一の存在である人間は、情念を訓練によってよく統御することができ、理性の判断の下で正しく働く情念は、精神を正しく導くことができるとされたのである。[14]

本章で扱う一七世紀は、この一筋縄ではいかない霊魂と身体、そして情念の再解釈のさなかにある。人々の病と苦痛の経験は、身体と魂の曖昧な領域に漂い、行きつ戻りつしながら、緩やかに形作られていったと考えられる。デカルトの身体機械論とは程遠く、一六世紀から一七世紀に数多く出版されるようになる信仰実践マニュアルでは、魂と身体は共に霊的実践によって保たれるものであった。「死の作法（ars moriendi）」を説いた書物は、一五世紀のカトリックの手引書に始まり、宗教改革を経て一八世紀に至るまで、たびたびベストセラーを生み出したジャンルである。[15] 聖職者たちは、魂のみならず魂の器である身体の健康に配慮するよう、また、肉体の衰える病や死に際しては、より一層、霊的実践に励むよう人々に説いた。ウィリアム・パーキンスの『病める者への慰め』（一五九五年）の一節はその好例である。パーキンスは、宗教史家パトリック・コリンソンが「ピューリタン神学者の君主《プリンス》」と評したほど影響力を持った国教会聖職者であった。同作品はキリスト教徒として「よりよく死を迎える」方法を説いた、よく知られた実践マニュアルであった。[16]

そして、病が身体において威力をふるう時、私たちはこうした信仰と悔悛の実践に注意を払わねばなりません。……そしてあらゆるよき霊的手段を事前に用いること、それによって彼らは、病める時にも死の時にも、祈りと悔悛の霊的実践を実行することができるでしょう。[17]

ここに現れるのは、病と究極的な肉体の死に備え、よりよい死を迎えるために、人は日々の生活において、それに立ち向かう霊的実践を積み重ねておくべきだという考えである。死は、いつ来ると分からぬ上に、誰にでも必ず訪れるものであるため、日頃からの修練が肝要であった。病や死における痛みは、肉体と魂の双方に依存すると同時に、宗教的体験として意味付けられていたのであった。

よき死は、さまざまな要素によって具体的に形作られていた。死に至る病とそれに伴う苦痛は、神が遣わしたものと考えられたため、その試練を歓迎し、静穏かつ明晰な意識を保ちながら、来世へと旅立つのが、最も理想的な死に方と受け止められた。それゆえに非常に恐れられたのは、ペストのように準備の暇なく訪れる、突然の死であった。逆に「たやすく、素晴らしい死」の典型であるとしばしば考えられたのは結核である。この病は、確実に死に至るものでありながら、最末期まで苦痛や心身を損なう兆候を伴わないと信じられたからであった。結核のような慢性の病がもたらす緩やかで確実な死は、人々に死の瞬間について思いを馳せ、聖俗の両面においてさまざまな手筈を整え義務を果たす時間を与えた。そして、親しい家族や友人と念入りに別れを済ませて自宅で迎える眠るような死は、その人物の生前の徳に対する神の恩恵であり、残される者への立派な手本として、よき形見ともなるとも考えられていた。他方で、特定の病や兆候に特別な価値を与えることに異を唱える聖職者もいた。病とその苦痛は、どのようなものでも等しく神の意志によるものであり、最後の悔い改めと神との和解の機会を意味したからである。[18] 平穏な自宅での死の対極にある殉教者の最期もまた、「よりよく死ぬ」手引書の型に適合する。第Ⅲ章が検証したように、殉教の瞬間は入念な準備に基づいて迎えられた。受難者が心身の苦難にもかかわらずそれを超越する姿は、彼らの信仰の確かさを観衆に強烈に印象付けたのであった。

痛みは同時に、こうした宗教的意味を持つ試練のひとつであった。カルヴァンは信仰を証明する機会として、「貧困の困難、病気の痛み、恥の嘆き、死の恐怖」を並べて挙げているという。[19] ここで、痛みは、他の苦しみと同列に、ひとつなぎのものとして理解されている。このことは、痛みが単体ではなく、いかに他の苦しみと連接して「生きられたか」の問題を考える上で示唆的である。近世における痛みは、しばしば苦難（suffering）や受難（passion）とも表現されるものであった。

二、マーガレット・ホービーの霊的日記（一五九九〜一六〇五年）

マーガレット・ホービー

日々の痛みを信仰実践の中で理解していた好例として挙げられるのが、マーガレット・ホービー（Margaret Hoby）の日記である。[20] この時代にはまだ珍しい女性日記作家である彼女は、ヨークシャ州イースト・ライディングのジェントリ家系に生まれた。地元のプロテスタントの有力な後援者であったハンティンドン伯爵の庇護下で、敬虔なプロテスタントとして養育された才女である。この伯爵家の仲介で、彼女が生涯三度することになる結婚も成立した。彼女は父の所領を継承する女相続人のため、結婚の引く手はあまたあり、不幸に見舞われながらも次々と有望な家系の子息と結婚していった。初婚の相手は第二代エセックス伯の弟にして、第一代レスター伯の義息、ウォルタ・デヴァルー（Walter Devereux）であった。しかし、彼はルーアン攻略戦で戦死し、マーガレットは早々に未亡人となった。その年内に結婚した次の夫は詩人フィリップ・シドニーの弟、トマス（Thomas Sydney）である。しかし、彼とも数年で死別してしまう。三番目にして最後の夫となるのが、先の婚姻時から求婚者に名を連ねていた、廷臣の息子にして国務大臣ロバート・セシルのいとこトマス・P・ホービー（Thomas Posthumous Hoby）であった。現存する日記は、トマスとの結婚生活四年目の一五九九年から六年弱続く。ただし、記述が詳細なのは最初の二年ほどである。

この時期は、トマスが彼女との結婚を機にヨークシャにやって来て、地域で大騒動を巻き起こしていた最中にあたる。[21]トマスもマーガレットに負けぬ敬虔なプロテスタントであり、この結婚は、政府にとって信頼できる人物を、宗教的に「後進的（backward）」な北部へ送り込むという目論見をも背負うものであった。セシルの懐刀として直ちに地域で頭角を現したトマスは、ヨークシャに移り住んだ直後から治安判事に任命され、まもなく本拠のあるノース・ライディングの筆頭治安判事に就任した。その職権を存分に活用して、地元の有力者に庇護される国教忌避者（recusants）――教会にやってこないカトリック信者たち――の抑圧を強硬に進めたことが、隣人や同僚との激しい軋轢を生んだのである。ホービー家が居を構えたハックネスは、沿岸部に位置し、海へのアクセスも容易なウィットビ・ストランド特権領の中で、周囲をカトリックの有力家系に取り囲まれていた。同地は、現在は広大な国立公園に指定される、起伏の激しいヨークシャ・ムーアの外縁に位置し、陸路の便はよいとは言えぬ土地にある（図2）。ホービー夫妻は、いわば敵地のただなかでプロテスタント家庭の模範となり、地域の宗教改革の拠点と

図2　ヨークシャ州ノース・ライディング

なろうとしていたのである。敬虔なカトリックの母に育てられ、トマスを「父の古い敵」と呼んだ同僚のヒュー・チョムリによれば、トマスは「サー・トマス・ウェントワース〔チャールズ一世の重臣となるストラフォード伯〕やサー・ジョン・サヴィルにも匹敵したかもしれない」知力と雄弁さの持ち主であったが、「かんしゃく持ちで傲慢」、「やっかいで煩わしい隣人」であった。しかも、「金持ちで子がなく、持つ望みもないと思われたので、数々の訴訟に金をつぎ込むことに喜びを見出し」て、いくつもの訴訟を州内外で引き起こしていった。[22]

トマスのヨークシャへの赴任間もない一六〇〇年夏には、カトリックの有力家系ユーア家、チョムリ家の若者を始めとする血気盛んなグループが、狩りの興奮冷めやらず、予告なくハックネスの邸宅に押しかけて饗応を強要する一幕もあった。これはのちに星室訴訟に発展した。招かれざる客たちは、敬虔なホービー家とその家人たちが慎ましく礼拝を行おうとする傍らで、「われらが北部」の「礼儀」を知らぬ新参者を揶揄して深夜まで深酒し、ダイスに興じたという。さらに対立が頂点にさしかかる一六一五年一月のイースト・ライディングの四季法廷においては、そのあと別の星室法廷訴訟に発展する国教忌避者訴追をめぐる紛争が起きた。同法廷に提出された国教忌避者のリストは、その頃までにルーティンとなっていた年次告発の域を超えて、地元の「高貴な者」の名を複数含み、被疑者の総数は三〇〇人に上った。この騒動は、赴任一七年余りを経ても、いまだ「新参」のトマスと、彼の隣人にして古参の治安判事たちによる、北部の地域秩序をかけた争いであった。同法廷会期には、私たちが後述の事件で遭遇する、治安判事ジョージ・エリスが「大陪審への説示」の大役を担っていた。[23]

マーガレット・ホービーの霊的日記

マーガレットの日記は、「霊的日記（spiritual diary）」と呼ばれるジャンルの先駆的な例である。霊的日記は信仰実践の一環として日々の記録を行うもので、彼女が日記を記し始めた一六世紀末にはまだ珍しい習慣であった。一七世紀半ば以降になると、とくにカルヴァン派の予定説的な枠組みの下で自らが神に選ばれし者であることを確認するツールとして、より広く指南書でも奨励されるようになる宗教実践である。[24]

実際に日記の中を見てみると、ほとんどが日課を簡潔に記したものであることが分かる。その内容は典型的には、起床の祈りに始まり、就寝の祈りに終わった。

一五九九年九月八日土曜日　祈禱ののち屋敷内を回り、朝食をとり、その後外回りをしました。その後、聖書に覚書きをし、聖書を読み、昼食をとりました。その後少しおしゃべりをして、三時まで針仕事、その後六時までホービー氏と散歩しました。帰宅後、またしばらく針仕事をし、そして祈禱と内省（praier and examination）の後、夕食をとりました。その後、聖句（lector）を読み上げ、就寝しました。[25]

霊的日記はキリスト教徒としての日々の定時の祈りを間違いなく、真摯に行ったか、そこから何を学んだかを記録することを主眼としていた。日々、また後日に振り返って確認するための日記として、一種の点検表、あるいは神との対話の記録となっている。毎日の読書については、聖書はもちろんのこと、パーキンスの著作やジョン・フォクスの『殉教者の書（*The book of Martyrs*）』など、著名なプロテスタント聖職者の書への言及も定期的に見られ、マーガレットの学習欲の高さをうかがわせる。さらに、日々繰り返される祈りが「冷たかった」り、「気怠かった」りしたことを反省する記述も散見され、この日記は、さながら信仰の基礎体温をつけているかのようである。[26]

一般的な日記のように、日々の出来事についても時おり記載があるが、それも多くは「祈り」との関係において記述された。たとえば、この時期にはちょうど前述のトマスの敵対者たちが狩りの後に押しかけて饗応を強制する事件が起こっている。[27] しかし、同日の日記には、それについて具体的な顚末はほぼ書かれていない。代わりに不快な訪問者があり、祈りの日課がろくに行えなかったことが言葉少なに記されていた。[28] また、日記の期間中の大きな政治的出来事であるジェイムズ一世の即位についてのごく短い言及もある。[29]しかし、マーガレットは全編を通じて一日の出来事すべてを書くことには意味を見出していない。日記の主目的は、信仰実践が正しく行われ、「誘惑（temptation）」に打ち勝ったかどうかを記述することであった。現代的な感覚からすれば、ほとんど病的な強迫観念で信仰の「確かさ」を測ろうとしているかのようである。これは、誘惑を退けるようマーガレットに説いた、牧師リチャード・ロードスの導きの結果でもあった。ホービー家付きの牧師であったらしいこの青年は、彼女の霊的健康の主治医とも言え、日記に最も頻繁に登場する人物である。[30]

マーガレットが霊的日記を記し始めた隠れた動機として、同史料を刊行したジョアンナ・ムーディがとくに指摘するのは、子宝に恵まれない女性としての苦しみである。[31]三人の夫とのあいだにはいずれも子供ができた形跡はなかった。最初の二回の結婚生活は同居の時間も短く、妊娠の機会も限られていた。それに対して、少なくともホービーとの結婚当初二五歳であったマーガレットが、嫡子の誕生を期待していたことは想像に難くない。他方で、彼女は模範的な領主夫人の責務として、領民の健康に気を配り、簡単な医療にも携わっており、日記には、いとこの妻の出産に立ち会う記述もある。意味深長にも、その当日（一六〇二年二月四日）には、以下のような書き込みがある。「今日、私は神から慈しみ深い警告（fatherly warninge）を賜った[32]」。また一六〇三年の別の日には、唐突に晩まで断食し、「いまだ私が得られない、あの主の祝福を請おうと」試みた。同日の記載は次の祈りで終わる——「神よ、キリストの名においで私の声をお聞き届けください。アーメン[33]」。日記を通じて不妊の悩みへの明言はなく、断定はできない。しかし、日記をつけるという行為そのものが、少なくとも子に恵まれなかったことの「意味」

を問わずにいられない、マーガレットの悲痛の発露と言えるかもしれない。一六〇〇年八月の押しかけ饗応事件の際に、闖入した若者たちが門扉に残していったのは、子のない夫婦をシャリヴァリ的に嘲笑する獣の角であった。

心身の不調と神の裁き

マーガレットの日記には、病や体調不良の記述が相対的によく現れる。体調が悪いと祈りが適切に行えず、懺悔の対象になるからである。たとえば、一五九九年八月一七日に頭痛に見舞われた彼女は、以下のようにその痛みを理解した。

一五九九年八月一七日金曜日　祈禱ののち家内を回り、聖書を読み、昼食時まで針仕事をしました。昼食後、私の罪を正す、神による正当な懲罰として、胃の発熱と頭の痛み（paine of my head）が遣わされました。五時まで床を離れられず、起きた時には不調（sickness）から解放されていました。主が求められる優しさゆえに私が罪を犯したことを気付かせ、以後身体と魂により気を付けるようにしたのちに、穏やかな戒めと共に主と再び和解したことを感じさせたのです。そこで祈禱、賛美、内省しました。その後、夕食時まで仕事をして、食後に聖句の読み上げを聞き、ホービー氏と一時間ほど散歩して、床に就きました。[34]

この記述には、痛みを伴う体調不良が神からの悔悛を促すメッセージとして理解されたこと、また、痛みからの解放が正しき道に戻って神と和解した証として意味付けられ、体験されたことが如実に表れている。類似の事例は、深刻な問題を抱えていたらしい一六〇〇年三月初頭の歯痛の例でも確認できる。この時は、痛みのために日記を書くこともままならず、快癒後に数日分をまとめて記録した形になっている。

一六〇〇年二月二八日　……歯痛の痛み（paine of toothach）と共に諸々の家事をこなしました。……ひどい痛みから（in great paine）、さまざまな薬の使用を強いられたものの効果なく、翌日と週の残りすべて部屋から出ることができず、三月九日の主の日以降も、教会に行くことができませんでした。神の言葉と聖餐式にあずかれないのは大いなる悲痛（greffe）です。主は力強く、術なき子らを守ると約束されたと知っています。……しかし、主が人々に恩恵を与えると約束された通常の方法を、彼ら自身の罪ゆえに取り上げる時には、主が再び聖霊を通じて彼らの罪が許されたと保証する時まで、大いなる悲嘆と悲痛（great sorrow and greffe）がもたらされるのです。……私の痛み（paine）は取り除かれ、神の愛が確かめられました。そしてそれ以降、痛み（paine）を感じたことはありません。[35]

歯痛がどうやって取り除かれたのかは書かれていない。しかし、「神は私への大いなる報いとして、病をもって小さな苦難をお与えになりました（a Litle afflected me with sicknes）」という一五九九年一二月一九日の記述にあるように、神が改心を促すための試練として病を与えるという理解が、マーガレットの病とその痛みの認識の根底にあったことは明らかである。彼女は続けて次のように自らを戒めている。「主は、私がすべての罪を真に悔い改めるよう促されたのです。アーメン、アーメン」[36]。

マーガレットが日記をつけた目的は、まさにこの試練がどのような頻度でもたらされ、自らがいかに悔い改めたかを記録することにあった。これを端的に表すのが、一六〇二年六月二七日の記述である。いわく、「この日まで、身体的な健康が続きました――悪魔が悪意を働かせ続けたにもかかわらず。しかし、誘惑は私に試練を与え、神の意志により、私はすべてから救われました」[37]。この日記を見る限り、病弱で陰鬱そうに暮らすマーガレットは、夫トマスよりは先立つものの長生きし、六三才で生涯を終えた。彼女の死後、トマスはマーガレットを弔う記念碑を教区教会に寄贈した（図3）。祭壇の内陣に、彼女の父への記念碑と向き合う形で設置された立派な石碑には、生前の「敬虔な生き様（her Godly manner of lyfe）」がさまざまに讃えられている。末尾に刻まれた記述によれば、彼女はその献身にふさわしく、これ以上なく「よく死ぬ」恩恵を賜ったようである。

図3　マーガレット・ホービーの記念碑（聖ペテロ教会、ハックネス）。ハックネス・ホールに隣接する教区教会の祭壇内陣に設置された石碑。同教会内には、トマスの死後に寄贈された彼の記念碑もある。

彼女の最期の病に際して、神は大いなる慈悲をお示しになった。神への祈りの記憶を喚起することによって、身体の苦痛をほとんど感じることなく（with soe little bodily payne）魂が肉体を離れたその様子は、彼女の来るべき復活が、天なる神の王国への永住と定められていることを、彼ら〔周囲の者たち〕に確信させたのである。[38]

このように見てくると、マーガレットの日記は非常に内面的で、神と自分の一対一の関係で身の内を覗き込むような世界を作り上げている印象を持つかもしれない。実際、日記は第一義的には個人的な目的のためのものと考えられる。しかし、霊的日記が信仰実践の一環であることを想起すると、この日記は一概に内向的・個人的なものと言えない面もある。とくに、マーガレットの信仰生活が彼女のためだけにあったとは必ずしも言えないというジュリー・クラウフォードの指摘は興味深い。[39]模範的なプロテスタントとしての生活を保つことで、ハックネスを拠点に地域の宗教改革を一層推し進めようというキャンペーンの一端が、日記をつける行為だったという見解である。実際、彼女の日記には、彼女がホービー家やその使用人たち、さらには友人たちへと、聖書を読むことを働きかけている様子をうかがうことができる。さらに、近くの漁港であるウィットビでペストが起きた時には心を痛め、その沈静化を目的に断食集会を行った記述もある。[40]彼女の信仰実践は、地域の浄化プログラムの一環でもあったのである。

マーガレットが最初にウィットビへのペスト襲来の報を書き留めるのは、一六〇三年一〇月二三日のことである。日記も終わりに近づくこの時期には珍しく、記録は一週間余りにわたってほぼ毎日つけられている。[41] それによれば、二日後には同地のための自発的な義援金が集められた。そのさらに二日後にも病は引き続き猛威をふるっていたという。彼女はその上、同時期にロンドンでもペストが流行しているとの情報も記している。[42] ロンドン史家ヴァネッサ・ハーディングによれば、一六〇三年のロンドンのペスト流行は、人口比で言えば一六六五年の大流行にも勝るかもしれない規模の犠牲者を出したものだった。当時からその様子はよく伝えられていたようだ（図4）。マーガレットの一一月一五日の日記には、同年七月から一〇月までのロンドンにおける犠牲者数を三万一九六七人とするニュースに言及がある。比較的被害が少なかったと言われる一六三六年は、死者一万四〇〇〇人、死亡率にして通常の二・六倍であったことを考えれば、約三倍の犠牲者を記録した同年の深刻さが推し量れるだろう。[43]

義援金が募られた一〇月二五日には、ホービー家に親しい人々が集まって、「断食と説教」の集会を午後二時か三時まで続けたという。会衆には、前述のロードス牧師や、たびたびスカーバラから同家を訪問していたワードのほか、マーガレットとサー・トマスの信頼篤い召使いであるネトルトン、ハンター夫妻ほかが参加したと推測される。ネトルトンは押しかけ饗応事件の

A true bill of the whole number that hath died in the Cittie of London, the city of Westminster, the city of Norwich, and divers other places, since

図4　1603年10月までのペスト死亡者数を報じる瓦版（ロンドン、1603年）。この報道では、ロンドンとその周辺における過去23週間の死亡者総数は32,368とある。

星室法廷訴訟で証言に立ち、ホービー家での日常的な礼拝の習慣を語りながら、ユーア側にはっきりと不利な証言を残したこともあった。[44] ハンターの娘マーシーはマーガレット付き女中であったが、数年前にロードスの後妻となっていた。[45] 彼らは、ホービー家の拡大家族的メンバーとして日々の祈りの常連となり、敬虔な一家の核をなしていた。ペスト流行に関する一連の記述の中で最も特筆すべきは、ウィットビとロンドンのペストへの言及に続く次の一文である。「主は、イングランドがいち早く主へと向かうように、これらの裁きを下されたのです[46]」。ヨークシャの小さな港町の試練は、イングランドの救済へと直に結び付けられていた。

以上に見てきたように、マーガレットの霊的日記は、一七世紀のプロテスタント世界において、病に際する痛みが日々の信仰実践の中での神との対話と和解の契機として意味付けられる、いわば典型を示している。次節では、こうした世界観の延長上にあると思われる、別種の病――魔女による呪い――に直面した時の人々の反応を見ていきたい。

三、エドワード・フェアファクスと魔女事件（一六二二年）

「霊的病」としての呪い

魔女事件を病と同列に扱うことには、違和感を覚えるかもしれない。しかし近世において魔女による呪いは、いわば霊的な、あるいは「自然でない」病因で起きる病として、病気の一種と認識されていた。別稿で詳しく扱ったように、このことは医学書にも「魔女による病」の章があることに端的に現れる。[47]当初ラテン語で出版され、一七世紀に英語にも訳されたドイツのダニエル・ゼンネルトによる『実践医学大全』の最終巻にあたる、第六巻「オカルトによる病」によれば、魔女の呪いの特徴は、①自然の医術が効かず、②患者に前例がなく突発的に起こり、③その発作が異常である、こととある。[48]これに対し、冒頭で引用したパーキンスの『病める者への慰め』では、いまわの際の苦しみや発作がひどく異常でも、地獄に行く兆候ではないといった記述もあり、[49]悪魔や魔女の呪いの起こす発作と取り違えないよう説かれていた。ここからも、「呪い」が病と類似した症状を引き起こす病の一種として、同じ参照の中で語られていることが分かる。

他方で、第I章が整理するように、近世の人々は「医学のルター」パラケルススの登場と解剖学の進展の中で、次第に新しい身体理解を開拓しつつあった。[50]しかし、一七世紀には依然としてヒポクラテスの四体液説の影響も根強く、厳密な断絶を想定することはできない。そのなかで、当時の知識で解明し得ないあらゆる病の分類として、「オカルト」な病が設けられ、医学知識の空隙を埋めていたともいえる。オカルトは、現代の心霊現象を表すものではなく、当時の語義に従えば自然の中に「隠された力」を表すものである。神の「もうひとつの書物」として自然を探求した自然哲学者たちは、自然魔術(隠された力の原理を応用して効果をもたらすもの)と悪魔の施術の境界を、実践的な医師たちは、自然の病と超自然の(すなわち霊的な)病を見極めながら、「呪い」の症状を診断しようとしていたのであった。魔女の呪いに関する医学的な知識を集大成したジョン・コッタは、霊的領域は神の領域であり、人間に判断できるのは自然領域のみであると述べ、呪いかそうでないかの判別は、自然の病に熟知した医師にのみ可能であると説いた。[51]

フェアファクス事件と霊的病

本節で具体例として取り上げたいのは、マーガレット・ホービーと同時期にヨークシャに生きた、エドワード・フェアファクス一家を襲った魔女事件である。エドワード（Edward Fairfax）は同州の名家であるフェアファクス家の三男で、内戦期に議会派軍人として活躍するフェルディナンド・フェアファクス（Ferdinand Fairfax, 2nd Lord Fairfax）のおじにあたる。自身もケンブリッジ大学で教育を受け、優れた詩人として同時代において高い評価を受けた。とりわけ、エリザベス女王に献呈したイタリアの詩人タッソーの『解放されたエルサレム』の英訳で名声を博し、のちにはドライデンにエリザベス時代に活躍した詩人としてスペンサーと並んで評されたほどである。しかし、エドワードは州政治で活躍することはほとんどなく、一家はヨークシャ・デイルの裾にあるフューストンにひっそりと暮らしていた。[52]

一六二一年一〇月から一六二二年にかけて起こった魔女事件の概要は、以下のようなものであった。一家を襲った異常現象の端緒は、生まれたての末娘アンの突然死にあった。父親のエドワードが子供の死に疑問を抱いていたところ、さらに当時二一歳の長女ヘレン（エレン）と、七歳のエリザベスにも異常が起こり始めた。ふたりの娘たちは、たびたびトランス状態に陥って、悪魔に取り憑かれたような不可思議な幻覚や苦痛に苦しめられ、次第に魔女の名前を口にするようになったという。エドワードは一六二二年に、かねてから地域で魔女と噂される女性たちを巡回法廷に二度にわたって告訴した。しかし、この二度の裁判は共に主宰判事の介入にあって失敗した。巡回法廷は年二回行われる地域社会の一大行事で、上級審を行う権限を持つ中央から派遣される判事を迎え、地域の名士たちからなる州内三つの治安判事団が一堂に会す機会である。[53] とくに二度目の巡回法廷では、大陪審・小陪審が有罪を認めたところで判事が介入し、その指示の下で、ジョージ・エリスらが被害者である子供たちの尋問を行ったという。そして、その尋問中に、フェアファクス家の娘たちと同じ被害にあっていたとされていた別の家族の子供が、じつは狂言だったと自白して、案件は最終的に棄却となった。

ここで見る史料は、この顚末を不服として、エドワードが再審を求めるために書いたと思われる文書である。当時の巡回法廷記録は失われており、この事件の真偽や結末を検証できる資料は存在しない。しかし、エドワードが同地域で有名なフェアファクス家の一員であること、また、文書内で言及される、法学を修めた州の有力治安判事ジョージ・エリスの名などからも、これが実在の事件であったことはほぼ間違いがない。エドワードが書いた文書は、冒頭や文中で「読者」や「判事」へと明示的に呼びかける文言があり、彼が出版を意図していたことがうかがえる。[54] 手稿が実際に出版されたのは一九世紀であったものの、体裁と目的から考えて、事件当時に手稿の形で回覧されていた可能性も高い。

エドワードの文書は、マーガレット・ホービーの私的日記に対し、男性による公的なアピールを目的とした、しかも当事者ではない人物による病の描写というように対照的な点もある。しかし、彼が子供たちの不可思議な病を見守り、家族として経験する様子には共通点も看取できる。たとえば、次の引用を見てみよう。

一二月一一日火曜日、彼女はベッドの上でトランス状態に入り、多く話したが、あまりに激しい苦痛にあり (in so great agony)、ひどく泣いていたので、むせびと涙のため彼女の言葉を聞き取ることはできなかった。それで、私たちは彼女の口から出た言葉についていつもするように書き留めることはなかった。[55]

この記述から明らかなように、エドワードは「いつも」は子供たちの兆候を書き留めていた。実際、文書を通じて、まるで日記のように日々の異常を記録している様子がうかがえる。時と症状の特定は、裁判における証拠の提出という観点からも重要である。しかし、子供たちの状況を真剣に案じて、何か回復の手がかりがないかと書き留めていた父親の心情を透かし見ることもできる。[56] フェアファクス家は、娘たちが瀕死であると覚悟し、プロテスタントとして正しく死ぬための実践さえ行っていた。

一月の最後の木曜日……そして子供たちはふたりとも非常に極端な不調の様相を呈し、私たちはみな彼女たちが死んでしまうのではないかと思った。そして、彼女たち自身もそう想像して、それに備えて熱烈に祈り、家族全員に別れを告げ、そしてすべての人と握手をした。このような激しい苦痛（This great agony）を彼女たちは木曜日から次の土曜日まで休みなく続けた――ヘレンのほうは金曜の夜近くに何とか回復し、髪をすいていたが、髪を結び上げる前に再び倒れた。[57]

家族と隣人に別れを告げ、すべての人と和解して死ぬという手続きは、よきプロテスタントの死に方の一環として指南されていた。エドワードは、「彼女たちが死んでしまうのではないか」という、間近にある死の恐怖の中で、痛む身体を抱える子供たちを見ていたのであった。

しかし、エドワードは娘たちの不調を、マーガレットのように自らの落ち度に対する神の裁きとは考えず、魔女の仕業と断定した。その理由は、上述のように魔女の呪いの兆候（医術が効かず、突然に起こり、異常である）をすべて満たしていると考えられたからであった。娘たちは、それまで面識がなかった魔女とされる人物との接触をきっかけに突然体調を崩し、ものも食べられず、奇妙な発作を起こしてトランス状態に陥り、ほかの者には見えない魔女と会話したり、魔女が変身した動物を見たり、その名前を特定したりした。さらに興味深い論拠としてエドワードが挙げるのは、魔女本人がそこに来ているのか、実体のない使い魔や悪魔が来ているのかを、子供たちがそのモノに物理的に触れるか触れないかで判断している、というエピソードである。[58] エドワードは、魔女は実体があるが使い魔は霊的存在で実体がないという区別を、とくに七歳の下の子供が誰にも教えられずに分かるはずがない、だからこの魔女事件は本当なのだ、と主張するのである。悪魔や魔女、あるいはそれらの使う不思議な力が、物理的であるかそうでないかについては、当時神学上の議論があった。

エドワードの教育に従って、子供たち自身も聖書を読み祈禱することで、魔女を撃退しようとしていた様子も克明に描写される。実際に、子供が特定の聖書の箇所（ヨハネによる福音書第一一章第四節）を使い魔である黒猫・白猫に読んで聞かせたという記述もあった。[59] これは、魔女の呪いや悪魔憑きなど、「魔憑き」の病には、祈りと断食のみが有効であるというプロテスタント神学者たちの教えに沿うものであった。[60] エドワードはこれらを力説することで、魔女をひっかき流血させると治癒するというような白魔術に近い民間療法の「儀礼（ceremonies）」や、カトリックの悪魔祓いに頼る輩とは距離を置き、自らが真っ当なプロテスタントであることを主張しているのであった。[61]

エドワードにとっては、子供たちの「病」は、医学的な処方が効かず、突然で、異常であるのだから、自然（natural）で身体的（corporal）な病ではなく、霊的（spiritual）な病であり、その原因は悪魔にそそのかされた魔女なのであった。この背景には、悪魔は究極的には神に存在を許されて存在するものであり、悪魔のなす業は、究極的には神が認める範囲だという当時一般に受け入れられていた考え方がある。これらのことから、神が与えた試練として病をとらえるマーガレット・ホービーと、フェアファクス家の娘たちの魔女事件が同じ枠組みの中でとらえられていたと考えることは難しくない。娘たちは、聖書を唱え、祈禱し、魔女にも許しを与えるジェスチャーまで交えて、与えられた試練によきプロテスタントとして立ち向かおうとしていたのであった。

他方で、これが悪魔憑き（possession）ではなく魔女の仕業とされたことから、地上の裁きが関与してくる。魔女は一五六三年の議会制定法以来、世俗法廷で裁かれる犯罪になっていた。[62] エドワードの主張に従えば、この事件で魔女とされた人物とエドワードとの直接的なつながりは薄く、私的な利害関係があったかどうかは現存する史料からは分からない。最終的に三人の地域で噂される魔女が加害者として挙げられることになった。魔女は死罪にもなり得る重罪で、直接的な原因である魔女を訴追し処罰することは、子供たちの治癒にもつながる問題であった。魔女研究の古典を著したキース・トマスは、魔女狩りが一六世紀に隆盛した一因は、宗教改革によって悪魔祓いやその他の「有効な」処方箋を失ったイングランドのプロテスタントたちに、特効薬として唯一残されたのが世俗法廷における魔女訴追であったためであると分析した。[63]

しかし、エドワードがここで紹介した文書を書き残し、出版しようとしていた背景には、もうひとつの強い感情が介在している。文書の後半に差しかかり、事件の全容が明らかにされるにつれて前面に押し出されてくるのは、エドワード自身の沸々とした憤りである。それは、子供たちが呪いという下法によって不当に苦しめられている悲嘆だけでなく、顚末を通じてエドワード自身に与えられた侮辱に対する強い怒りの感情である。上述のように、事件は二度目の裁判の最終段階で、共に被害にあったとされる別の人物（ジェフリ）の娘が捏造であったことを自白して不起訴となるという結末を迎えた。子供による詐欺事件として処理されたことに言及して、エドワードは怒りを迸らせる。

そして私自身は、不誠実さではなく愚直さ（simplicity）の中傷を被った。ジェフリとその家族がこの悪行を思い付き、それに私の長女と下の娘が惹きつけられたのだと言っており、まるで私が正直なお人よし（good innocent）のように見聞きするものすべてが真実だと信じて偽装だと思わないかのようである。[64]

彼は、自分が幼い子供が言うことをうかつに信じる、信じやすい人物（credulous）であると見なされることに憤慨したのであった。巡回法廷という、州の為政者たちが集まる公的な場において、幼い子供の詐欺に踊らされる人物という評価が与えられることは、彼の家父長・名士としての地位を危機にさらしかねなかった。エドワードは別の箇所では、自らが学術的な魔女論争に通じていることを暗示しながら、自分は迷信的な民間療法で言われる魔女対策は信じていない、あるいは、「愚かにも」魔女が動物に変化することを否定する人たちがいる、といった主張を行っている。[65]さらに興味深いのは、彼が文書の冒頭で、次のように自らの立ち位置を定義していることである。

私は空想的なピューリタンでも迷信的な教皇主義者でもない。私が良心において信じるすべては、神の言葉の確固たる根拠を持ち、私の信仰実践はすべて、わがイングランド国教会の立派な規則に沿うものである。[66]

宗教改革のただなかで、宗教的な立場は政治的な立場と連動して、行いの正当性の根拠ともなっていた。上述のように一六二〇年代のヨークシャでは、元からカトリックの根強い地域に新参のプロテスタントが送り込まれ、宗教対立を激化させていた。さらに、全国的に見れば、一六二〇年にはスタフォードシャのある村で、カトリック聖職者と国教忌避者であろう人物が結託して起こしたとされる詐欺による魔女事件が発覚し、一六二二年には後世に名を残すことになるパンフレット『ビルソン村の少年』が出版されていたところだった（図5）。国教忌避者らしき人物にそそのかされたペリー少年による自作自演の魔女事件が、コヴェントリ主教トマス・モートンによって暴かれる顛末を巧みに記した出版物である。[67]

この状況下で、エドワードが「ピューリタン」でも「教皇主義者」でもなく、迷信を信じてもいない、真っ当なイングランド国教徒だという主張はとても興味深い。『悪魔と共に考える』を著したスチュアート・クラークによれば、迷信とはあらゆる「正当でないもの」――その筆頭はカトリックや迷信深い民間信仰である――を一括して

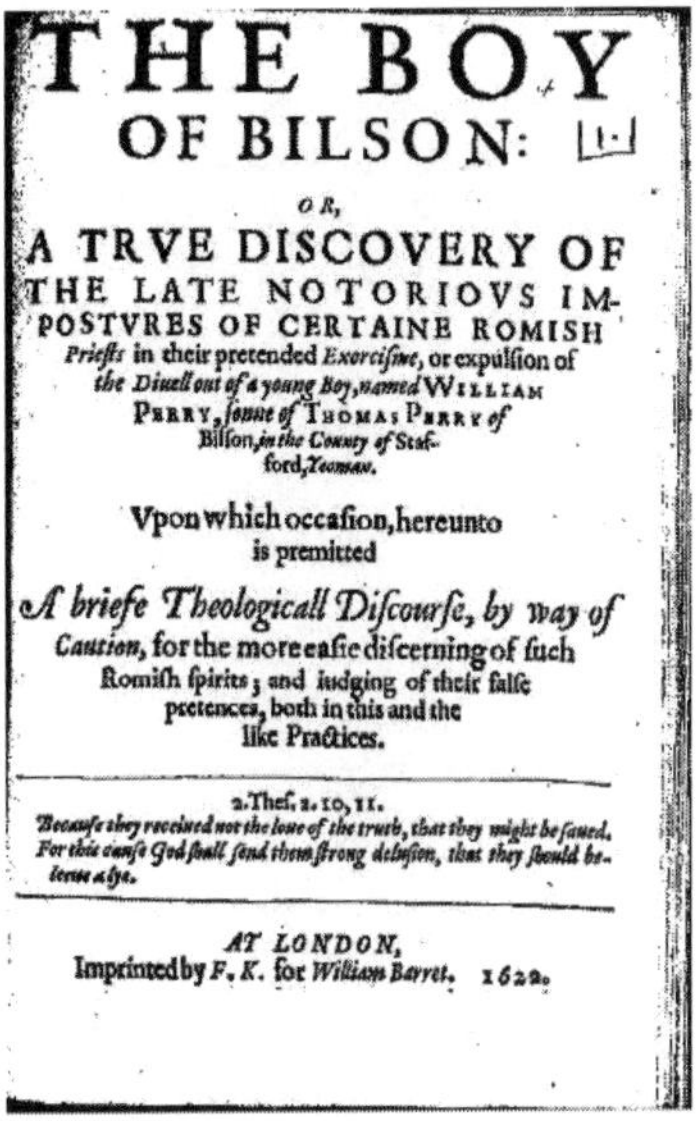
THE BOY
OF BILSON:
OR,
A TRVE DISCOVERY OF
THE LATE NOTORIOVS IM-
POSTVRES OF CERTAINE ROMISH
Priests in their pretended Exorcisme, or expulsion of
the Divell out of a young Boy, named WILLIAM
PERRY, sonne of THOMAS PERRY of
Bilson, in the County of Stafford, Yeoman.

Vpon which occasion, hereunto
is premitted

A briefe Theologicall Discourse, by way of
Caution, for the more easie discerning of such
Romish spirits; and iudging of their false
pretences, both in this and the
like Practices.

2. Thes. 2. 10, 11.
Because they received not the love of the truth, that they might be saved.
For this cause God shall send them strong delusion, that they should beleeve a lye.

AT LONDON,
Imprinted by F. K. for William Barret. 1622.

図5 『ビルソン村の少年』（ロンドン、1622年）。副題には「悪名高きローマ教聖職者による最近の詐欺についての真相」とあり、事件に関連する6つの性格の異なる文書によって構成されている。

批判しつつ、「正当な宗教」を形作ってゆく、宗教改革期のプロテスタント聖職者の用いた強力なイデオロギー装置であった。[68] エドワードの憤りは、彼が（あるいは子供たちの苦しみと痛みの経験が）この「迷信」と「詐欺」の側に分類されてしまうことへの憤りであった。

もう少し広く、マーガレット・ホービーの体験との対比の中で考えると、この魔女事件は、物理的な病でなければ、霊的な病であり、そしてその霊的な病でもないものは、「詐欺」になってしまうという、この時代の身体と霊魂の病と、その文脈において理解される痛みの構造を浮き彫りにしている。これは宗教的に意味を与えられない病や痛みは存在しない——つまり詐欺になるという、とりわけ近世的な世界を表す事例である。

四、近世イングランドにおける「生きられた痛み」

上述のふたつのヨークシャのテクストは、当時としては比較的「痛み」への言及の多いものであった。しかし、現代人よりもずっと日常的に痛みに接していただろう時代にあって、痛みの描写は、頻度においても形容においても控えめである。痛みを表す単語そのものにも統一性は見られない。史料に現れる単語は、pain, tormenting, agony, grief などさまざまであった。pain は体の疼痛で、suffering や agony は精神的・宗教的な苦難である、というような分類は、原史料においてはあまり意味をなさない。各人が使う言葉には揺れがあり、ほかの同時代の文章を見ても、ある特定の言葉に特別の意味が込められ、それがすべての人に共有されているという状態には至っていない印象である。じつは、こうした痛みの種類を分別しようとしない姿勢こそが、この時代の痛みのあり方を表しているとも考えられる。身体のどの部位が痛いかや、どのように痛いのか——じくじく痛いのか、きりきり痛いのか——といった痛みの形状についても、マーガレットやエドワードが格別の注意を払う形跡はなかった。この状況は、身体がいまだ四体液に基づいて理解され、あらゆる病が体液のバランスという全身的なものとして把握されていたこととも合致する。

他方で、彼らが問題としていたのは、ある種のシグナルとしての痛みであった。彼らの世界において、神の意志・神の介入は人々の身体と魂の状態に表れ、マーガレットもエドワードも、身体をその信号を読む媒体として認識していた。さらに、彼らの感じた痛みは、冒頭のカルヴァンの引用「貧困の困難、病気の痛み、恥の嘆き、死の恐怖」の環を想起させるように、単体ではなく一連の事象の中で位置付けられ、理解されていたとも考えられる。子供たちを見守る父エドワードが、子供たちの悲鳴と死の恐怖に嘆き、「詐欺」の判定と迷信的な人物とのそしりを受けて憤慨する様子は、彼の感じ、語る、彼が生きた痛みが、そのどれかひとつではなく、一連の連携の中でこそ意味を持っていたことを表している。怒りや悲しみ、痛みは、理性の下で正しく扱われた時、正しく意志を動かすと信じられた情念である。宗教改革期においてその正しさとは、信仰の正しさと不可分であった。

では、神の人間への介入としての痛みは、カトリックとは異なる、プロテスタントに特有の理解なのだろうか？　従来の研究においては、カトリックでは身体性が重視される点が強調されてきた。宗教実践の中でも、肉体的な体験の恍惚のうちにキリストの受難と同一化し、神と神秘主義的に結合することが目指されるとの指摘もある。端的な例では、カトリックの聖女が、痛みの中に快感がないことから、その痛みが神ではなく悪魔によって遣わされたのだと判断した事例も報告されている。[69]それに対して、プロテスタントはむしろ肉体を切り離し、霊的な存在として昇華しようとする傾向があると言われてきた。[70]本章で見たマーガレットの日々の営みや、エドワードの娘たちの祈禱は、たしかに肉体ではなく、精神性に主導権や価値を与えており、霊的世界の尊重によって肉体はおのずから救われるという枠組みの中で理解することができる。ただし、第Ⅲ章が検証したように、パッションが、熱い信仰によって体内で動く物理的な体液そのものでもあり得るのだとしたら、マーガレットの「熱い」祈りも、エレンとエリザベスの「熱烈な祈禱」も、体内をめぐる体液の正しい機能の問題でもあって、身体性に重要性がないとは言い切れないものかもしれない。[71]

逆に、痛覚の有無は、人間＝自然の理《ことわり》の内に位置するか否かとの理解とも表裏一体であった。それを端的に表すのが、魔女の持つ「しるし」——体にできた出来物のような形をした、悪魔との契約印——や、呪いに侵されてしばしば無感覚に陥る患者の身体である。こうした痛みを感じない状態は、悪魔との契約によって、また、悪魔の力を行使する魔女によって——つまり霊的な力によって侵された体が、人間的な理の外に位置することを指し示す信号となったのである。[72]

時期的な点で言えば魔女狩りは、従来は一六世紀が最盛期と言われてきた。しかし、近年の研究では、一七世紀後半においても魔女の存在論自体はその影響力を失っておらず、むしろ政治的論争の中でより力を持ったという見解が出されている。[73]魔女の存在を問題にした神学者および自然哲学者、医学者の論争を、神が現世にどこまで介入するのか（あるいは、人間がどこまで能動的に世界に介入できるのか）という線を引き直していく長期の運動の一環として位置付ければ、宗教改革以降に人々が身体と霊魂とそれらの感じる痛みを位置付け直そうとする軌跡をよりよく理解できるだろう。さらに逆に、痛みを痛みとして存在させる認識の枠組みの変容をとらえることによって、宗教改革下の神学、自然哲学と医学の展開が、社会や人々に対して持った影響力の、真の歴史的意義を測ることもできるかもしれない。この点で、マーガレットとエドワードに見られた自らの（あるいは子供たちの）身体と魂の状態を日々観察し、記録し、分析し、自らの対策の効果を測定しようとする行為は、宗教改革の進展の中で、新しい世界認識と世界との付き合い方が始まったことを示唆している。

本章のふたつの事件のおよそ五〇年のちにロンドンに生きたサミュエル・ピープスは、マーガレットとは対照的に、膨大なインクをさまざまな世事を書き留めるのに費やした。本来、公開を想定していなかった彼の日記は、神や同僚の目を意識して書かれたマーガレットやエドワードのテクストとは異なり、彼の生の生活と心情を垣間見せるものである。一六六〇年代の詳細な記述を通じて、自らの心身状態への関心は持続していた。二〇年にわたる長い混乱ののちに王政がまさに復古した、一六六〇年五月末日の日記には以下のようにある。数日前からの風邪による「昨日の痛み（pain）はなくなった。神に賛美を。今日でひと月が終わる。私はたいへん健康良好である。そして国王のご帰還ゆえに、世間全体が陽気な気分でいる。……私はすべてのことにおいて、心身共に良好な状態にある。ただ妻がいないことだけは別として」。ピープスが旺盛な関心を示したのは自らの健康や政治、社交だけではない。彼の慧眼は、チャールズ二世の庇護を受けて目覚ましく発展することになる科学にも向けられていた。この著名な日記作家は、のちに王立協会会長もつとめたヴァーチュオーソでもあった。[74]

V　感性

――一八世紀虐待訴訟における挑発と激昂のはざま

赤松 淳子

超自然領域（神）からもたらされていた痛みは、やがて人間のものとなる。他者に対する共感の議論が一八世紀社会で広がりを見せ始めたころ、夫からの暴力に苦しむ妻にとって、自身の苦痛は、訴訟において自らの状況を変えるための手段となった。当時の法と文化規範の中で妻たちはどのように苦痛を訴えたのだろうか。周囲はそれをどのようにとらえ、また裁判所はどのような判断を下したのだろうか。

一、怪物に苛まれる妻

一六八二年、一冊のパンフレットが出版された。エクセター・カレッジの牧師ウィリアム・ヒールによる『女性を大いに弁護する』というパンフレットである。実は、このパンフレットの初版は一六〇九年に出版されていた。初版は、劇作家ウィリアム・ゲイジャがオクスフォード大学にて主張した論「夫が妻を殴ることの合法性」に対する反論として出版された。[1]ヒールの著作の初版と再版を比較すると、論の中身は大きく変わらないが、再版において大幅に変更されている箇所が目に留まる。まず、タイトルである。初版のタイトルは『女性たちへの謝罪』であり、副題が「夫が妻を殴ることの合法性を主張するG博士に対する反論」というように、夫が妻を殴ることの不当性を訴えているのに対して、再版でのタイトルは、法の下に女性を擁護するという趣旨が打ち出され、さらに副題は「妻を殴るのは合法であると主張する、すべての邪悪な夫たち（怪物たち）の罪状認否手続き、裁判、そして有罪判決」に変更されている〔傍点は筆者による〕。初版と比べると、暴力を振るう夫を異常視し、法的に断罪する姿勢が前面に押し出された副題となっている。

さらに目に留まるのが、再版の冒頭の文章である。初版ではヒールのパトロンである「レディM・H」への献辞が書かれている一方で、再版では「苛酷（rigor and severity）を強いる夫に支配されているすべての妻たちへ（そして理性を持たない夫たちへ）」に差し替えられている。そして初版にはない次の文章が続く。

この小冊子が読者の沈んだ心を蘇らせることを望んでいます。……不思議なことに私にはあなたの心を打ち砕くご主人が、抑えの効かない情念（passion）に駆られて暴風のように迫ってくるのが見えます。地響きのような不満げなうめき、怒りの声、奴隷を殴るように妻を殴る音は、海の恐ろしいざわめき以上に私の耳に痛く響く。……私にはご主人の影があなたを覆っていくのが見えるのです。黒い恐ろしいハリケーンのように。[2]

現代の我々にとって離婚の原因ともなる「ドメスティック・バイオレンス」という概念は、一八世紀には存在しなかった。当時、教会裁判所が管轄していた夫婦間の婚姻訴訟において別居の法的理由のひとつとなった夫婦間暴力は、「虐待（cruelty）」という概念を軸に争われた（「虐待」という訳語の問題については後述する）。[3] その概念の重心は被害者である妻の苦痛にではなく、夫の内面と行為の「残忍性」にあった。「残忍」と認められる暴力は別居の理由となるが、そうでない暴力は別居の理由とならない。夫権の下で、夫は妻を「矯正」する権利を持つがゆえに、別居が可能になるのは、虐待が認められた場合であった。つまり、夫から妻への暴力はある程度許容されていた。

中世のcrueltyの概念を研究したダニエル・バラズによると、七世紀から一五世紀にかけて編纂された辞書の数々は、古代からの概念を継承しつつ、この語をおよそ三つの意味において定義していた。

①「生であること」および「血」。とくに「生肉」と関連する。ここから「心の固さ」という意味が派生する。
②抑制の効かない野獣のような行為、人間の「非理性的」側面。
③法的側面——過剰なまでの力を振るう権力者の性格。

聖書においてcrueltyは、家臣などの身分の低い者に対する「邪悪な態度（wickedness）」として、また親族などの特定の集団に対する「不親切（unkindness）」を表す概念として用いられる。さらに、暴君など「専制（tyranny）」を強いる者が残忍な《クルーエル》人物として描かれる。[4]

ヒールの著作の再版に戻ろう。「怪物」のように荒れ狂う夫が記述の中心に据えられ、中世からの伝統的な意味での「残忍性」の形象が継承されているのが読み取れる。しかし読者は、理性を持たない夫に苛まれる妻の苦痛も、そこに同時に読み取る。荒れ狂う夫と妻の苦しみは、語り手が「私の耳に痛く響く」と語るように、「音」として感知され、ハリケーンの「恐怖」の形で視覚化される。本章が扱う一七世紀後半から一八世紀に、夫婦間の「虐待」の概念は、夫の加害および妻の被害の双方に軸を持ち得た。現代において「虐待」の概念の重心は一般的に後者にある。しかしヒールの著作が再版された時代、夫婦間の「虐待」の概念は、少しずつ重心を後者に移しつつあった。ゆえに本章では、「虐待」という訳語をあてながらも、その概念の内容に応じて便宜的に説明をほどこしたい。

この概念の変化の背景には、イングランドの中産層・上流層の人々のあいだでの内面と振る舞いに関する新しい意識の高まりがあった。ひとつは一六世紀以来イタリアとフランスの宮廷文化によって育まれ、イングランドに伝播した社交における「ポライトネス（politeness）」の作法である。相手に気に入られることを軸とした振る舞いにおける「適正（decorum）」と「行儀の良さ（good breading）」が商業国家として発展していたイングランドの都市生活に浸透した。大陸の宮廷文化の作法に対して、イングランドでは真の社交性を「振る舞い」と「精神／内面」の強い結び付きに求める姿勢が強調され、それがジェントルマンの人格形成に不可欠と論じられた。[5] もうひとつは一七世紀後半以降から徐々に発展した「感受性（sensibility）」の文化である。他者に対する共感、振る舞いと精神のあり方に関わる社交性（sociability）、およびそれらと社会発展の諸関係をめぐる議論は、一八世紀のスコットランドの知的影響下でさらに追求されていく。[6] 夫婦間の日常における暴力を取り上げたヒールの著書が一七世紀後半に再版された背景には、ポライトネスと感受性の文化があった。公の場では洗練されたジェントルマンとされる夫に家庭で苛まれる妻の苦痛は、読者に不快感を覚えさせるまでに描写されることはない。夫の振る舞いに過敏に反応する女性の繊細さと夫の内面の残忍さが共に象徴的に描かれた。

一八世紀イングランドの教会裁判所での虐待訴訟に関する近年の研究は、原告である妻が「ポライトネス」と「感受性」の文化規範に則って自身の苦痛を表現していたことを明らかにしている。「夫」と「妻」の関係が、「国王」と「臣民」の関係に喩えられ、夫が妻を矯正する権利を公然と行使し得た一六世紀から、[7]そのアナロジーが揺らぎを見せる一七世紀半ばを経ても、妻の心身に対する夫の支配は依然として法的・社会的に支持されていた。一八世紀に発展した商業社会のポライトネスと感受性の文化は、エリザベス・フォイスターによれば、身体暴力のみならず精神的暴力をも受けた妻たちに、自らの苦痛を表現し、夫の暴力に「抵抗する」手段を与えた。ポライトネスの文化は、ヒールの著書の再版で描かれたように抑制の効いた苦痛の表現によって周囲の共感を促したが、その一方でマーガレット・ハントは、このポライトネスの文化こそが、妻の苦痛に対する周囲の沈黙を助長し、夫婦間暴力を「家庭」へと囲い込む原因となったと論じる。[8]

しかしながら、これらの研究は、妻たちが文化規範を武器として訴えを起こしたとしても、訴訟において実際にどの程度夫に抗し得たのかについては明らかにしていない。そもそも一八世紀の教会裁判所は「虐待」をどのように定義していたのだろうか。「妻の心身の安全に対する権利」という意識が社会で共有されるにはまだ至らない時代において夫による妻の虐待という概念は、人々のどのような感情・意識を基に成立していたのだろうか。虐待の法概念と「妻の苦痛」を結び付けることは、裁判官や弁護士のみならず、当時の人々にとっても容易ではなかった。これは、法が求める基準のみならず、証人となった人々の意識のあり方にも関わっていた。本章で論じるのは、「共同体的心性」、「ポライトネス」および「感受性」の文化規範が、夫の暴力に晒される妻の苦痛を訴訟においてどのように提示し、教会裁判所がそれをどのように扱ったのかという問題である。

夫が妻に暴力を振るうことは場合によっては正当化されるという価値観が一八世紀において支配的であった一方で、それは一切正当化され得ないと主張する人々も少数ながら存在した。両極の主張の根底には、妻という夫の従属下にある身体を夫権の秩序の中でとらえる心性と、男性の身体と対立する「女性固有の身体」という身体観に基づき、その安全性を目指す意識のせめぎ合いがあった。[9] だがそのあいだには、無数の意識・感情が蠢いていた。その暴力が正当であるかどうか、被害者の苦痛を受け入れるかどうかは、判断する個人と加害者/被害者との関係、そして暴力の文脈の中で決まるものであり、その感じ方や判断の仕方はまさに無数にあった。当然ながら、見知らぬ他人である一個人の女性の苦しみを、「女性一般の苦痛」として共有する感情の社会的広がりは、極めて制限されていた。[10] 実際に虐待訴訟に関わった弁護士と裁判官の思考において、妻たちを暴力から守る「女性の権利」という意識は希薄または皆無であった。[11] しかし、時代の圧力は、妻たちの訴えを通して、虐待の法的定義の重心を加害者である夫の性質と行為を表すものから被害者である妻の苦痛へと少しずつずらそうとしていた。本章で見るのは、その複合的要素のありようである。

虐待訴訟は、一八世紀の教会裁判所の離婚訴訟の一種であった。当時の教会裁判所における「離婚(divorce)」とは、「婚姻無効(annulment)」と「別居(separation)」を指した。残忍性のある夫の暴力は、姦通と同様に正式な「別居」を取得する法的理由となった[12]（再婚を可能にする「離婚」は議会での個別法律において姦通を法的理由として認められた）[13]。虐待訴訟で妻が別居を勝ち取った場合は、夫は扶養料を支払う義務を負った。

分析する史料群は二種類ある。ひとつは、訴訟記録である。ロンドンで開廷したカンタベリ大主教管区の上訴裁判所であるアーチ裁判所（the Court of Arches）における一五六件の虐待訴訟（一六六〇〜一八〇〇年）の中で答弁・証言が残されている訴訟五五件、およびロンドン主教裁判所の同訴訟の中で重要と思われる訴訟数件を分析する。両裁判所は、ロンドンのセント・ポール大聖堂の南方に位置したドクタズ・コモンズの敷地内に位置し、教会法とローマ法を専門とする裁判官と弁護士が訴訟に携わった。両裁判所を利用したのは、ジェントリ層、そして専門職層を含む裕福な中産層であった。もうひとつの史料群は、弁護士の手稿と判例集である[14]。これらの史料からは、訴訟当事者の訴えを裁判所がどのように扱ったのかを読み取ることができる。アーチ裁判所における同訴訟の原告の七六パーセントは妻であった。同訴訟の判決率は二三パーセントと非常に低い。そのうち原告である妻が勝訴するのは約四六パーセントという厳しい状況があった[15]。

以下においては、まず、教会裁判所における夫婦間の虐待の法的概念を明らかにした上で、一八世紀における夫権の下での妻の苦痛の訴えと夫の防御のあり方を見る。さらに妻の虐待に対する周囲の態度を、証人たちの文化規範に則った証言を基に分析する。そして最後に、妻の訴えに対する弁護士の意見および裁判官の判断を見る。

二、虐待の法的形象

一七世紀後半に書かれたヘンリ・コンセット著『教会裁判所訴訟の実践』（一六八五年）は、「虐待」を、妻に対し「死ねと脅したり、酷い言葉を投げかけたり、酷い扱いをしたり、毒を盛るなど、生命の危機に陥れるような行為」と定義している。[16] しかしながら、王政復古後の教会裁判所は実際の訴訟において、虐待の本質を、夫の「残忍性」に軸を置きながら、「暴力を振るう被告（夫）の情念」と「暴力の種類・程度・継続性」に求めていた。

一七世紀までに教会裁判所は「怒り（anger）」をキリスト教における「七つの大罪のひとつ」ではなく「善悪の判断を示す情念」として認識するようになっていた。[17] 然るべき理由、形態、程度、場所において挑発してくる相手に情念を露わにし、必要に応じて暴力を行使することは、男性にとって自身の「名誉」の維持に必要であった。[18]

教会裁判所は、夫が激昂して妻を殴打したとしても、激昂の原因が妻にあるならば、その行為は許されるという判断を下していた。[19] 一八世紀末までには、妻を殴ることは夫のマスキュリニティを損なう行為であるとの批判的な見方も出ていたが、裁判所は法とモラルを切り離して判断し続けた。一八一三年にロンドン主教裁判所のウィリアム・スコット裁判官は、「妻が先に夫を殴った場合、夫が妻を殴り返すのは男らしい行為とは言えない。しかし、人間は弱いものである。許しがたい憤激によって挑発されたのであれば、法はそれを許容するだろう」と意見している。[20] 夫婦間のヒエラルキーを当然視していた教会裁判所にとって、夫側が主張する「然るべき理由」の範囲は、一八世紀を通しておよそ無制限であった。

それゆえ、虐待の認定を求める妻側に重要視されたのが、挑発のないところでの夫の激昂であった。[21] 原告である妻たちは、訴状に「何の挑発もないのに（without any provocation）」という文言をいくつも挿入している。夫から幾度も殴打されたという訴えは、この文言と常にセットになって提示される。近年の「感情の社会学」は、暴力発生の背景には加害者と被害者のあいだにその原因となるべき行為と感情が存在することを明らかにしている。たとえば、被害者から加害者への言葉、行為、それに伴う「恥」の感情、それも「周囲や相手からフォローを得られない恥、自分でフォローできない恥」の感情が、暴力の背後に存在すると説明される。[22] しかし一八世紀の訴訟における妻側の訴状においては、暴力の発端は明かされることはなく、「原告は何の挑発もしていないのに」という定型句が代わりに挿入されているのである。これが、訴えの戦略的文言であることは言うまでもない。[23] 一七二〇年にスタフォードシャからアーチ裁判所に提訴されたブレイクモア対ブレイクモア（Blakemore v. Blakemore）において、夫の度重なる殴打を受けていた妻エリザベス・ブレイクモアの弁護士は、夫の過剰な怒りを訴えにおいて強調し、二三項目のうち、八項目という高頻度でこの文言を挿入した。妻側に落ち度はまったくないという主張である。[24]

夫の暴力によって引き起こされた妻の苦痛は、一八世紀の教会裁判所において虐待認定の本質とはならなかったことが教会裁判所弁護士の手稿からうかがえる。一七七〇年にロンドン主教裁判所に提訴されたウォレン対ウォレン（Warren v. Warren）の審理に関する弁護士ウィリアム・バレルのノートには、虐待の認定を拒否された事例が記されている。[25] その記録からうかがえるのは、次の点である。第一に、身体暴力の中でも、「殴打」の存在がとりわけ重視された。レディ・レミングトンが提訴した訴訟（Lemmington v. Lemmington 訴訟年不明）では、被告である夫が彼女の耳たぶからイヤリングを引きちぎったと訴えられたが、認定には至らなかった。[26] 妻の身体的苦痛には注意が払われていない。第二に、殴打されたとしても、それが単発でない「継続性のある殴打（series of blows）」であることが必要であった。ホームズ対ホームズ（Holmes v. Holmes 一七五四年）では、原告である妻は夫に髪をつかまれ家から近所まで引きずられた上にひどく殴られたにもかかわらず、その扱いは虐待とは認定されなかった。殴られたのが一度のみであるというのがその理由であった。[27] 最後に、夫の暴力によって妻が生命の危機に晒されていることが虐待の認定に不可欠であった。とはいえ、殺意もしくは生命の危険性それ自体は虐待の認定には不十分であった。ムーア対ムーア（Moor v. Moor 訴訟年不明）では、夫が妻のワインに毒を入れたという主張がなされたが、弁護士のひとりは、これが立証されても虐待には相当しないと述べている。[28] このように、一八世紀において夫婦間の虐待の法概念は、激情にかられ死の淵に追いやるほどの執拗な殴打を妻に浴びせる夫、という形象を持った。それは、暴力の程度という「基準」のみによって成り立つ概念ではなく、残忍性の具体的な形象であった。

三、夫の権利と妻の苦しみ

教会裁判所は妻側に虐待を認定するにあたって、妻が配偶者としての義務を履行していたかどうかにも着目した。一八世紀の夫婦間の力関係は、婚姻の義務と権利のあり方に大きく規定されていた。妻の夫に対する法的義務とは、「性交渉」、「同居」そして「貞操」である。当時の弁護士たちは、夫が妻に性交渉を強要することに否定的であったが、夫を拒否する妻の態度を義務の不履行と見なした。[29]妻が姦通を犯していた場合、あるいは夫の同意なく同居を放棄していた場合は訴えを成立させることも困難になった。これに加え、妻には夫に対する服従という義務も課せられていた。夫に対して従順であることが訴訟の勝敗を大きく左右したため、教会裁判所は、夫の暴力の原因として妻の性格に問題がなかったかどうかを精査した。勿論、夫の側にも義務は課せられていた。夫は妻を扶養し、貞操を守る義務を負った。[30]しかし、夫は妻に対して、より多くの権利を有していた。概して裕福な社会層のあいだでは、継承的財産設定などの法的処理がない限り、妻の財産は夫の所有となった。ヨーロッパ諸国の中でも、このイングランド特有のコモン・ロー上の「妻の地位（coverture）」は、婚姻によって確保される妻からの財産と持参金をビジネスに運用する機会を夫たちに与えていた。[31]また、家事に伴う買い物を含む契約行為は夫が行うものとされ、妻は「代理人」とされた。[32]

一八世紀に、妻たちは自らの意志によって自身の心身をコントロールすること、情愛に基づく結婚生活を送ること、世帯の主婦として家事や必需品購入の意思決定を行うことに対する欲求を徐々に表明するようになる。[33] 夫婦間の暴力の背景には、妻たちの欲求とそれを抑え込もうとする夫の欲求の衝突があった。

レイプと過剰な殴打

教会裁判所はレイプという概念を夫婦間に適用せず、妻が夫の性的要求を拒絶することを「妻の義務」の不履行と見なした。実際に、教会裁判所の弁護士は、被告である夫たちに対して「妥当な力(reasonable force)」によって妻を強制的に目的へと従わせたとしても罰せられることはない、と助言していた。[34]

レイプは地位と身分に基づく女性の社会的アイデンティティに対する攻撃であり、その女性の親族・共同体の名誉を破壊する行為であった。現代においては、レイプは自身の性的主体性を基盤とする個人のアイデンティティに対する攻撃であり、被害者の「内なる自己(inner-self)」の崩壊が被害の本質であると認識されるのに対し、一七世紀から一八世紀において重視されたのは、被害者の内面ではなく「身体的外傷」であった。[35]

被告によるレイプを目撃した原告側の証人たちは、「理性を喪失した夫」の残忍性を証言した。なかでも、とくに「殴打の過剰性」と「夫の激情」が強調される。フーパー対フーパー(Hooper v. Hooper 一六七三年)において、召使いのスザンナ・スミスは、奥方に対する夫の性暴力を目撃しながら、以下のように証言した。

被告はそのまま寝室に上がり、原告が寝ているベッドまで行き、カーテンをぱっと開け、怒り狂って原告を、売女！と呼んだ……そして奥方の頭を狂ったように殴打した……奥方は「殺される（murder!）」と叫んだ……被告は野蛮にも殴打を続け、奥方の目は腫れ上がった。近所の噂によればその時の殴打で彼女は失明したようである。[36]

ヘレフォードシャから提訴されたシェルトン対シェルトン（Shelton v. Shelton 一七八八年）で、妻側はレイプを試みた夫の様子を次のように訴えた。

ブラウン・シェルトンが自宅に戻った時、妻のメアリ・シェルトンは就寝していた。彼は妻が挑発したわけでもないのにベッドカバーをはぎ取り、非道なやり方で踵を摑んでベッドから引きずりおろし、身体を何度も踏みつけ膝乗りになった。それによって彼女はひどく負傷し、とてつもない苦痛を経験した。彼女が叫び声を上げ、助けを求めたため、二人の女使用人が助けにやってきた。ブラウン・シェルトンは、妻の下着をびりびりに破いた。彼女は夫の怒りから逃れるために、他の部屋に裸のまま逃げ込みドアに鍵をかけた。夫は怒り狂って彼女の後を追いかけ、ドアを破壊した。……夫は幾度も妻の首を絞めようとし、妻は家の最上階に備えられているベルに繫がっているロープを握ろうともがいた。ついにそのロープを引っ張ることができたので、二人の隣人が救助にかけつけ、殺されるところを防ぐことができたのである。[37]

性交渉という婚姻上の義務に加えて、性行為それ自体を口述することに対する当時のモラル上の困難さ、体験時の情念を蘇らせること、心的傷の存在を度外視する教会裁判所——これらの問題が原告である妻たちに付きまとった。夫による「殴打」が夫権に基づき正当視され、「殴打」以外の暴力が認定の可能性を下げるのであれば、その殴打の過剰性と夫の激昂を訴えることが妻たちに与えられた少ない選択肢のひとつであった。

家事権と必需品の剝奪

妻たちは主婦として召使いの監督や買い物など日々の家事において意志決定を下していた。しかしながら、教会裁判所はコモン・ロー裁判所と同様、妻に家事(housekeeping)の決定権を与えず、世帯運営に関わる決定権は法的に夫に属するとしていた。ウィリアム・スコット裁判官は「妻は(家事に関し)ももと何の権利も有さない……夫の執事であり代理と見なされる」と意見している。[38] 訴訟においては、勿論、妻たちは夫が持つ家事の決定権を侵すような自身の行為については述べることはなかった。

家事をめぐって妻たちが夫から受けた暴力とは、精神的な辱め、監禁、そして経済的困窮であった。たとえば、エクセターから提訴されたダニング対ダニング(Dunning v. Dunning 一六八〇年)の原告のアン・

ダニングの訴えによると、夫は町の鐘つき人に市場に彼女が現れたら鐘を鳴らすように依頼していた。商店主たちが彼女に物を売らないよう、警戒の合図としてである。[39] 主婦としての信用と誇りを共同体の人々の前で奪う「辱め」であった。また、ストラスモア対ストラスモア（Strathmore v. Strathmore 一七八五年）において、被告である夫は、原告のストラスモア伯爵夫人の衣服を奪い、彼女は「みすぼらしいドレス」を着るしかなく、いつも「召使いの衣服を借りる」状況に陥っていた。[40] 妻に対する経済的虐待は、彼女を「使用人」と同等の身分に置く目的でなされた。

妻側は、夫による主婦の地位と必需品の剝奪行為が法的に「虐待」に相当しないことは承知していた。それゆえ訴えでは、これらに加えて、夫の暴力に「殴打」が含まれていた点が強調される。たとえば、ダニング対ダニングでは、原告のアン・ダニングは、妊娠中に幾度も夫に顔面を殴られ、腹を蹴られたことを訴えた。[41] グロスターから提訴されたコックレル対コックレル（Cockerell v. Cockerell 一七三〇年）において、妻アビゲイルは、夫から衣服等の必需品を奪われ困窮していたところにさらに衣服用の布地を盗んだとの疑いをかけられ、家の一室に監禁された。何とか脱出したが、その後、夫は「拳で彼女の顔を思い切り殴ったので鼻と口から血があふれ出た」と訴えている。[42]

一八世紀になると妻たちは、経済的・精神的虐待を、夫の残忍性のみならず自身の苦痛を表現することによっても告発するようになる。コックレル対コックレルのアビゲイルによれば、夫が衣服を買う金を与えてくれず、彼女は「ひどい苦痛（great distress）」に苛まれた。[43]

家事に関する夫の決定権を侵犯する妻の行為が明らかな場合、「殴打」を伴う暴力が振るわれたとしても、夫の虐待を証明するのは困難になった。妻から主婦の役割を奪い、妻を別宅に監禁した理由として、ロンドンから提訴されたチャーノック対チャーノック（Charnock v. Charnock 一六七三年）の被告ジョン・チャーノックは、妻が作った借金について述べた[44]。夫の「代理人」として、妻が行った買い物の額は家計を破綻させるまでになったという。家事能力のない妻が夫を債務者に陥らせる事例を教会裁判所は何件も見ていた。

理性ある矯正か、暴君か？

原告である妻が訴状において夫の暴力を訴える際に「何の挑発もないのに」という文言を用い、自身に非はないと主張していたことは前節で述べた。夫が激情にかられて妻を殴打したとしても、夫側が妻からの挑発があったと主張すれば、教会裁判所はその点に注目せざるをえない。その中には、婚姻中の妻の義務の不履行も含まれていた。とくに夫側が主張したのは、暴力が妻を矯正する目的でなされたという点であった。「理性を失った暴君」という妻側の主張を、夫たちは全面的に否定した。ウスターから提訴されたダインリー対ダインリー（Dineley v. Dineley 一七三二年）において、夫のジョン・ダインリーは、姦通の疑いを持つ妻を屋根裏部屋に監禁したが、それは彼女が「彼の財産を奪って愛人と駆け落ちしようとしたためで……小さめの鉄が付いた四、五フィートの鎖を彼女の足に繋いだ」と述べた。しかし監禁されているあいだ、妻は「上等の酒、ブランデーを飲み……食事には彼女が好む物が出された」とその行為を正当化している[45]。コックレルの事例にも見たように、夫たちにとって監禁は、妻に自身が犯した過ちを反省させる適切な処置であった。奴隷を扱うような身体的拘束が伴ったとしても、十分な食事で妻の空腹を満たしているならば理に適った矯正方法と見なされたのである。

法的には認められていたとはいえ、妻からの挑発に「過剰に」反応することは、訴訟の結果に影響する可能性もあると夫たちは考えていたのだろう――妻からの挑発で暴力を振るったとしても、それは「許容される程度」であったと答弁した。怒りの感情は表すが、行為としては抑制されていたという。オクスフォードから提訴されたドレル対ドレル（Dorrell v. Dorrell 一六八六年）において、被告のトマス・ドレルは、「妻エリザベス・ドレルの挑発によって、一度、彼女を軽くたたき、拳で顔の側面を殴ったが、非道なやり方ではしていない」と答えている。[46] ストッダード対ストッダード（Stoddard v. Stoddard 一六八四年）の被告によれば、妻は彼を口汚く挑発し、「火かき棒もしくは危険な道具」を手にとって彼を威嚇し暴力を働きそうであったので、「彼は手に持っていた鞭で彼女を一度打ったが、それ以上はしていない」と述べた。[47] 完全に正当防衛であったとする夫もいた。サリーから提訴されたレヴェル対レヴェル（Revell v. Revell 一七三四年）の被告であるトマス・レヴェルによれば、妻ドロシーは「彼の顔を殴り、煮えたぎる湯をかけ、顔をフォークで刺した」。それゆえ、自衛として彼女を殴った、と述べた。[48]

教会裁判所は、夫に服従しない妻に対する暴力を「理性ある矯正」と見なした。暴力の程度が制限されていたことは、その正当性をさらに補強するものであった。

四、文化規範

原告である妻たちの訴えと被告である夫からの主張に対して、共同体、親族、友人、世帯の使用人たちが証言を行った。証人たちは、夫による妻の「虐待」をどのようにとらえ、妻の苦痛をどの程度共有したのだろうか。本節では証人の感情と意識が、文化規範を通して表現されるそのあり方を見る。

共同体の安寧

一八世紀の人々にとって、夫婦によって運営される世帯は社会・経済秩序の要であった。秩序の単位となる夫婦関係の崩壊は、親族・近隣共同体の安定に影響をおよぼすものと考えられていた。先述したように、妻の結婚資金が夫婦生活の経済的安定に少なからず貢献していた時代において、持参金を多くもたらした妻を酷く扱う夫の行為は人々の価値観に反すると証言されている。レヴェル対レヴェルでは、「持参金を多くもたらした奥方」を公衆の面前で幾度も殴りつけていた夫は、近隣住人から「絞首刑になる」ことを望まれていた。実際に、被告トマス・レヴェルは、過去に世俗裁判所に訴えられていた。[49]また、妻が夫の家事決定権を侵すことなく、夫の補助役として世帯運営に貢献していることも共同体意識の強い人々にとって妻側を支持する理由となった。ダニング対ダニングの原告であるアン・ダニング側の証人たちは、彼女が「痛々しいほどの節約」にいそしんでいたことを証言している。[50]

証人たちによれば、被告である夫の暴力は原告である妻のみならず、自分たちにも向けられていた。

彼らは被告の残忍性を、共同体の恐怖の体験として証言した。ダニング対ダニングで、エリザベス・クーパーという女性は、原告である妻が夫に「殺してやる」と脅され殴られている現場にいたので、隣人たちと彼女を助けようとしたが、「顔を激しく殴られ、鼻と口から出血した」と証言した。[51] 共同体のメンバーにとって、「恐怖」をまき散らす夫からもたらされる妻の苦痛は、自分たちの苦痛でもあった。

近隣で発生している夫婦間の暴力に介入することを義務とする意識は、身分の差にかかわらず、共同体の住民に共有されていた。エドワード・トムスンが「ラフ・ミュージック」で論じたような妻を殴る夫に対する共同体の私的制裁は、一八世紀の夫婦間訴訟の証言にはまだ現れない。[52] しかし、介入はさまざまな仕方で行われていた。ダニング対ダニングで証人のひとりとなったピーター・カーターは、夜中頻繁に「殺される！」と叫んで逃げてきたアン・ダニングを家に匿った。後から追いかけてきた夫が、罵り喚き散らしながら戸をたたいたが、開けなかったと証言している。[53] 自身より身分が高い被告の暴力に積極的に介入する隣人もいた。レッドヘッド対レッドヘッド（Redhead v. Redhead 一六九〇年）において、日雇い労働者のウィリアム・イーストンは次のように証言した。

レッドヘッド氏の使用人がものすごい勢いでトマス・ヒューイットソンの家に駆け込み、誰かレッドヘッド氏の家に行ってくれ、ご主人が奥方と言い争っていると言ってきた。そこで現場に駆けつけたところ、すでに人だかりがしており、部屋の窓へと梯子がかけてあった。そこにレッドヘッドの奥方とご子息のアーサー様がいるのだなと思い、梯子を登った。窓は開いており十分、中に入れると分かった。部屋に入るとレッドヘッドの奥方が衣服をはぎ取られペチコート姿でいた。ご子息のアーサー様もシャツ一枚の状態だった。奥方を梯子からおろし、レッドヘッドのご主人が入ってこないように寝室のドアを押さえた。ご子息が梯子をおりてから自分もおりたが、そこでご主人が彼らを殴り裸にしたのだと分かった。[54]

夫に暴力を振るわれる妻（そして子供）の苦痛を積極的に共有しようとする一方で、親族・共同体は、当人たちの意志をかえりみずに夫婦関係の崩壊を阻止すべく働きかけることもあった。ダニング対ダニングの記録からは、復縁に対する共同体の強い圧力を読み取ることができる。証人のひとりは、原告と被告は一七年間結婚生活を送っていたが、「少なくとも四〇回」は復縁した、と証言している。「友人」たちが仲裁し、態度を改めるという夫を受け入れるよう妻の背中を押したという。[55]しかし長年の責め苦に妻はついに耐えられなくなったのであろう、遙か遠方にあるアーチ裁判所に提訴した。弁護士がロンドンから現地に赴き、妻を支持する一二人もの証人から証言をとったにもかかわらず、訴訟は判決までたどり着かなかった。夫の元に再び戻るように、妻に圧力が働いたことは容易に想像できる。

妻に対する夫の凄まじい暴力を目撃しながらも、復縁を望んでいた証人たちもいた。社会的恥とされた離婚だけは回避し、親族の「名誉」を維持するために、暴力に苦しむ妻に対する説得が訴訟前に幾度も試みられた。ブレイクモア対ブレイクモアで、証人アベル・ルイスは、被告である夫が義父に宛てた悔悛の手紙を教会裁判所に提出した。「私の妻に対する酷い行いをとても悔いています。彼女を私の元に返してくださるなら、全身全霊をかけて償います。私には神によって救われる魂があり、ここに書いたことは厳格に守ります」という内容であった。ルイスはこれこそが被告である夫の「本当の姿」であると復縁の可能性をほのめかしている。復縁の可能性がついに見込めず、親族・共同体が夫を監視・制御できなくなった時、証人たちは妻側について訴訟に関わった。[56]

ポライトネスと感受性

夫の暴力が「家庭内」に囲い込まれていく動きは、一八世紀においては職住の空間分離を背景とするよりもむしろ、夫に酷く扱われる苦痛を話して相手に不快感を抱かせることを回避する「ポライトネス」の文化と深く関係していた。中産層とジェントリ層に属した訴訟当事者たちの住まいは、来客の多い半公共圏的空間であり、同時に使用人たちの生活空間でもあったが、妻に対する夫の暴力は、「隠れた場所」で行使されるようになっていた。妻側の証人となった親族、友人、使用人たちは、夫がドアの向こうへと妻を押しやり、第三者の視界に入らない所で妻に暴力を振るう様子を「音」として聞いた。妻の悲鳴、殴らないでほしいと懇願する声、殴打の音、夫の怒鳴り声、家具が壊れる音などである。また、夫が立ち去った後の妻の「乱れた髪」、「破れた衣服」、「身体の痣」、「顔からの流血」、そして「壊された家具」を見た。

自己抑制を重視するポライトネスの文化は、洗練された社会における中産層とジェントリ層の夫たちの新しい「男性らしさ」を形作る力を有していた。[57]来客の眼の届かない所で妻を酷く扱う夫たちは、ポライトネスの作法を表面的に習得しただけの精神性の伴わない人物であると証人たちは認識していた。ロンドン主教裁判所で争われたプレスコット対プレスコット（Prescott v. Prescott 一七八五年）で、原告ジェイン・プレスコットの証人となった牧師である彼女の父親は、日頃から娘を殴る海軍大佐の夫に向かって「女性がどのように振る舞おうとも手を上げるのは臆病者の男がすることだ」と厳しく諭している[58]（図1）。

ポライトネスの文化は、虐待訴訟の訴訟当事者の答弁および証人の証言にも影響を与えた。原告である妻たちは、夫の暴力による苦痛を意識的に言外に匂わせており、その苦痛を「察する」暗黙のコードは、証人たちのあいだで共有されていた。証人たちは、被告である夫が妻に暴力を振るうために自分たちの目前でドアを閉めた、と直接介入を阻む要因が存在したことを

図1　プレスコット対プレスコット（1785年）のパンフレットの挿絵。夫の異様な暴力を描いている。妊娠中の妻の口にチェリーを押し込む夫（上段）。自身の娘と男性召使いの前で妻のペチコートをまくり上げる夫（下段）。

強調する。また、密室での暴力の「音」をドア越しに聞きながら、ドアが開き、夫が出てきてから、酷い様態で部屋に取り残された妻を発見するという語りを展開した。プレスコット対プレスコットで、原告の母親は、娘ジェインは「常に涙を浮かべ、苦悶していたが、夫から受けた酷い仕打ちについては何も語ろうとしなかった」と証言した。[59] ストラスモア対ストラスモアで証言した使用人のメアリ・モーガンは、夫の仕打ちに耐える奥方の「孤独」を察する証言を行っている。主人と奥方と共にフランスへ向かっていた旅中の宿で、奥方の「左腕に掌の大きさの黒い痣」を見つけたのでどうしたのかと尋ねたところ、「左腕を馬車の側面にぶつけた」という答えであったが、「奥方はずっと右側に座っており、そのはずはないと思った……しばらく時間が経ってから、奥方は夫から激しく殴られたと話してくれた……奥方はその時までは、誰も信頼していなかったのだと思う」と述べた。[60]

苦痛に耐える原告の自己抑制と、その苦痛を察し心理的に寄り添う証人の自己抑制に価値を置くポライトネスの文化装置は、「隠された暴力」の下での妻の苦痛を可視化した。それは確かに、隣人の苦痛を共同体成員が積極的に共有する文化とは異なっていたが、被告への怒りが自己抑制を伴いながら訴訟の場で初めて表明されることもあった。ストラスモア対ストラスモアで、強い義務感から証言を行ったのは、被告である夫にレイプされた女性使用人たちであった。なかには妊娠した者もいた。そのひとりは、使用人を辞めた後に娼婦になり、マグダレン・ホスピタルに収容されていたが、教会裁判所に証人として出廷した。彼女は証人になったことに対する「返礼は何も望んでいない」と答えている。[61]

訴訟記録からは、夫婦間の暴力を語るポライトネスの作法が、中・上流層のみならず使用人たちが属する労働者層に至るまでの幅広い社会層に浸透していたことがうかがえる。身分の差をわきまえながら、世帯構成員たちは家長の過失を暗に攻撃した。ポライトネスの文化は、世帯における然るべき家父長的秩序を遵守する姿勢を出しながら、その違反者である夫を、自らの自己抑制の精神と対比させつつ批判することを可能にしたのである。

ポライトネスの文化に重なるように、人の振る舞いと内面の「野蛮さ」に抗しようとする感受性の文化が一八世紀社会に広がっていた。「感受性の時代」とよばれる当時の文化・知的パラダイムは、ニュートン物理学から、医学、哲学の分野へとおよんだ。刺激に反応する身体における神経の役割、人間性における振る舞いと精神、そして社会が繁栄するための感情のあり方の追求は、互いに密接な関係を保ちつつ、小説、雑誌などのメディア表象へとさらに拡大を遂げた。[62]「感受性」の文化は、これまで見てきたような妻の心身と夫権の行使をめぐる人々のさまざまな意識・感情の規範とせめぎ合いながら、虐待訴訟にも影響をおよぼした。感受性は一八世紀の「感性（sensibilities）」のうねりの一側面でもあった。

原告となった妻たちは、夫の暴力の「恐怖（fear）」を自身の繊細な神経を強調しつつ訴えるようになる。リンカンシャから提訴されたジェソップ対ジェソップ（Jessop v. Jessop 一七一七年）において、妻エリザベス・ジェソップは、夫による虐待を訴えたが、その際に、当時の医学においては神経ヒステリーが原因とされる「疝痛（colic）」の症状について述べている。夫による暴力が原因で症状が出ているという。

彼女は夫フランシス・ジェソップに酷く扱われ、心を患い疝痛に苦しめられるようになった。夫は彼女にアヘンを処方した。彼女にとってそれは初めての体験だったが、苦しみを和らげることができた。発作が生じるたびに何度も何度もアヘンに頼った……ある晩、彼女は衰弱し誰の助けもないまま床に倒れた。哀れにも舌を噛み切りそうなほどの激しい発作に襲われ、意識を失って助けに来た人を殴ってしまったかもしれなかった。[63]

感受性の文化の中での「神経の病」の言説は、妻たちの心身の苦痛を、ポライトネスとは異なる仕方で可視化した。[64] 家庭における治療行為の知識を主婦が有していた時代にあって、原告たちが家庭医学の書物をある程度読んでいただろうことは想像に難くない。[65] エディンバラのロイヤル・カレッジの医師ウィリアム・バカンは『家庭の医学』（一七六九年）において、病を引き起こす「情念」のいくつかを解説項目に挙げているが、その中でも「怒り（anger）」、「恐怖（fear）」、「悲嘆（grief）」に多くの頁を割いている。これらの情念は、同時代の身体観を支配する「神経」作用と密接に関係付けられた。彼は、「怒り」が繊細な神経にとってとくに有害であるとし、恐怖と不安は精気（spirits）を抑圧し、病のみならず時には死をもたらすと論じた。妊娠中や出産中の夫による罵詈雑言や振る舞いの酷さを妻たちがしばしば訴えたのは、当時の医学において人は「恐怖」を心に焼き付けられると、そのまま「死」に至ると認識されていたからである。バカンによれば、「出産中のとてつもない痛みは有害」であった。出産中に死ぬ女性はほとんどいないが、出産後に死ぬ女性が多いのは、その焼き付けられた恐怖が災いするからであった。[66] さらに、「悲嘆」については、それは「あらゆる情念の中で最も破壊的である。一度かかると治る見込みがなく、心の底に沈殿すると致命的になる。怒りと恐怖も破壊的な性質を持つが、それらは持続しない。しかし悲嘆はメランコリーとなって固定する」と論じている[67]。これらの神経の言説は、虐待の認定条件としての「夫の残忍性の形象」に対する挑戦となった。次節で述べるように、恐怖と悲嘆を引き起こす夫の振る舞いは、過剰な殴打や激情を伴わずとも、妻を死に至らしめる可能性を提示したからである。感受性の文化は証人たちの証言にも表れている。原告の苦痛を見聞きする感知能力は自身の身体的反応として示される。女性の証人たちの中には、被告の野蛮な暴力を目撃し発作の状態に陥る者もいた[68]。

夫の暴力に苦しむ妻に対する証人たちの共感は、その暴力のコンテクストに左右される。暴力が振るわれる際の個々のコンテクストに応じて妻個人が被る苦痛の意味も異なってくるだろう。ヘレフォードシャから提訴されたシェルトン対シェルトンの事例を見てみよう。この訴訟の原告である妻のメアリ・シェルトンの苦痛は、夫による彼女の実家への攻撃という文脈に位置付けることができる。メアリ・シェルトンの祖父は、自身の娘エリザベスとその夫ジェイムズ・レインに土地財産を譲渡したが、彼らの死後は両者の相続人となるメアリにその不動産権が渡るように設定した。一七六九年にメアリはブラウン・シェルトンと結婚した。しかしその一二年後にブラウンは破産する。ジェイムズ・レインは飲酒、怠情によって身を持ち崩したブラウンからの借金の依頼を拒否したのみならず、ブラウンが娘の財産に手を回すことを阻止するべく法的処置を施した[69]。すなわち、幾つかの土地財産の権利を放棄し、リチャード・ジョーンズとウィリアム・ハイドという人物に譲渡したうえで、自身が死亡した後は、その地代が娘のメアリに渡るように設定したのである。[70] ブラウンの娘への暴力を父親はアーチ裁判所の訴訟において次のように表現した。

ある日の夕方、メアリ・シェルトンが哀れな憔悴し切った様子でこの証人の自宅を訪れた。彼女は酷く殴られており、顔は血まみれで片方の目が強打のせいで膨れ上がっていた。その顔があまりにも歪んでしまっていたので、彼女が証人の首にもたれかかって、「ああ、お父様」と言うまで娘であることに気が付かなかった。[71]

ブラウン・シェルトンのメアリに対する暴力は、ジェイムズ・レインに対する復讐を目的としていた。借金と破産によって夫権を実質的に失った夫は、妻の顔を潰し痛めつけることで娘の父親を追い詰めようとした。メアリ・シェルトンの痛みは夫と父親の確執の中にあった。殴られる娘を持つ父親の苦痛は感受性の文化の中で表現され、妻側は勝利した。[72] 原告たちと同じ洗練された階層社会に属する教会裁判所の裁判官が原告側の苦痛を共有できるとしたら、それは自分たちの妻や娘と同じ身体を持つ原告たちを「女性」として同一視できる場合であった。

しかしながら、感受性にも「内面」と「振る舞い」の乖離という問題があった。被告である夫たちはまさにそこに着目し、防御を展開した。ジェソップ対ジェソップの被告フランシス・ジェソップと彼を支持する証人たちは、原告エリザベス・ジェソップの苦痛に満ちた身体を「不快」で「嘘をつく」、「統御不可能」な身体として語った。彼女は、酒浸りの生活を送り、姦通を犯し、自傷行為を繰り返す。会食時に失禁し、発作で床に倒れた時、介抱しようと駆け寄った夫を殴る――要するに彼女が訴える苦痛は、嘘で固められたパフォーマンスであると主張された。[73]

エリザベス・ジェソップは、感受性の文化を訴訟に利用することに失敗した。仮に夫の暴力による苦しみの中にあっても、妻が夫に服従しないことは、裁判官の心証に影響を与えた。「夫に愛されようと、あらゆる努力をしたが、むなしく終わった。夫に酷く殴られた時、女をそのように扱うのは男の恥である、と告げた」と、服従すべき夫に対し自身の怒りを露わにしたことを訴訟において戦略的に隠すこともできないほどの状態に陥っていた。[74] どのような状況であろうとも「女性」に手を上げてはならない、と女性の身体のか弱さを根拠に夫を批判する妻を、一八世紀の教会裁判所は不遜と見なした。ジェソップ対ジェソップは判決に至らなかった。だが、二七人の証人のうち、二六人が夫に有利な証言を行ったことからも、訴訟は事実上夫側の勝利であった。[75]

五、法廷における情念と理性

夫の性格

教会裁判所は原告である妻の訴えをどのように扱い、どのような判断を下したのだろうか。これまで論じてきたように、夫婦間の虐待訴訟における「虐待」の概念の中心にあったのは、「残忍性」に軸を置く、怒りの情念と殴打の過剰さに縁どられた「理性を喪失した夫」の形象であった。他方で、教会裁判所が常に注目しつつも、虐待の認定を拒否してきた夫の暴力があった。それは、激昂することなく、また、過剰に殴打することもなく、苦しむ妻を眺め、快感を覚える夫の暴力である。夫のこの種の暴力は、一八世紀後半にポライトネスの作法の形骸化が論じられる中で訴えられるようになった。教会裁判所は、夫を挑発する妻を容認しなかったが、挑発行為がないのに、妻に苦痛を与えるのは「人間の本性（human nature）」から外れた行為であると認識していた――「驚愕せざるをえない道徳的問題、人間の本性から外れた破廉恥」とウィリアム・スコット裁判官はロンドン主教裁判所の訴訟において意見している。「憐れみ（pity）」を持ち得ることこそが「人間の本性」であり、「非人道（inhuman）」とは、それゆえ「道徳的奇形（moral monstrosity）」を意味した。当時の道徳哲学は、「憐れみ」を持ち合わせず、他者を自らの快楽のために苛む人間を「心の奇形を持った怪物」として言説化していた。[76]

ロンドン主教裁判所に提訴された二組の訴訟、ウォレン対ウォレンとエヴァンズ対エヴァンズ（Evans v. Evans 一七九〇年）は、激しやすいとは言えないと判断された夫の暴力が虐待とされるかを争った事例である。原告のフランシス・ウォレンは、チェスター出身の庶民院議員であるジョージ・ウォレンの妻で、結婚前はシャーロット王妃の女官であった。オーガスタ・エヴァンズは、初代インド総督ウォレン・ヘイスティングズに仕えたトマス・エヴァンズの妻であった。[77]両訴訟において原告が訴えた夫の暴力は異なっていた。ウォレン対ウォレンでは、夫のさまざまな精神的暴力、拉致未遂、身体的暴行が訴えられたが、その中に「殴打」は含まれていなかった。他方、エヴァンズ対エヴァンズの原告の訴えの中には、夫の精神的な暴力と殴打を含む身体的な暴力の双方が含まれていた。[78] 両訴訟に共通するのは、被告である夫側の弁護団が、「怪物」として告発される夫の「真」の姿——すなわち「良き夫」としての被告の「性格（character）」を構築するその手法である。

教会裁判所における虐待訴訟は民事訴訟であるため、被告に刑事罰を下すことは目的とされなかった。被告である夫の暴力に生命を脅かす継続性のある殴打が含まれていたことが証人によって証明されず、そのような暴力が状況証拠などによって推定される場合、原告と被告の「性格」がとりわけ重視された。[79] この場合の「性格」は、他者による「評判」の良し悪しと内面的資質である「品性」の有無によって判断された。原告である妻に求められたのは、原則として、愛想の良さ、おとなしさ、そして従順さであった。妻側は、夫を野蛮で、気難しく、邪悪な人物として訴えた。[80] 虐待の認定は証拠のみならず、両者の過失をも査定して判断された。つまり、夫の暴力に残忍性があるとしても、妻の夫に対する行為と態度によっては認定されない可能性もあった。ウォレン対ウォレンとエヴァンズ対エヴァンズの両訴訟は、従来の訴訟と異なり、両原告が夫の「残忍性」を、「行為」以上にその「精神性」に見出し、「自身の苦しみ」を虐待認定の根拠として争った事例である。以下においては、妻たちの主張がどのように覆されるかを見る。

苦痛の不在を証明する

ウォレン対ウォレンの原告フランシス・ウォレンの訴えによれば、彼女は夫から一度も「殴打」を受けていなかった。被告である夫ジョージ・ウォレンは、彼女を小突き、泣かせ、惨めな気持ちにさせた。日々そうであったので、彼女は精神的に困憊し睡眠不足で失神するようになった。ある時は、壊血病で目、鼻、腕から出血している夫と性交渉することを強要された。また、夫はある日の朝食時に彼女の肩を強く揺さぶり、引っ掻いて流血させ、その時転倒した彼女は痣を作った。そして、ついに夫は人を雇い数人がかりで彼女を拉致して、精神病院に監禁しようとしたという[81]。フランシス側の弁護士たちは虐待認定の基準として重視されるべきは、妻が被った「恐怖」であると主張した[82]。虐待を、被害者側の感情的苦痛として提示したのである。

虐待の認定を、被告である夫の暴力行為を基準とするべきか、それとも原告である妻の感情を基準とするべきかで両弁護団は対立したが、妻の苦痛の継続性が認定の条件に含まれるべきという点で双方は認識を共有していた。ウォレン対ウォレンで妻側の弁護団は、結婚生活における原告の苦しみは、一七六四年の結婚時から始まっていたのであり、訴訟時までのおよそ六年間にわたる、とその長期性を強調した。しかしながら、夫側の弁護団は、妻側が訴えた暴力を「とるにたらない」と一蹴した上で、しかしあえて争うとすれば、朝食時に夫が妻に振るった暴力、および精神病院に妻を監禁しようとした際に生じた身体暴力であるとした[83]。夫側によれば、ゆえに妻の身体的苦痛は二日間のみであり、継続性がないと主張された。裁判官は、夫側を支持した。争点の絞り込みにおいて妻の長きにわたる苦しみは「細断」され、敗訴の可能性は一段と高くなった。

訴状においてどのように夫の虐待を訴えるかも勝敗を左右した。エヴァンズ対エヴァンズにおいて判決を下したウィリアム・スコット裁判官の判決理由からは、彼の怒りを読み取ることができる。裁判官の怒りは、妻側の訴状に込められた情念に向けられた。夫に対する「怒り」が多分に含まれているというのである。彼はエヴァンズ訴訟を一七八五年に提訴され、妻側が勝訴したプレスコット対プレスコットと比較し、原告であったジェイン・プレスコットの訴状には「妻の苦痛」の中に「分別（prudence）」と「悲哀（sorrow）」があったのに対して、オーガスタ・エヴァンズの訴状にはそれがない、と批判した。[84]

訴状を通して教会裁判所に訴える妻の情念の中に、「怒り」が含まれていてはならなかった。

教会裁判所の裁判官たちにとって、苦痛はその存在を第三者に認められてこそ存在するものだった。生命を脅かす程の暴力が夫によって行使された時、死の危険が迫っていることを誰かに知らせ、助けを求めてこそ、苦しみの存在証明となると解釈された。エヴァンズ対エヴァンズにおいて、スコット裁判官は、オーガスタ・エヴァンズがカルカッタからイングランドへ向かう船中で船室の空気を入れ替えようとして夫に床にたたきつけられた時、「酷い痛みと苦しみ（great pain and anguish）」が生じたことを訴状で主張しながらも、実際には「苦しみの叫び声（cry of distress）」を上げて周囲に助けを求めなかったことに着目し、彼女の「苦痛の存在」に疑問を呈した。「沈黙しながら殺害されるなどあり得るだろうか」と、裁判官は暴力の存在にも疑いの眼を向けた。[85] 対照的に、ウォレン対ウォレンのフランシス・ウォレンは自身の苦痛が第三者に認められる必要性について自覚的であった。夫から暴行を受けているあいだ、別の部屋にいる使用人たちに聞こえるように「激しく泣き叫んだ」が、「使用人たちは、職を失うのを恐れたため」誰も助けに来なかったと主張した。[86]

「身分の低い女性と比べて、高貴な階層に生まれた女性にとっては、きつい視線のほうが一発殴打されるよりも痛みを感じるものなのかもしれない」とウォレン対ウォレンを扱ったベテスワース裁判官は述べている。[87] 繊細な神経を持つのは、身分の高い女性に限られるとする教会裁判所の認識は、夫に殴打される労働者層の女性の苦痛は虐待として認識されないことを示唆している。しかし、裕福な社会層に属する妻たちであっても、虐待の認定条件に揺らぎが出ることはなかった。一八世紀の教会裁判所の裁判官たちは殴打の継続性が虐待の認定に不可欠であると判断し続けた。

「怪物」を「良き夫」にする

被告である夫の弁護団と裁判官は、「怪物」のように訴えられている夫たちの中に「人間の心」を見出そうとした。ベテスワース裁判官は、被告のジョージ・ウォレンが再婚であったことを取り上げ、死別した前妻との関係は穏やかで、好ましいものであったと述べ、「妻に苦痛を与えることを楽しむ夫」という人物像を提示した原告側の弁護団の見解は、完全に誤りであるとした。[88] 同様の手法は、エヴァンズ対エヴァンズにも見出すことができる。スコット裁判官は、夫が冷酷な残忍さを持つことを強調した妻側の訴状において、夫の暴力が、結婚してからすぐに始まっていないことに着目した。夫トマス・エヴァンズの暴力は結婚から九年後に、インドからイングランドへ帰国するために旅路についた時から始まった。スコット裁判官は、船中という「特殊空間」において人間の心は、船乗りでさえ平静を失いやすいと、自己抑制の困難な状況に理解を示し、そのような空間での夫の暴力を根拠に虐待を認定することはできないとした[89]。また、妻が階段から落ちた時、「妻を抱きかかえて部屋に運んだ」という被告がのぞかせた日常生活での「優しさ」も裁判官の目を引いた[90]。

夫側は「怪物」の中に、社会的信用と名誉を有する「良き夫」のしるしを見出そうとした。エヴァンズ対エヴァンズにおいて、裁判官は、夫の「真の姿」を彼の「ビジネス」に見出している。植民地ビジネスにおける「友人たち」が証言する、職務をこなす者としての被告の人物である。スコット裁判官は、ビジネスにおいて、同僚は日常的に被告の「気質を目にする。さらに職務では感情のあり方が問われる」と意見し、公の場において仮面をつけ、家族の前でそれを外す人間もいるが、「ビジネスにこそ、人間の本性が表れる」と述べた[91]。

夫の「公」での性格が彼の真の人間性を表すという裁判官による推定的思考は、自律的なものではなかった。夫の性格は、さらに妻の性格との比較において判断された。夫に反抗的な態度をとる妻であった場合、それは夫の性格の法的構築に有利に働いた。夫に対する妻の服従の原則は、「聖書」に求められ、違反する行為を働いた場合、夫の暴力は正当視された。ウォレン対ウォレンの夫側の弁護団によれば、夫が妻を連れて行こうとしたのは「精神病院」ではなく、ロンドン郊外チャタムにある別宅であった。精神病院というのは妻の思い込みであり、夫が都会の喧騒を離れて夫婦で田舎の別宅で過ごすことを望んでいるのに妻がそれを拒むというのは、夫に対する不服従以外の何ものでもない、と主張された。

ベテスワース裁判官は、妻を連れ去る夫の行為に「悪意」はないと判断し、旧約聖書の「エステル記」を引用した。聖書の中の貞淑な女性たちは、一八世紀の妻たちの手本であった。夫を嫌い、婚姻の義務を果たさない妻の苦痛を共有することを裁判所は拒否した。[92]

従来の研究が主張するように、感受性の文化規範が、夫の暴力に苦しむ妻たちに抵抗の手段を提供したことは確かであろう。しかしながら、教会裁判所の弁護士の手稿と判例集からは、同規範の影響力は限定されていたことがうかがえる。ジェントルマンである夫たちが「怪物」として告発されることに対する裁判官の不快感は、「夫権」に対し「不当な攻撃」を仕かける証人たちにも向けられた。その中でも原告の主張を支持する女性の証人たちが「過剰な情念」を持つ集団として批判されたことは注目に値する。夫の妻に対する身体的暴行を目撃した婦人は「情念が過多」であり、被告である夫に以前から好意を持っていなかったがゆえに証人として不適格であると批判された。同じく、夫が産後の妻に暴行を加えたと証言した「フランス人のガヴァネス」は、エヴァンズ夫妻の関係をかき乱す人物として、すべて証言の信憑性を否定された。[93]原告である妻を囲む女性たちの結束は、訴訟当事者の家庭の不和を増進させる元凶と見なされている。

教会裁判所において、感受性は、女性の狡猾さと結び付けられた。夫を愛さない妻、夫に反抗する妻が巧みに利用するのが「感受性」であった。ウォレン対ウォレンにおいて、夫側の弁護を担当したウィリアム・バレルによれば、原告のフランシス・ウォレンは夫の「歪んだ本性」を声高に主張しながら、自身を最も繊細な人物として描く偽りを持ち合わせていた。彼女は「完璧な優雅さに殉教者としての哀れさを融合させ、自身の良き人柄を我々に見出させることで裁判所の称賛を集めようとする、そして苦しみの体験を喚起することで裁判所の共感を得ようとしている」人物であった。[94]

六、感受性の限界と一八世紀の感性

一八世紀の虐待訴訟における妻たちの訴えには、自己を肯定したいという願望、より良い結婚生活、そして人生への渇望がすけて見える。苦痛の表現はその実現の手段でもあった。時代の文化規範の中で、妻たちは自身の苦痛の原因を、夫権によって不可侵とされてきた夫の内面に見出す地点へとたどり着いた。共同体は苦しむ妻をかばい、時には文字通り痛みを引き受け、夫のあやまちを赦し、関係を修復しようとした。ポライトネスの作法は、感情を抑制しながら夫の振る舞いを告発し、妻の苦痛に寄り添った。そして、感受性の文化は、従来の「虐待」の法的定義を大幅に超えて、ポライトネスの文化によって隠ぺいされていく夫の内面に切り込んだ。

だが、感受性の文化は妻たちに無制限に力を与えたわけではなかった。感受性の表現を訴えに取り込むにあたって、然るべき「女性らしさ」――妻としての服従と夫に対する怒りを捨て去る自己抑制――は必要条件であった。仮に戦略的なものであったとしても、夫に対する感情的服従の姿勢こそが、裁判所が求める妻の姿であった。妻によって告発された夫の性格は、ポライトネスの文化に裏打ちされた彼の振る舞いと情念過多に陥った妻や女性の証人たちの対比によって、逆に擁護される結果となる。

教会裁判所は、訴訟当事者の振る舞いと内面に一致を見ようとした。個人の内面の良し悪しは、振る舞いが裏付ける――公の場における夫のポライトネスに基づく振る舞いが彼の内面を語るとすれば、妻の感受性にあふれた振る舞いは彼女の内面を語るはずであった。しかし、訴訟では良き振る舞いと良き内面の持ち主は、勝者の側であり、その逆が敗者側であった。良き振る舞いを身につけた夫が、内面において実は「怪物」であるという論理は成り立たなかった。かくして「理性を喪失した専制暴君」という残忍さの形象は、一八世紀の夫婦間訴訟における虐待の法概念の中心に位置し続けた。

人々の中に不当な暴力を振るう夫に対する否定的な感情、そして苦しむ妻に対する共感が確かに存在していた。妻を支持した証人たちは、然るべき家父長的秩序の維持を唯一の目的として、被告である夫に否定的な態度を見せたわけではない。アダム・スミスは『道徳感情論』（一七五九年）において、諸個人は社会全体の繁栄に適合する共感力を無意識に身につけるにもかかわらず、他者に対する共感の源は、必ずしも社会全体の秩序と繁栄という理性的価値観に見出せないと論じている。違反を犯した共同体の成員に対する負の感情は、秩序の維持の観点からのみ生じるわけではない、というスミスの言葉は虐待訴訟の証人たちの感情にもあてはまる。[95]共同体・世帯の構成員である原告の苦痛を、自身の娘、姉妹、友人、女主人、隣人の苦痛ととらえる個人的共感、そしてその人を苦しめる夫に対する負の感情なくして、訴訟にて原告を支持する証言を行うことはできなかった。しかし、個々の証人たちの感情は、訴訟という極めて公的な力が作動する場においては、より一般性のある社会秩序に沿って言語化される必要があった。教会裁判所の姿勢に抵触しない共同体の秩序維持の規範、夫権の秩序を尊重するポライトネスの文化規範を侵さない範囲で、あるいはそれらを利用しながら、証人たちは原告である妻の苦痛に対する共感の言語を模索していた。

妻の心身の安全をめぐる一八世紀の人々の感性は虐待訴訟においてより重層的、多元的に共存あるいは対立するかたちで示されている。夫権に支えられた「挑発と激昂」の争いの様式の下で、苦しむ者との感情の繋がりのあり方を問う複数の感性が、制限はあれども、妻たちに自己の利益を追求することを可能にしたのである。

VI 観察——ダーウィンとゾウの涙

伊東 剛史

「感受性の時代」の涙は、人のものだった。涕涙《ているい》が表現する同情や共感は、人間を人間たらしめる感情だと考えられた。しかし、一九世紀には、動物も涙を流すのかという問題が、科学的考察の対象となる。果たして、涕涙は必ずしも苦痛や共感とは関係のない、生物学的な現象と理解されるようになったのだろうか。それとも、動物も人間同様、苦痛にある他者に共感すると理解されるようになったのだろうか。

一八六八年一月、チャールズ・ダーウィンはセイロンのペラデニア植物園で働くジョージ・スウェイツに次のような手紙を送った。[1]

おそらく、これほど奇妙な依頼など受けたことはないと思いますが、お願いしたいことがございます。サー・エマーソン・テナントによると、捕獲されたゾウはうめいたり、叫んだりする時に、涙を流すようなのですが、次のことを教えていただけないでしょうか。ゾウは非常に激しく鳴く時、「眼輪筋」を収縮させるでしょうか。眼の周りに皺がより、眼がほとんど、あるいは完全に閉じてしまうでしょうか。おそらく、若いゾウのほうが観察に適していると思われます。誰かの記憶を頼りにするのではなく、ご自身でこのことを確認していただけないでしょうか。感情表現に関わることなのです。

なぜ、ダーウィンはゾウの涙に興味を持ったのだろうか。手紙に記載された「眼輪筋」の収縮とは何を意味するのだろうか。そもそも、ダーウィンは動物の感情をどのように理解し、とりわけ、動物の感情を研究することが、しばしば動物自身の苦痛を伴うことを、どのように受け止めたのだろうか。

これらの問いに対する答えを探りながら、本章はダーウィンの感情研究と、一八七〇年代から八〇年代にかけて盛り上がりをみせた生体解剖論争への関与を考察する。本書の第I章と第II章で論じられたように、一九世紀イギリス社会では、痛みの理解が身体上の「現象としての痛み」と、心の領域に属す「感情としての痛み」とのふたつに分岐していった。医学レジームの下で、神経生理学的現象としての痛みの解明が進み、その意味と目的が議論されるようになる一方、社会的弱者の救済においては、目には見えない心の痛みが重視されるようになった。「現象としての痛み」と「感情としての痛み」は、それぞれ固有の論理と規範によって世界に干渉し、人々の思考と行動に影響をおよぼすことのできる領域を築いたのである。そのふたつの痛みの領域が立ち現れる過程を、両者を往き来し、そのあいだで揺れ動いたダーウィンの視点から描き出すことが、本章の目的のひとつである。

もうひとつの目的は、動物が置かれた「共感の境界域」を照らし出すことである。生体解剖論争では、動物の苦痛が議論の俎上に上げられ、相対する解釈が提示された。刺激への反射という形で現れた現象に過ぎないという解釈と、動物は人間と同じように確かに苦しんでいるという解釈である。この両極のあいだで、人間が苦痛にある動物に共感することは、苦痛にある人間に共感することと等価なのかが考察された。それは、進化論的世界観の下、動物と祖先を共有する人間の感情を探求することでもあった。「共感の境界域」に置かれた動物は、人間の感情を照射する光源になったのである。

本章は最初に、ダーウィンの感情研究の背景を探り、その研究成果である『人間と動物の感情表現』(一八七二年)において、「苦痛と涕涙」がどのように説明されたのかを明らかにする。次に、感情研究が動物の生体解剖に依拠していたことを確認し、ダーウィンが動物の苦痛をどのように認識したのかを分析する。最後に、生体解剖論争を概観し、生体解剖を規制した動物虐待防止法(一八七六年)の制定過程におけるダーウィンの役割を考察する。これらの議論を通じて、「現象としての痛み」と「感情としての痛み」が、両者のあいだを逡巡するダーウィンの視点から、明らかにされるだろう。

ダーウィンに関しては、膨大な量の史料が残されている。著書、論文等の出版物だけでなく、断片的なメモをまとめた研究ノートから、数千通にわたる書簡がある。したがって、ダーウィンが特定の状況において、自身の感情をどのように表現したかという問題も含めた、細部にわたる具体的な研究が可能である。そのため、以下の議論は科学者ダーウィンの感情的内面と人間性を詳らかにし、顕彰するものと受け止められるかもしれないが、それは本章の目指すところではない。また、ダーウィンをヴィクトリア期の人々の典型として提示する意図もない。ここでダーウィンに着目するのは、感情研究へのアプローチ、生体解剖論争への関与、研究ノート等の史料の残存情況も含めた彼の個性が、そこに重なり合うふたつの痛みの在りようを、対照的に映し出してくれるからである。

一、感情の科学

チャールズ・ダーウィンは、一八〇九年、医師で投資家のロバート・ダーウィンと妻スザンナの次男として生まれた。父方の祖父は博物学者として有名なエラズマス・ダーウィン、母方の祖父は陶器製造業社「ウェッジウッド」を設立し、奴隷解放論者としても知られたジョサイア・ウェッジウッドである。一八二五年、ダーウィンは父親の医業を助けるためエジンバラ大学で医学を学ぼうとしたが、血を見るのが苦手で、外科手術の立会いに耐えられずに医師への道を断念した。エジンバラ大学時代にダーウィンが熱心に取り組んだのは、鉱石や昆虫の標本収集など、自然誌のフィールドワークだった。一八二八年、息子を聖職者にするという代替案を考えた父親によって、ダーウィンはケンブリッジ大学に送られた。ダーウィン自身にも、聖職者であれば、余暇を自然誌の研究にあてることができるとの打算が働いた。そして、一八三一年にケンブリッジ大学を卒業したダーウィンは、植物学の恩師ヘンズローの紹介で、ビーグル号の探検航海に参加することになった。五年におよぶ航海を終えて帰還すると、ダーウィンは一躍時の人となっていた。ガラパゴス諸島などから持ちかえった標本に大きな関心が寄せられ、ダーウィンはライエルやバベッジといった高名な科学者の知己を得た。[2] 私生活にも変化が生じた。一八三八年、従姉妹のエマ・ウェッジウッドと結婚したのである。ダーウィンが感情表現の研究ノートをとるようになったのは、この頃である。論文として発表することを目指していたのではなく、個人的な趣味として始めたと、後にダーウィンは回顧している。[3]

ダーウィンが進化論の着想を得た背景は、これまで研究者のあいだで盛んに議論されてきた研究テーマである。[4] ビーグル号航海に参加したことから、マルサスの『人口論』を読んだことまで、さまざまな経験の影響が指摘されている。とくに感情研究に関して言えば、ロンドン動物園でオランウータンを観察したことが、ひとつの契機になった。一八三八年にロンドン動物園で初公開されたオランウータンは、ジェニーと名付けられ瞬く間に人気者となり、多数の見物客を集めた。[5] ジェニーを観察したダーウィンは、妹のスーザンにあてて次のように書いている。

元気一杯のオランウータンを見ました。飼育係が彼女にリンゴをあげる素振りをすると、彼女は仰向けにひっくり返り、まるで聞き分けのない子供のように、足をばたばたさせ、わめきたてました。それから彼女はとても拗ねたように見えました。幾度か突発的な感情の発作が起こりました。そのあと飼育係が「ジェニー、わめくのをやめていい子にしたら、このリンゴをあげよう」と言うと、ジェニーは確かに飼育係の言葉を理解して、うなるのをやめようとし、なんとかそれに成功しました。その様子は、まるで子供のようでした。そして、リンゴをもらうと椅子に飛び乗り、食べ始めました。この上なく満足した表情を浮かべていました。[6]

オランウータンを子供に擬え、その感情の動きを観察することは、ダーウィンの感情研究の出発点である。エマと結婚した翌年、長男ウィリアムが誕生すると、ダーウィンはジェニーとウィリアムの比較観察を始めた。

しかし、一八五九年に出版された『種の起源』において、ダーウィンはヒトの進化を議論することはなかった。それを示唆する意味深な一節、「人の起源とその歴史にやがて光があてられるだろう」という文章が挿入されただけである。[7] これによりダーウィンは、「自然選択説（自然淘汰説）」が当時の社会におよぼす影響を抑制し、当時の誰もが関心を持っていたヒトの進化をめぐる論争から距離を保つことができた。しかし、それは同時に、進化論が自身の意図から離れて解釈されることを容易にしてしまった。その結果、人間は動物よりもはるかに高次の感情と知性を持っており、人間は動物とは違う特別な存在であるという、ダーウィン自身の考えとは正反対の解釈が、世間一般には広まっていった。[8]

そのため、ダーウィンはヒトの進化を議論する必要を感じ、一八七一年に『人間の由来と性選択』を発表した。その主旨を一言でまとめると、「ヒトと動物は共通の祖先から進化した」である。[9] ダーウィンはその証拠として、人間にのみ備わると考えられた高度な知性、複雑な感情、道徳心は、ヒトと動物の共通の祖先に「由来」することを示そうとした。そのなかに、感情表現をテーマとする章を設けようと考えたが、途中でそれがひとつの章に収まらないことが分かり、一冊の本として別にまとめることにした。[10] これが翌年出版された、『人間と動物の感情表現』（以下、『感情表現』）である。このような経緯から、ヒトの進化を議論した『人間の由来と性選択』に対して、『感情表現』は補足的な史料として扱われる傾向にある。しかし、『感情表現』は『人間の由来と性選択』から切り離されたことで、「感情の進化論」研究という位置付けが明確になり、本章の中心的な考察対象となるのである。

その内容を分析する前に、感情を科学的に解明することの歴史における、『感情表現』の意義を記しておこう。[11]『感情表現』は、一九世紀前半に活躍した比較解剖学者チャールズ・ベルの研究に多くを負っている。ベルは感情を表現する表情筋に着目し、それを司る顔面神経などの働きを解明しようとした先駆的研究者である。一八〇六年に『絵画における表情の解剖学』として出版されたベルの研究は、『表情の解剖学と哲学』として加筆修正された後も版を重ね、神経生理学の古典として長く読まれていた。[12]

ダーウィンは、神経生理学による感情研究の方法論を確立したベルを高く評価する一方、その方法論によって導かれた結論には、重大な問題があると考えた。それは、ベルが自然神学に依拠して研究成果を解釈し、人間は動物とは違う高次の存在であると主張した点である。たとえば、ベルは「造物主は知性を持つあらゆる存在のうちに、造物主へと向けられる感情の基礎を築いた」と説いた。[13]豊かな感情を持つ人間と、そうでない動物との差異は、両者の解剖学的構造に明らかだと主張したのである。

解剖学的研究により、動物の顔の造作の変化と、人間の顔の表情の変化とでは、その仕組みに大きな違いがあることが分かった。動物に見られるのは表情ではなく、意志の作用か、その動物に必要な本能の作用と呼ぶべきものである。一方、人間には、自然の言語、すなわち表情の変化をよみとることで意思疎通をはかるための特別な器官がある。一部の哺乳類にも表情が見られるが、それを可能とするあらゆる部位は、人間の顔にも備わっている。さらに人間の顔には、表情を作るためだけに存在する特別な筋群がある。[14]

人間の感情と、動物の感情のあいだに本質的な差はないと考えるダーウィンに、このような見解が受け入れられるはずがない。そこで、ダーウィンはベルの「感情の解剖学」を進化論によって読み替えていった。そして、それが恣意的な解釈ではなく、科学的根拠に基づくことを、当時の最新技術である写真を活用したり、国内外の協力者に調査票を配布して観察データを収集したりすることによって示そうとした。最新の解剖学的所見が必要な時は、生理学者の見解を尋ね、それを引用した。これらの方法によって、ダーウィンは感情の意味を自然神学の枠組みから切り離し、科学者ネットワークによって担保される客観的合理性に依拠し、「感情の進化論」を試みた。[15] このような過程を経て、今日、心理学の古典に数えられる『感情表現』が誕生したのである。

二、涕涙と苦痛

『感情表現』は冒頭で、感情と感情表現の関係に関する三つの原理を提示している。この三原理は『感情表現』全体を貫くテーマであり、後述する涕涙と苦痛の問題とも関連するため、まずそれを順番に説明しておこう。

第一原理は、なぜ特定の感情が特定の表情と関連付けられるのかを説明するものである。ある表情が作られるのは、それが生存に有利に働くからである。しかし、それが子へと繰り返し受け継がれていく過程で、その表情がもたらす優位性が消失したあとも、習慣化された筋肉の動きにより、最初に関連付けられた表情が再現される。猟犬のポインターとセッターの生得的な動作や、人間の身振り手振りが、この「習慣的関連性の原理」の例として挙げられる。第二原理は、「喜び」と「悲しみ」のように、正反対の感情は対極的な動作によって表情されるという「対極性の原理」である。分かりやすい事例は、犬猫が飼い主に甘える時の動作と、敵意を表す時の動作である。最初に攻撃本能による敵意の表情が得られ、やがて集団生活において協調性が求められるようになった時、敵意の表情と対極的な表情が、親愛の表情として機能するようになったという。そして、第三原理は、表情を作る筋肉の動きは、意志の力がおよばない神経系によって司られるという「不随意性の原理」である。「神経力」と呼ばれる流動体が何らかの原因により過剰になると、それが神経を伝達することによって筋肉を動かし、特定の動作を引き起こすと説明される。[16]心痛によって人が目を見開いたり、大声を上げたりするのは、そうした動作によって顔面や呼吸器に流入した過剰な「神経力」を解放するからだと、ダーウィンは考えた。[17]

「涕涙」はダーウィンにこの三原理を整理し、感情とは何かを考察する手がかりを与えた。[18]第一原理との関連では、涙を流すことは常に有益な行為であるとはかぎらないが、それを進化の観点からどのように説明することができるのか。第二原理との関連では、歓喜と悲嘆のような対極的な感情が同じ涕涙を促すのはなぜか。そして、第三原理との関連では、涕涙を神経生理学的現象として、喩えるなら脳が傷を負った結果として、説明することは可能だろうか。ダーウィンはこれらの疑問を、感情研究のノート

序章
第 1 章　感情表現の一般原理
第 2 章　感情表現の一般原理（続）
第 3 章　感情表現の一般原理（結）
第 4 章　動物の感情表現の方法
第 5 章　動物特有の感情表現
第 6 章　人間特有の感情表現――苦痛と涕涙
第 7 章　憂鬱・不安・悲嘆・落胆・絶望
第 8 章　喜び・元気・愛情・優しさ・献身
第 9 章　内省・瞑想・短気・不機嫌・決心
第 10 章　憎しみと怒り
第 11 章　侮蔑・軽蔑・嫌悪・罪の自覚・自負など・無力感・忍耐・肯定・否定
第 12 章　驚き・驚愕・恐れ・慄き
第 13 章　自己注意・恥・内気・謙虚・赤面
第 14 章　結論と要旨

図 1　ダーウィン『人間と動物の感情表現』の構成

をつけ始めた頃から抱いていた。残された断片的なメモからは、「涕涙」の解明が感情を理解する鍵になると、ダーウィンが予感していたことが分かる。

> 涙を絞り出して、止めて、また絞り出して。繰り返すことによって随意筋に対する精神の力は増すのだから。これらの突発的な行為に対する精神の力（薄弱な人々や突発的な行為に出てしまう狂乱した人々を除いては）。しかし、涙腺は自発的な意志によって動かされるのではない（多少はそうかもしれないが）。それゆえ、関連性の原理によって、涙が流れ出てくるのだ。筋肉の一部にかすかに皺がよる。あるいは痙攣か。しかし、どうして喜びや他の感情によって大人が泣くのだろうか。感情とは何だろう。[19]

『感情表現』の議論構成においても、涕涙は重要な位置を占めている（図1）。第一章から第三章で感情表現の三法則が説明されたあと、第四章、第五章で動物の感情表現が検証され、第六章「人間特有の感情表現——苦痛と涕涙」へと進む。この章の目的は、ベルが極めて人間的な感情表現と見なした涕涙が、動物にも観察される事実とその理由を解き明かし、なぜ人は涙を流すのかという根本的な疑問に答えることである。そして、第七章以降は、人間のさまざまな感情が七つのカテゴリーに分類され、それぞれ順番に検討される。したがって、『感情表現』は理論を解説する第一部、動物の感情表現を論じる第二部、人間の感情表現を論じる第三部に分けられる。涕涙を扱う第六章は、第二部と第三部との結節点として、同書の主張を支える要の部分にあたる。

その第六章を読み進めていくと、なぜダーウィンが本章の冒頭で引用したように、「眼輪筋」と呼ばれる、眼の周囲の筋肉に着目したのかが分かる。ダーウィンは医師の協力を得て、幼児の顔面筋の収縮を詳細に観察していた。[20] その過程で偶然、新生児は大声を上げて泣き叫んでも、涙を流さないことを発見した。ダーウィンはこの事実から、涙腺が機能するには、繰り返し使用され、涕涙に至る一連の動作が習慣化される必要があると推測した。涕涙は人類がヒト属と霊長類の共通の祖先から分岐したあとに獲得された習性であるため、その習性を機能させるには、生後直ちに涙腺を使い始める必要があると考えたのである。もちろん、ダーウィンは成人男性が人前で涙を流さないことを指摘し、人間は意思の力で涕涙をある程度コントロールできることも認めている。その時は、眼輪筋の収縮によって涙腺が刺激されないように、眉を上げ、口角を引く表情が作られるとダーウィンは説明する。この頃、「口を引き結ぶ（stiff upper lip）」と呼ばれるようになった感情抑制の表情である。[21]

そもそも、眼輪筋の収縮が涙腺を刺激することを発見したのはベルだった（図2）。ベルは感情の高ぶ

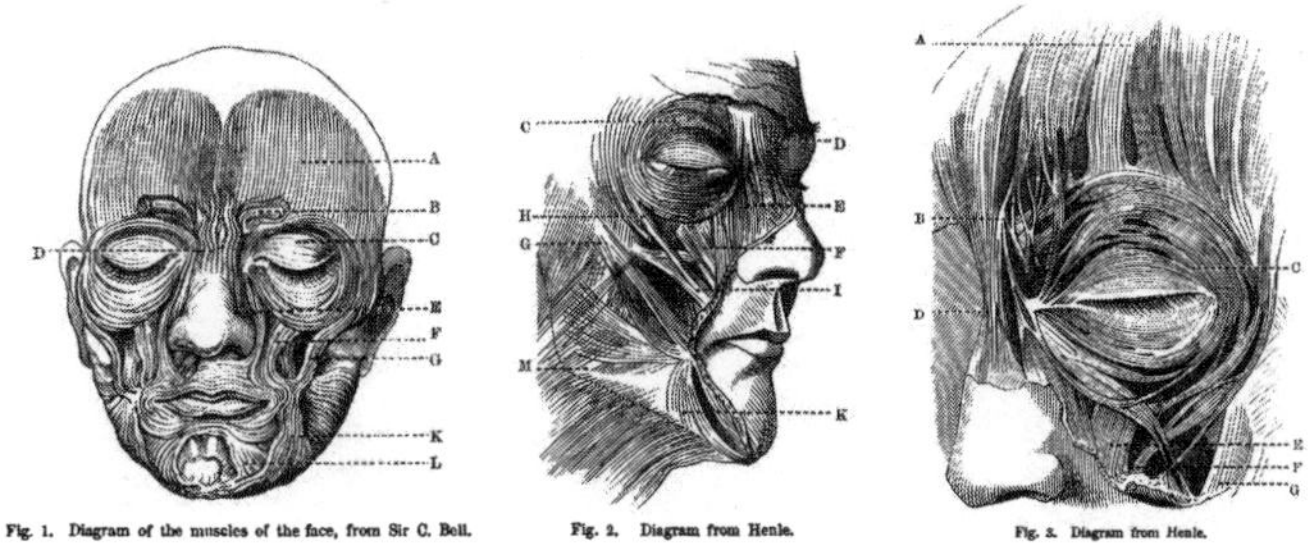

図2 『表情の解剖学』より。人間の表情筋を図解したもの。Cが「眼輪筋」を示している。

りによって、呼吸器系が突発的な激しい動作を迫られると、眼球が眼輪筋の筋繊維によって強く圧迫されることを発見した。[22] たとえば、息を力強く吐き出すと、血液は血管を膨張させるだけでなく、毛細血管を逆流する。もし、そこで眼球に適切な圧力が加わらなければ、眼球の繊細な組織が修復不能な傷を負ってしまうと推測したのである。ベルはそれを証明するため、激しく泣きわめく子供の眼をあえて開いたままにし、結膜が急激に充血した結果、瞼がめくれてしまうことを確認した。ダーウィンは、この仮説が正しいことをサウサンプトンの眼科医ボウマンと、ボウマンに紹介されたユトレヒトの眼科医ドンデルスに確認した上で、自説に取り込んだ。[23]

こうしてダーウィンは、涕涙を次のような生理学的現象として説明した。呼吸器系の突発的な動作が、眼球保護を目的とした眼輪筋の収縮をもたらす。それが涙腺を刺激し、涙が流れる。その起源は、陸上生物の誕生に求められる。陸上生物は眼の異物を取り除くのが困難なため、涙腺が刺激されると、涙が流れるようになった。涙には鼻腔を湿らせ、嗅覚を鋭くするという利点がある。そのため涕涙へと至る動作が習慣化され、多少の刺激でも涙腺が刺激されると涙が出るようになった。こうして、感情表現の第一原理、すなわち「習慣的関連性の原理」により、必ずしも涙を流すことに利点がない場合でも、眼の周りに衝撃を受けたり、寒風が目に入ったりすると、涙が流れるようになったのである。こうした刺激により涙が出るのは、顔の感覚を司る三叉神経《さんさ》への刺激が涙腺に伝わりやすいからである。[24]

このように読み進めてくると、なぜダーウィンがゾウの涕涙に拘泥したのか分かる。涕涙という現象において、ヒトは少なくとも一部の動物と変わらないことを例証するためである。

果たしてゾウは涙を流したのだろうか。ダーウィンはロンドン動物園においてゾウの涕涙を確認する一方、スウェイツから期待を裏切る報告を受け取った。現地でゾウを観察した国教会牧師のグレニーによると、捕縛されたゾウに激しい雄叫びを上げさせたが、「眼輪筋」の収縮も涕涙もまったく観察されなかったというのである。グレニーが話をきいた遊猟家や現地の人々の返答も、一様に否定的だったという。[25]この返答を読んだダーウィンは驚愕した。依頼された観察者は、眼輪筋の収縮が微細であるため見過ごしてしまったと推し量るほかなかった。[26]しかし、矛盾をきたす証拠をそのまま『感情表現』に採用することはできない。そこで、ダーウィンは、次のような脚註をつけて辻褄を合わせようとした。グレニーが見たゾウは捕縛されたばかりで興奮状態にあり、目の前にいる者を必死に観察しようとし、視界を維持するために顔輪筋を収縮させることがなかったと。一方、テナントが観察したゾウはすでに消耗し、抵抗を諦めていたため、眼輪筋の収縮が妨げられることがなかったと補足した。さらには、ロンドン動物園で飼育係が雄叫びを上げさせたゾウも、人に慣れていたので、必死になって視界を維持しようとはしなかったと説明した[27]。
ダーウィンがこのような推論を重ねたのは、ベルと同じ神経生理学の観点から涕涙を検証しつつ、涕涙は極めて人間的な感情表現であるというベルの結論を否定するためだった。ダーウィンは、涕涙と特定の感情との結び付きを議論するのではなく、苦痛にせよ、歓喜にせよ、突発的な呼吸器系の動きが涕涙をもたらすことを強調した。したがって、涕涙は呼吸器系の動作に付随した、「副次的」で「無目的」な現象ということになる。

三、隠された苦痛

こうしてダーウィンは、涕涙は必ずしも苦痛という原因によらない現象であるとの結論に達した。しかし、「涕涙と苦痛」を議論した第六章の最終段落では、涕涙を苦痛の表徴とする理解も誤りではないと留保する。

私たちはこの見解に従って涕涙を付随的な結果と見なさなければならない。目の辺りを叩かれた時に涙が流れることは、眩しい日光が網膜を刺激してくしゃみが出ることと一緒である。しかしながら、涕涙をこのように無目的なものととらえることは、涕涙には苦痛を和らげる役割があるという理解の妨げにはならない。さらに言えば、涕涙に伴う興奮が激しければ激しいほど、苦痛を和らげる効果は高まるだろう。痛みに苦しむ時、のたうち回ったり、歯ぎしりをしたり、金切り声を上げたりすると、苦痛が和らぐのと同じ原理によるものである。[28]

この最終段落は、涕涙をすべて神経生理学的現象へと還元するのではなく、涕涙を苦痛の表徴や共感の伝達手段として議論する余地を残した。なぜダーウィンは、涙を流すことそれ自体に意味はないと結論付けながら、涕涙には「苦痛を和らげる効果」があると強調したのだろうか。この議論の意味を考えるためには、『感情表現』の行間に潜む苦痛の所在を明らかにしなければならない。

涙を流すゾウが痛みを感じているのか、『感情表現』は言及していない。しかし、この疑問をダーウィンに抱かせたテナント『セイロン』には、捕縛されるゾウの苦痛が明白である（図3）。ゾウの生け捕りを観察したテナントは、捕縛の光景を次のように描写した。「抑えつけられ動けなくなると、ゾウの哀しみは最も痛ましいものになった。激しく動くのを止め、地面にひれ伏し、息が止まったかのようなうめき声を上げげた。その頬を涙がつたった」。[29] これが事実かを確かめるために、ダーウィンはセイロンのスウェイツに手紙を送ったのである。『感情表現』では、動物園の飼育係が「ゾウにラッパ音を上げさせることができる」とのみ書かれ、ゾウへの暴力や、ゾウの「苦しみ」、「怒り」、「諦め」は取り上げられていない。しかし、テナントの文章を参照すれば、動物園での「実験」がゾウの苦痛を伴うことは容易に想像できただろう。

図 3 『セイロン』よりゾウの捕縛の光景。同書は全 2 巻 10 部構成の大著である。ゾウをテーマとする第 8 部は、現地でのゾウの捕縛や馴致の方法を詳細に記述している。

ゾウの事例は、感情研究が必然的前提とする苦痛の一例にすぎない。なぜなら、「感情の科学」の基幹部分は、動物の生体解剖に基づく神経生理学が支えていたからである。『感情表現』の理論は、ベルだけでなく、ベルナール（コレージュ・ド・フランス）、ウィルヒョー（ボン大学）など、国内外の生理学者による研究成果を基に組み立てられた。たとえば、表情筋や涙腺に関与する顔面神経と三叉神経の働きを解明したベルは、ロバやサルを実験動物としていた。そのベルの発見は、顔面神経の網膜部が切断され、頬筋や口唇といった関連する筋肉の動きが消失しても、知覚機能は損なわれないという事実だった。それは、「運動神経と交感神経は別個に存在し、脳と脊髄のそれぞれの部位は、それぞれ特有の異なる役割を担う」ことを意味し、そこから「ベル＝マジャンディの法則」が導かれたのである。[30]

感覚を司る交感神経が共感性の法則により表情を生み出すと考えてきた当時の人々にとって、それとは別の神経が存在し、その働きによって感情が表現されるというのは、驚くべき「事実」だった。この発見は感情が個性を表現する能力と見なされるようになる過渡期、そして、身体における感情のありかが、心臓ではなく脳にあると考えられるようになる転換期に位置付けられる。[31]

この法則が、「ベル＝マジャンディの法則」と呼ばれるのは、同じ頃、フランス人生理学者のフランソワ・マジャンディが同様の事実を発見したからである。生体実験を科学的真理に到達するための手段と考え、必要最低限の実験しか行おうとしなかったベルに対し、マジャンディは動物実験を科学的事実の発見・確立・再現に不可欠の行為だととらえ、実験医学の基礎を築いた。[32] そのマジャンディに師事し、生理学研究の権威となったベルナール（図4）は、『実験医学序説』の中で理想の科学者像を次のように語る。

生理学者は流行の徒ではない。科学の徒である。己が遂行する科学的思考に没頭する。したがって、生理学者の耳に動物の悲鳴は入らない。流血が目にとまることもない。生理学者はただ己の思考に従い、解明すべき問題を覆い隠す器官のみを認識するのである。[33]

ダーウィンは、解剖学者・生理学者の研究成果なくして、「感情の科学」が成立しないことを十分理解していた。しかし、それはダーウィンが動物の痛みに無関心だったことを意味するのではない。むしろ、ダーウィンは地元ケント州において、治安判事として動物虐待の摘発に精力的に取り組んでおり、家畜を使役する近隣

図4　クロード・ベルナールとその弟子たち。レオン＝オーギュスタン・レルミットによる作品。ウサギの生体解剖の様子を描いている。

の人々から恐れられていた。さらに、害獣駆除用のくくり罠を人道的なものへと改良するため、妻とともに地元紙に訴えたり、パンフレットを配布したりする啓蒙活動を行っていた。[34]

さらに愛犬家のダーウィンは、犬にも複雑な感情や道徳心があると信じていた。たとえば、『人間の由来と性選択』(以下、『人間の由来』)では、「犬には愛情や共感以外にも、社会的本能と結びついた特徴がある」と記している。やがて生体解剖の是非をめぐり、袂を別つことになるフランシス・パワー・コブとは、愛犬家として友誼を深めた時期もあった。『感情表現』出版に際し、ダーウィンは近親者やフッカー、ライエル、ハクスリーといった親しい科学者や国内外の研究協力者など一〇〇名近くに献本したが、そこにはコブも含まれていた。そして、コブから賛辞の手紙をもらうと、コブが『クォータリ・レヴュー』に寄稿した「犬の意識について」という論考への感想を返した。ダーウィンは、犬も自殺をするというコブの主張には疑念を示す一方、『人間の由来』を出版してから、以前にもまして犬には良心と呼び得るものがあると信じるようになりました」と述べ、犬には道徳的感情があるという論考の主旨に賛同している。その根拠として、ダーウィンは自分の飼犬の例を挙げた。「高貴な犬は過ちを犯した時、それが露見していなくても、飼主に会うのを恐れているというより、過ちをはっきりと恥じている(この言葉が最も自然で、よく使われる言葉です)ように見えます。そのような時、愛しいポリーは一生懸命私に甘えてきます」。ダーウィンは、このポリーの仕草が自分の幼少期の父親への態度とよく似ていると回顧し、社会的動物である犬の感情を人間に擬え探求する意義を認めている。[35]

それでは、ダーウィンは犬が動物実験に用いられている事実と、どのように向き合ったのだろうか。

『人間の由来』には次のような印象的な一節がある。

死の苦しみの中で犬は飼主に寄り添うという。よく知られているように、生体解剖の苦しみの中、犬は実験者の手をやさしく舐めるのである。知識の増進を理由にその実験が完全に正当化されるのでなければ、石のような心の持ち主でないかぎり、実験者は己の死の間際まで悔やみ続けるに違いない。[36]

実験体の犬が解剖者に寄り添うという逸話は、フランスの科学者ラトゥールがマジャンディを批判する際に紹介したものである。動物実験の再現性を重視するマジャンディは、執拗に生体解剖を繰り返していると一部から非難されていた。そのマジャンディの逸話は、イギリスの医学専門誌にも紹介されたことで、フランス人生理学者の残酷性を表す生々しい証言として、次のように頻繁に引用されたのである。

かわいそうな犬のことが忘れられない。マジャンディは、ベルの説の真の発見者が自分であることを実演して証明するために、犬の脊髄の神経根をむき出しにした。すでに動けずに血を流していた犬は、容赦のないメスから二度逃れると、マジャンディの首に前足を回しかけ、彼の顔を舐めた。あたかも殺人者の心を柔らげ、慈悲を乞うかのようだった。生体解剖者は笑うかもしれないが、私はその悲痛な光景にたえることができなかった。[37]

先に引用した『人間の由来』の一文を書いた時、ダーウィンが思い浮かべたのは、この光景だっただろう。ダーウィンはこのような冷酷な生理学者は、少なくともイギリスでは例外的な存在だと信じようとした。つまり、マジャンディのような「石のような心の持ち主」をアンチテーゼとすることで、新たな知識の獲得という目的以外のために生体解剖が行われることはないという原則を提示したのである。それは、実験者が「死の間際まで悔やみ続ける」ような自責の念に捕らわれることを恐れ続けることで、ようやく実現が可能になる原則である。なぜ、ダーウィンがこのような原則を信じようとしたのかは、愛犬家としてのダーウィンと、生体解剖の研究成果を享受してきたダーウィンとのあいだの妥協点を探るという方法では、表層的にしか理解できない。ダーウィン自身の自責の念を、その原体験へと遡り、解き明かす必要がある。

四、眠れぬ夜の苦しみ

「悔やみ続ける」という感情表現は、『ビーグル号航海記』第二版（一八四五年）に記載された、ある経験を想起させる。航海の途中で寄港したブラジルでの出来事を、ダーウィンは次のように回顧している。

今になっても、遠くから悲鳴が聞こえてくると、ペルナンブコの近くの家で通りすがりに聞いたこの上なく哀れなうめき声を鮮明に思い出し、心が痛む。ある不幸な奴隷が拷問にかけられていたはずなのに、私は子供のように無力で、いさめることさえできなかった。[38]

ダーウィンの死後、三男フランシスが編纂した『ダーウィンの生涯と書簡』によると、このうめき声の記憶が、長いあいだダーウィンを苦しめたという。「とくに夜になると、ブラジルで聞いた叫び声など、さまざまな音が記憶として蘇り、ダーウィンを苦しめた。奴隷が拷問されているはずなのに何もすることができなかったからである。苦しみは何年ものあいだ続いた」と、そこには記されている。鞭打たれる馬車馬など、苦痛に見舞われる動物の悲鳴が、記憶に残された奴隷のうめき声と共鳴し、ダーウィンを動物虐待摘発に駆り立てたのである。動物虐待防止に向けられた情熱は、近隣の御者がダーウィンを恐れ、乗客に急かされても鞭を使わなかったという逸話が残るほどだった。[39]

動物を奴隷に喩え、奴隷を動物に喩えるレトリックは、しばしば奴隷制廃止運動や動物虐待防止運動の中で用いられた。しかし、ダーウィンにとって、それは単なる戦略的なレトリックではなく、観察を考察に、考察を行動に転換させる契機となった。たとえば、研究ノートには次のような思索の断片が書き留められている。「私たちの奴隷にしてしまった動物を、私たちは同等に考えようとしない。奴隷所有者も、黒人を異なるものだと思いたがってはいないだろうか。愛情もあれば、学習能力も、死への恐怖も、痛みも、死を悼む心も、人を敬う心もある動物とでも」[40]。『ビーグル号航海記』第二版では、家父長主義的な奴隷制擁護の議論を次のように批判している。「私利私欲があればこそ、虐待が行き過ぎることはないという主張がある。私利私欲によって家畜は大事にされる。奴隷もまた然り。そう言いたいのだろうが、野蛮な主人の怒りを買うのは、家畜よりも、貶められた奴隷である可能性の方がはるかに高いのだ[41]」。

ダーウィンの伝記的研究に長年取り組んできたデズモンドとムーアは、この内に秘められた人道主義の情熱に着目し、それが進化論の生成を導いたと主張している[42]。その主張は、主に情況証拠と推論に基づいているため、全面的に肯定することは難しい。ただし、奴隷制度への強い嫌悪感を示した史料は一定量残っている。これを掘り下げて分析することで、ダーウィンがそうした感情をどのような言葉や行動で表現し、他者に訴えたのかを解明することはできる。そこからは、奴隷制度や動物虐待のことになると、感情の爆発に突き動かされるダーウィンの言動が見えてくる。

たとえば、敬愛する地質学者ライエルが、一八四五年に『北米旅行記』を発表した時のことである。ライエルはアメリカで奴隷制度が存続することに一定の理解を示したため、それを読んだダーウィンは、ライエルに手紙を送り、「心を掻き乱された」と非難した。苛立ちを隠すことのできないダーウィンは、「あなたにとって私の意見は、この手紙の灰ほどの価値もないでしょう。私は寝就くことができず、心休まらぬ夜を過ごしたということを除いては、もう何も記しません」と一方的に捲し立てた。その一方で、非常に情熱のこもった奴隷制批判を、出版間際の『ビーグル号航海記』第二版に挿入した。先に引用したペルナンブコ近郊での出来事も含め、ダーウィン自身がブラジルで見聞きした奴隷虐待の様子を感傷的に描写したのである。それは、同書の研究日誌としての性格から、明らかに逸脱した文章だった。実際にダーウィン自身、その後、「感情の爆発にまかせて書いてしまった」とライエルに認めている。[43]

もうひとつ、奴隷制度をめぐりダーウィンが激昂した事例を挙げよう。一八六五年、ジャマイカのモラント・ベイで発生した黒人蜂起の鎮圧の際に、解放奴隷である多数の黒人が処刑された時、ダーウィンはジャマイカ総督エアの責任を追及する「ジャマイカ委員会」を支持した。[44] しかし、親友の植物学者フッカーは、エアを裁くことに否定的な立場だった。ダーウィンがフッカーに「ジャマイカ委員会に寄付したところだと言ったら、君は悲鳴を上げるかもしれないね」と手紙で知らせると、フッカーは「論理的に考えれば君は正しい」と返信し、怒りにまかせてエアを裁けば事態は悪化するだけだと、言葉を選びながら慎重に忠告した。フッカーの目には、エアの処罰に固執するダーウィンの危うさが映ったのである。

こう付け加えれば、私が君と同じ気持ちであると、あるいは君以上に憤っていると、分かってもらえるでしょうか。遊猟で動物の命を奪えば、道徳上の罪を犯した犯罪者ということになります。怒りや復讐のために(黒人であれ白人であれ)人の命を奪うことも同様です。遊猟でキジの命を奪うことと、論理的に何ら違いはありません。[45]

フッカーが危惧した通り、ダーウィンは心身のバランスを崩していた。ある晩、サウサンプトンから実家に帰省した長男ウィリアムが、父親にジャマイカ委員会を揶揄する冗談を言った。それは、委員会への寄付金が委員の遊興費に化けるという軽口だったが、それを聞いたダーウィンは烈火のごとく怒り、ウィリアムにサウサンプトンの自宅へ帰るよう叱り飛ばした。サウサンプトンでエアの帰航を祝う凱旋パーティが開催されていたことも、ダーウィンの怒りを掻き立てたのだろう。結局、ウィリアムはその晩、実家に泊まった。すると翌朝早く、ダーウィンはウィリアムを寝室に訪ね、怒りをぶつけたことを悔い、あまり眠ることができなかったと告白した。[46] そして、和解の言葉を投げかけ自室に戻っていった。

このようにダーウィンは、ブラジルで経験した無力感と悔恨を、ライエル『北米旅行記』の出版、ジャマイカ事件勃発、そして自身の手による動物虐待摘発などの際に、幾度となく経験しており、それは、しばしば「眠れぬ夜の苦しみ」というかたちをとった。その苦しみは、ぐっすりと眠ることができた時の多幸感との対比からも、推し量ることができる。一八五八年、『種の起源』執筆の最終段階にありながら、ダーウィンは健康を害して水治療養にかかっていた。[47] 天気に恵まれたある日、散歩に出たダーウィンは木立の中を歩き続け、とうとう芝生に横たわり、気が付けば眠っていた。帰宅後、そのことを妻のエマに宛てた手紙で嬉しそうに報告している。「目をさますと私の周りで鳥が囀り、リスが木の幹を駆け上がっていきます。キツツキは陽気な音を鳴り響かせています。こんなに素敵な田園風景には、今まで出会ったことがありません。鳥や獣がそれぞれどうしてそのような姿になったのかなど、まったく気になりませんでした」[48]。牧歌的風景の中に動物の楽園が広がり、『種の起源』最終章の有名な一節を想起させる。[49] 鳥の囀りやキツツキの陽気な音は、ダーウィンの記憶と想像の中にある実験動物のうめき声や奴隷の叫び声とは対照的である。

もちろん、ダーウィンに「眠れぬ夜の苦しみ」をもたらしたのは、ブラジルでの原体験や、奴隷制撤廃、動物虐待撲滅への情熱だけではないだろう。実際にダーウィンの慢性的な健康不良を示す史料は、多数残されている。そうした史料から病状を推定し、ダーウィンは広場恐怖症や神経症、あるいはメニエール病やシャーガス病（サシガメという昆虫を媒介とし、中南米で発生する人獣共通の感染症）だったと診断する研究もある。[50] しかし、ここで重要なのは、ダーウィンの「眠れぬ夜の苦しみ」の原因や程度を、現代医学の観点から究明することではなく、ダーウィン自身がそこに重ね合わせた三つの苦痛の意味を考えることである。

つまり、「眠れぬ夜の苦しみ」とは、ダーウィンが奴隷や動物という他者が被った暴力を想像し、受け止めた苦しみであり、それが不眠症というかたちで繰り返し経験された苦しみである。さらに、その苦しみを他者に訴えることは、相手に対する怒りや抗議の感情表現となり、その際、とくにライエルのような親しい相手との交渉では、自身を奴隷や動物と同じ苦痛にある被害者と位置付け、相手を潜在的な加害者の立場に置くことで、反論を封じ込めることが可能になる。このように受信、追体験、発信という三つの観点からとらえると、「眠れぬ夜の苦しみ」は、客観的症状としての「不眠症」とは異なることが分かる。苦しいと積極的に表現することは、奴隷や動物への被暴力を自らの身体をもって領有することであり、それによって自身の行動を動機付け、他者の感情に働きかける行為だったのである。

ここまで「眠れぬ夜の苦しみ」を議論してきたのは、ダーウィンの医学的身体を社会的文脈から切断して抽出するためではなく、逆にそれを含んだままのダーウィンを、当時の歴史的情況に据え置くためである。そうすることで、なぜ、それまで主義主張を掲げて公の場に登場することを頑なに避けてきたダーウィンが、生体解剖論争に限っては、政策議論の表舞台に立つことを厭わなかったのかが、初めて理解できるのである。

五、生体解剖論争

ダーウィンは、ロンドンの喧騒と科学界の論争を避け、静かで満たされた田園の暮らしを欲するカントリー・ジェントルマンだった。進化論の骨子となる自然選択説を早くから構想しながら、ダーウィンがそれを公表するまでかなりの時間を要したのは、反進化論者からの批判を警戒したことや、他の研究を優先させたことが理由だと考えられている。[51] 結局、まだ無名の自然誌研究者《ナチュラリスト》だったアルフレッド・ウォレスが自然選択説に辿りついたために、友人のライエルとフッカーのお膳立てで、一八五八年七月、リンネ協会においてダーウィンはウォレスとの共同名義で自然選択説を発表した。しかし、数日前に幼子を亡くしたダーウィンは出席できず、論文はライエルとフッカーが代読した。

進化論の社会的受容を物語る逸話として語り継がれてきたオクスフォード論争の場にも、ダーウィンはいない。『種の起源』が出版された翌年の一八六〇年、オクスフォードで開催された英国科学振興協会の会場で、ダーウィン進化論を支持するトマス・ハクスリーと、それに反対するオクスフォード主教ウィルバフォースとのあいだで討論が交わされた。もちろん、ダーウィンは自分を支持するハクスリーを擁護する立場にあったが、この時ダーウィンはサリー州で再び水治療養を受けていたのである。ハクスリーは「ダーウィンのブルドッグ」を自称した。この呼称は、科学界におけるハクスリーの立ち位置だけでなく、その「飼い主」であるダーウィンの立ち位置も示唆している。ジェントルマンという社会的出自を持つダーウィンとは異なり、零落中流階級の家庭に生まれ、経済的困窮を経験したハクスリーは、進化論の喧伝者となって戦うことで、科学界の世俗化と世代交代を図り、自身の地位と評価を確立する必要があった。一方、ジェントルマン科学者であるダーウィンは「飼い犬」が戦ってくれるのだから、自ら矢面に立ち、積み上げてきた名声を危険にさらす必要はなかった。進化論を声高に唱え、反対者に吠えかかるのはハクスリーの役目だったのである。

生体解剖論争は、そのダーウィンが公の場に姿を現し、規制法案をめぐる討論に積極的に参加した例外的なケースである。ダーウィンの生体解剖論争への関与を考察する前に、この生体解剖論争について先行研究に基づき整理しておこう。

生体解剖論争とは、医科学の研究教育活動における動物実験の是非を問う論争のことである。論争は一八七〇年代に盛り上がりをみせ、議会での討論を経て、政府が解決に乗り出すことになった。「科学的目的による動物生体実験に関する王立委員会」（以下、「生体解剖に関する王立委員会」）が一八七五年に設置され、翌年、動物実験を規制する動物虐待防止法が制定された。[52] 生体解剖を非難する声は、これ以前から存在した。それがこの時期に世論を喚起し、新たな法律の制定を促した背景として、次の三つの情況が挙げられる。

第一に、生理学研究の発展である。生理学は、身体の諸器官の静態的な構造を理解するだけでなく、それらの機能を分析し、生命現象を解明することを目指す。そのためには動物の生体実験と解剖が欠かせなかった。その生理学が、一九世紀中頃から医科学の研究教育の中に組み込まれつつ、ひとつのディシプリンとして確立していったのである。[53] それを推進したのは、マイケル・フォスターとジョン・スコット・バードン・サンダーソンのふたりである。フォスターは、ユニヴァーシティ・カレッジ・ロンドン（ロンドン大学）とケンブリッジ大学で実験生理学を教え、教育者および生物学界の指導者として活躍した。一八七〇年、ケンブリッジ大学に移ったフォスターの後任としてユニヴァーシティ・カレッジ・ロンドンに採用されたバードン・サンダーソンは、パリでベルナールの講義に参加したことがあり、フランスやドイツと比較して遅れていると言われた実験生理学の立ち上げに尽力した。このような研究者の養成と組織化の過程で、生理学の専門書が相次いで出版された。とくに、サンダーソン『生理学実験の手引き』（一八七三年）は医学教育現場にて幅広く活用された。これらの教育書は、動物実験の詳細な手順を公にしたため、動物実験は残虐であるという批判を高めることになったのである。

第二に、麻酔薬の普及である。本書第Ⅰ章で論じられたように、アヘンなどの鎮痛薬は一八世紀から用いられていたが、一八五三年にヴィクトリア女王が「無痛分娩」を試みたことで、クロロホルムやエーテルといった新しい麻酔薬が社会に認知されるようになった。[54] このような変化を受けて、英国科学振興協会は、一八七一年、動物実験時の麻酔使用を推奨するガイドラインを制定した[55]。しかし、これは強制力を伴う義務ではなく努力目標であり、非公開実験の場合には、ガイドラインが遵守されているか確認する手段はなかった。さらに、麻酔薬の導入が逆に動物虐待を助長すると批判されるようになった。麻酔薬の目的は、動物の苦痛を回避することではなく、動物の抵抗を排除し、効率よく実験するためにあると想定されたからである[56]。こうした議論は、実験者個人の人間性を問うだけではなく、麻酔薬に象徴される医科学の発展が、文明社会の道徳《モラリティ》におよぼす影響を問うものだった。つまり、麻酔薬が麻痺させ、破壊するのは、まさに人間の良心ではないかという問いである。こうして生体解剖論争は、科学技術と文明社会の関係という、より大きな問題群の中に位置付けられ、さまざまな人々が、それぞれの立場から論争に参加するよう促したのだった。

そして第三に、動物処遇の問題を議会が議論し、法律を制定するという政治的経験の蓄積である。イギリスは欧米諸国の中では最も早く、一八二二年に動物虐待防止法を制定している。最初は家畜が保護の対象だったが、法改正を重ね、経済動物が包括的に保護されるようになった[57]。それを可能にしたのは、反奴隷制運動の流れをくむ活動家たちの議会戦術や、動物虐待防止協会による院外活動と啓蒙活動だった。ただし、ここで注意が必要なのは、これらの先行法は、虐待という「行為」の反道徳性・反秩序性を根拠に、それを禁止したということである。つまり、家畜を乱暴に扱うという行為が、本人や周囲の人間の道徳心、地域の治安、公衆衛生に与える悪影響などを根拠として、先行法は制定されたのである[58]。対照的に一八七六年の動物虐待防止法は、虐待という行為の悪影響ではなく、動物の苦痛という論点に立脚し、制定された。それにより、動物が受ける「苦痛」が、動物倫理の科学的根拠として確立したのである。このことは、動物福祉の理念を正当化する一方、動物の受苦はそれを上回る公益が見込まれる場合には許容されるという、功利主義的原則の導入をもたらした。動物を使用する研究活動や経済活動を持続的に発展させる枠組みが、作り出されたのである。こうして生体解剖論争は、功利主義的原則に基づく苦痛の評価をめぐる論争へと、展開することになった。

以上のような生体解剖論争の背景を踏まえた上で、この時期のダーウィンの研究と生理学との関係についても言及しておこう。ひとつは、食虫植物の研究から得られた、動物の神経機構を解明する手がかりである。ダーウィンは食虫植物であるハエトリグサが、捕虫の際に二枚貝のような葉（捕虫葉）を素早く閉じる動きを観察し、それが動物における筋肉の収縮と同じ原理に基づいているのではないかと推測した。[59] 前述した通り、『感情表現』はベルの研究に依拠し、表情筋などの筋肉とそれを司る神経系に着目したが、中枢神経から筋肉への指令がどのように伝えられるのかは、当時はまだ分からなかったため、筋肉の収縮を「神経力」という言葉で説明していた。ダーウィンはハエトリグサに、この「神経力」の正体を明かす可能性を見出したのである。そこでバードン・サンダーソンに、ハエトリグサの葉が捕虫の際に電気を発していないか尋ねた。その結果、確かに電位変化が測定されたことで、バードン・サンダーソンは研究を継続し、その後カエルを用いて同様の実験を行った。一連の研究は、動物の神経活動を電気的活動として解明することに寄与し、ハエトリグサの捕虫メカニズムは、高等生物の神経機構を解明する手がかりとして、今日でも研究が続けられている。[60]

実験生理学とダーウィン進化論のもうひとつの接点は、パンジェネシス（パンゲン説）である。「パンジェネシス」とは、ダーウィンが『栽培飼育下にある動植物の変異』（一六八八年）において発表した、形質遺伝に関する仮説である。それは、生物の各器官は自身の特徴を伝える「ジェミュール」という粒子を発し、これが血管や道管を巡り生殖器へと集められることで、両親の形質が子に獲得されるという仮説だった。この仮説に興味を持った統計学者フランシス・ゴルトンが、異なるウサギの血液を混合し、子への影響を調査するという実験を行った。その結果、血液内には「ジェミュール」なる粒子がないことが証明され、パンジェネシスが否定されたことは、ゴルトンがその後「優生学」の提唱者になったこととあわせて、生物学史の有名なエピソードである。[61]

同じ頃、生理学者のジョージ・ローマニーズも、接ぎ木やウサギの耳の移植実験を行おうとしていた。フォスターやバードン・サンダーソンよりもひと回り若いローマニーズは、彼らの下で実験生理学を学び、クラゲにも神経が存在することを証明した。それは、ベル＝マジャンディの法則がおよばない、「散在神経系」と呼ばれる神経機構の発見であり、これによりローマニーズは科学者としての実績を築いた。[62] そして、一八七四年にダーウィンとの交友が始まると、ダーウィンの最も若い友人のひとりとして、「パンジェネシス」を証明しようと考えたのである。一方、ローマニーズの実験に期待を寄せるダーウィンは、ローマニーズに接ぎ木実験の便宜を図るよう、キュー植物園長のフッカーに依頼した。そして、ローマニーズには、ウサギの耳の移植実験は、たとえクロロホルムを用いても難しいので、鶏のトサカの移植実験にしたらどうかと提案している。[63]

このように、生体解剖論争が本格化してくる一八七〇年代前半において、実験生理学はダーウィンに形質遺伝や神経機構に関する最新の知見をもたらした。しかし、ダーウィンは動物実験を無条件に支持したわけではない。前述の通り、ダーウィンは知識の増進を目的とした生体解剖しか認めないという立場を、『人間の由来』で表明していた。おそらく、この一節を読んだ動物学者のランケスターに改めて生体解剖についての見解を求められ、ダーウィンは次のように答えている。

本当に生理学研究のためならば、生体解剖は正当化されます。このことに異存はありません。しかし、卑しくも忌まわしい好奇心を満たすという理由だけで、生体解剖を認めて良いわけがありません。このことについて考えると私は恐怖で取り乱してしまいます。ですから、この話題にこれ以上触れるのはよしましょう。そうしないと、私は今晩、眠れなくなってしまいます。[64]

ここでもダーウィンは、「眠れぬ夜の苦しみ」を持ち出し、生体解剖についてのランケスターとの対話を打ち切っている。

また、友人として自宅を訪れるようになったローマニーズには、妻や娘の前で生体解剖の話題を持ち出さないで欲しいと、手紙で伝えていた。ジェントルマン科学者にとって自宅に友人や同僚を招いて議論を深めることは、一般的なことだった。もちろん、そこはジェンダー化された空間であり、女性の存在や参加は制限されたが、それはそうした男性による科学の討論の場に、女性がアクセスできる潜在的可能性があったからこその暗黙の了解だった。一八七六年に発足した生理学協会が結成式を行ったのは、バードン・サンダーソンの私邸である。その後の会合も、幹事に就任したローマニーズを含む会員の邸宅で行われた。科学的な知識が形成される場は、講義室や実験室だけでなく、こうした科学者の邸宅も含まれたのである。したがって、実験生理学の話題を家庭に持ち込まないで欲しいというダーウィンの要求は、そうしたジェントルマン科学者の行動規範から逸脱した例外的なものだった。ダーウィンは、「女性陣が怖がるため」生体解剖の話を避けて欲しいと、ローマニーズに頼んだ。[65] しかし、その話題を怖がったのは、ダーウィンも同じだったのではないだろうか。

このような生体解剖に関するダーウィンの言動から分かるのは、そこに一貫した整合性を求めても、徒労に終わるということである。つまり、関連史料から論理的に明快な思想、理念、あるいは行動原理を抽出するというアプローチでは、なぜダーウィンが生体解剖論争を解決に導こうとし、積極的に介入したのかを明らかにできない。ダーウィンは科学的知識の獲得のためなら生体解剖は正当化されると言いながらも、それによって「眠れぬ夜の苦しみ」から救われることはなかった。たとえ、そのように正当化しても、実験動物の苦痛が想像され、それを「眠れぬ夜の苦しみ」として経験したからである。ダーウィンは生体解剖の正当性を信じようとすればするほど、それを疑ったのではないだろうか。この自己言及のパラドックスから抜け出すには、正しい生体解剖の実現を目指し、自ら行動するしかなかった。「眠れぬ夜の苦しみ」から逃れるためには、前へ逃げるしかなかったのである。

六、心が麻痺する

従来の生体解剖論争研究は、その全体的な構造を賛成派と反対派との二項対立によって把握し、そのどちらかに軸足を置くことで、論争の背景、経過、意義を考察してきた。したがって、生体解剖論争から見えてくるものは、賛成派と反対派のどちらの視点に立つかで、大きく変化する。反対派の視点からすれば、フランシス・パワー・コブに代表される女性活動家が反対運動に参加したことから、一連の出来事をつうじて、動物の苦痛に共感する女性が政治活動拡大の足場を築いたと理解される。[66]逆に、賛成側からとらえると、反生体解剖論者に対抗する医科学者によって、生理学などの科学の制度化と地位向上が進んだと理解される。[67]ダーウィンの視点から見えてくる生体解剖論争は、そのいずれでもない。[68]生体解剖に対する態度が両極に分かれた情況の下、新たな法律制定を可能とする政治的合意と妥協に焦点があてられることになる。それによってダーウィンが、愛犬家であることと、科学者であることの齟齬に動機付けられて、どのように法律制定に参画したのかが見えてくる。

それでは、具体的にダーウィンの生体解剖論争への関与を見ていこう。発端は、一八七四年の英国医学協会の大会である。公開講演においてフランス人生理学者のマニャンが、イヌにアブサン（リキュールの一種）を投与し、アルコールの血液循環に対する影響を検証しようとした。これが反生体解剖論者の激しい非難を呼び、事態を重く見た王立動物虐待防止協会が介入した。マニャンらは起訴されたものの無罪になった。[69] そこでコブは、動物実験の規制を求める陳情書を作成し、親交のあるダーウィンにも署名を求めた。同じ愛犬家としてダーウィンが支援してくれると期待したのである。しかし、ダーウィンはそれを断り、コブが起草した生体解剖規制法案が貴族院に提出されると、ハクスリーやバードン・サンダーソンと協力し、自由党議員の化学者プレイフェアに依頼して、対案を庶民院に提出した。[70]

コブ案は「生体解剖規制法案」と呼ばれ、ダーウィン案は「科学上の発見を目的とした動物実験における虐待を防止するための法案」と名付けられた。[71] ダーウィンは「生体解剖」という言葉には、一面的な解釈に基づく価値判断が含まれており、正確には「動物実験」という言葉を用いるべきだと考えていた。法案名だけを比較すると、コブ案のほうが厳しい法案だという印象を与えるだろう。しかし、両者の内容を精査してみると、必ずしもそうとは言い切れない。まず、コブ案が掲げたのは、生体解剖の禁止ではなく規制だった。認可された登録施設でのみ実験が許可され、視察官の立ち入り調査が行われるという内容である。ただし、科学の進歩を目的として取得された認可であれば、必ずしも麻酔の使用が義務付けられるわけではなかった。一方、ダーウィン案の柱は、麻酔使用の義務化、有資格者以外による実験禁止、実習教育での実験禁止というものだった。コブ案が視察制度による違法実験の規制を掲げたのに対し、ダーウィン案は科学者の良心にのみ抑止力を求めた。罰則に関しては、罰金のみのコブ案に対し、服役の可能性があるダーウィン案のほうが重い。さらに、科学上の発見を目的とする場合のみ、実験を許可するという点では、ダーウィン案はコブ案より厳しい内容だった。

結局、ダーウィン案は実習教育を禁止したため、教育者のあいだで支持を集めることができなかった。

自分自身が実験生理学者ではないダーウィンは、バードン・サンダーソンとは異なり、研究者養成でも実験技術の習得のために生体解剖が必要であるとは考えなかったのである。一方、コブ案も議会を通過する見通しが立たなかった。そこで、政府が事態打開のために王立委員会設置を決定すると、両案は撤回された。[72]

王立委員会には、それぞれ医科学者と反生体解剖論者の主張を鮮明に代表する、ハクスリーとハットン（評論誌『スペクテイタ』編集長）が参加したが、その他の委員は比較的穏健な立場か、中立の立場をとる者だった。委員長には、王立動物虐待防止協会の副理事長ではあるものの、実務経験が豊かで冷静な政治家として信頼されていたカードウェルが任命された。[73] 委員の選出過程や、公聴会での質疑応答からは、委員会の目的が極論を排して妥協点を探ることだったことが分かる。それは、麻酔を使えば動物は痛みを感じないこと、あるいは感じたとしてもごくわずかであること、動物実験は医科学の進歩のために遂行され、それが人類だけでなく、動物自身にも利益をもたらすことを確認することだった。ダーウィンも公聴会に呼ばれ、次のような質疑応答を行っている。

「大半の実験は、動物がまったく痛みを感じることなく行うことができるというのが、貴殿の見解でしょうか」――「私はそのように信じております。しかし、私は自分が生理学者であると主張するつもりがないことも申し上げなければなりません。私は、この問題について何年ものあいだ、一般的な論文から専門的な論文まで、さまざまな論文を読んできました。それによってある程度、全般的な知識を得ました。しかし、申し上げたように、私を生理学者とは見なさないでください。生理学の教育経験もありません。とはいえ、私の知る限り、動物が感覚を喪失していない状態で実験が行われるケースは、ごくわずかしかありません」[74]

内容という点では、この質疑応答に目新しいものは何もない。複数の公述人が証言してきたことである。委員会がダーウィンを呼んだのは新しい知見を必要としたからではなく、そうした証言にダーウィンが同意したという事実を記録したかったからである。それをダーウィン自身が認識していたことは、本人から話を聞いた妻のエマが、息子レオナルドに向けた手紙の中に記されている。

お父さんは二時に生体解剖委員会に向かいました。カードウェル卿が部屋の入口までやってきてお父さんを迎え入れました。お父さんはまるで公爵のように遇されました。委員会は、ただお父さんに手紙で書いたこと（生理学の主張に対する信頼と人道的処遇の義務のようなことです）を口述して欲しかったのです。お父さんはそれ以外に付け加えることなどありませんでした。そのため、十分ほどで終わりました。カードウェル卿が出口まで付き添い、お父さんに礼を述べました。お父さんの見解に敬意を払い、それを議事録に加えたかったのです。[75]

これらの史料が示唆するのは、生体実験の新しい制度設計にあたり、すでに科学界の重鎮だったダーウィンの「お墨付き」が求められたこと、ダーウィン自身がその役目を自覚して演じたということである。しかし、ダーウィンが自分自身は生理学者ではないと何度も強調したのは、中立的な客観的観察者を装って生体解剖推進派を支援するためではない。ダーウィンは動物の痛みを最大限回避するという原則、科学的発見を目的とする場合に限り生体実験は許されるという原則を堅持していた。ダーウィンが求めたのは、特定の条件下でのみ動物実験を保障する法制度だった。

一年間かけて六五名の公述人から意見を聴取した王立委員会は、動物の苦痛を回避・低減しつつ、生理学研究の発展を促進するための法律が必要だと答申した。[76] それは、おおむねダーウィンの期待に沿うものだった。その後、反生体解剖論者の協力を得て政府が提出した法案に、科学者による修正が重ねられたあと、一八七六年、動物虐待防止法が制定された。[77] 二点を除き、法案の内容はダーウィン案と大きく変わらない。ひとつは、コブが提案した視察制度を導入したこと、もうひとつは、実習教育における生体解剖もそのための認可を別途取得すれば可能としたことである。しかし、この違いはダーウィンを落胆させた。

七六年法の意義は、動物実験の規制と制度化を両立したことにあるのではない。その本当の意義は、動物に対する人道的処遇を求める見解と、動物を研究資源・経済資源として活用することを求める見解との対立軸を、両者の妥協点を模索する過程で、表出させたことにある。その対立軸は、次の倫理的原則を承認するか否かである。それは、動物が苦痛を感じるという認識の下、苦痛の回避・軽減のための麻酔薬の使用を前提とし、苦痛を正当化するだけの利益が見込まれる場合にのみ、生体実験を認めるという原則である。七六年法の条項には、「生命を永らえさせる、あるいは苦痛を軽減するための知識を得ることにおいてのみ」動物実験は認められると明記された。[78]

対立軸が明確になったことで、七六年法制定後の生体解剖論争はむしろ先鋭化したが、ダーウィンは生体解剖の全面的廃止を訴える反対論者とも、反撃を始めた推進論者の科学者とも距離を置いた。この態度は、一八八一年四月一八日、ダーウィンが『タイムズ』紙を通じて公表した見解にも表れている。常に動物に対する人道的処遇を訴え、それが達成されるよう力を尽くしてきたと断りながら、ダーウィンは次のように書いている。

医療の進歩を生理学研究と直接結び付けることができるかどうかは、ご自身の専門分野の歴史を学んでおられる生理学者や医者にしか答えることができません。しかし、私の知るかぎり、生理学研究の恩恵はすでに大きなものになっています。科学が人類に何をもたらしたのかについてよほど無知でないかぎり、生理学研究が人間や下等動物にもたらす計り知れない恩恵に疑いを挟む者など存在しないでしょう。[79]

その年にロンドンで開催された第七回国際医学会では、動物の生体実験を擁護する議論が繰り返された。大会運営を担うローマニーズは、著名な医科学者による動物実験擁護の論文を評論誌『一九世紀』に掲載することを考え、ダーウィンにも執筆を依頼した。[80]『タイムズ』紙上でコブと論争を繰り広げたローマニーズは、ダーウィンから好意的な感想を受け取っていたので、快く引き受けてもらえると期待したのである。しかし、ダーウィンは「いろいろなことを思いついて、あけすけに物を言うことのできるあなたのような方々は、心が麻痺してしまった私のことなど理解できないのでしょう」と述べ、依頼を断った。そして、これ以上、生体解剖論争に関わることはできないとローマニーズに伝えた。[81]

一八七六年法制定後は、動物実験推進派が勢いを得て、生理学・医学研究を拡大していった。一八八〇年代以降、生体解剖をテーマとする小説や風刺画の類が増加し、多様化したのは、進歩を是とする社会の中に生体解剖が組み込まれていったことを逆説的に示していると言えるだろう。[82] ダーウィンは生体解剖の規制法案をまとめ、親交のある科学者や政治家に積極的に働きかけたが、その結果、紆余曲折を経て成立した七六年法は、全面的に支持できる内容ではなかった。それでも生理学研究の発展を支持する立場から、生体解剖の必要性を認めなければならない。しかし、知識の増進以外には認められないことと、すでに研究成果が社会に還元されていること以外に、ダーウィンは生体解剖を正当化する論拠を持ち得なかった。ダーウィンは、『タイムズ』紙で意見を公表した自分は、すでに役目を果たし終え、それ以上のことはできないと考えたのである。[83]「心が麻痺してしまった」という吐露には、実験動物に老境の自分自身を投影した、ダーウィンの諦観が込められていたのかもしれない。

『ローマニーズの生涯と書簡』によれば、それでもダーウィンは、最期まで生理学研究への関心を失わなかった。王立科学院で行われたバードン・サンダーソンのハエトリグサに関する講演に、晩年のダーウィンがローマニーズに付き添われて現れた。それは、かつてダーウィンがインスピレーションを与えた研究テーマである。偉大な科学者の予期せぬ登場を、聴衆は拍手で迎えたという。[84]

一八七六年の動物虐待防止法は、苦痛の回避・低減を動物処遇の人道的理念として定める一方、苦痛を上回る公益が見込まれる場合には、被験者（動物）の苦痛は許容されるという、功利主義的原則を導入した。「痛み」の対価として何が得られるのか、それは「痛み」を正当化できるのかという価値判断が確立されたのである。「痛み」は、「痛み」を経験する者から離れ、集合的現象として、そして計量可能なものとして想像され、「進歩」と対置される「痛み」へと変容したのである。動物が痛みを語りえないことは、痛みがその所有者から離れ、集合的に論じられることを容易にした。それぞれの痛みの経験には、全体へと回収されることを拒む、固有の意味があるという可能性は想定されなかった。[85]

こうして「痛み」は、それを経験する者の視点から語られる「感情としての痛み」と、それを経験する者から切り離された「現象としての痛み」とに分岐した。その兆候は、すでにダーウィンの感情研究に表れていた。苦痛としばしば結び付けられる涕涙は、情念としての涕涙と、無目的で付随的な生理学的現象としての涕涙とに峻別された。ダーウィンは涕涙を現象として説明しながら、感情として解釈する余地を残し、彼の議論は両者のあいだを巡った。『感情表現』の第六章「人間の感情表現――苦痛と涕涙」の最終段落は、ダーウィンが涕涙を生理学的現象へと完全に還元せずに、その手前で踏み止まり、「感情としての痛み」と「現象としての痛み」を総体的に理解しようとした証左である。この点においいてダーウィンは、デカルトの「動物機械論」を再検討し、動物が見せる苦痛の表情は反射による動作であり、実際には苦痛を感じない可能性を指摘したトマス・ハクスリーと対照的である。[86] また、愛犬家であることと、生理学研究に従事することのあいだに何の矛盾も見出さず、ふたつの痛みの領域を自由に往還することができたローマニーズとも、ダーウィンは異なった。[87]

ゾウの涕涙をダーウィンが確認したことには、二重の意味がある。ひとつは、「現象としての涕涙」においてヒトと動物は同一であり、涕涙は人間特有の豊かな感情表現であるという「俗説」を否定した意味である。しかし、それは同時に、動物における「感情としての涕涙」を議論する意味を生み出した。動物もまた人間のように苦痛を表現し、伝達し、受容するのかという研究テーマである。イヌやゾウのような社会的動物の進化において、共感という極めて「人間的」な感情がいかに誕生したのかという問題は、ダーウィンが後進に残した仕事だったのである。[88]

ダーウィンの死後、しばらくしてローマニーズは『動物の知性』（一八八二年）と『動物における精神の進化』（一八八三年）を相次いで出版した。[89] 前者にはダーウィンの研究ノートが活用され、後者には「本能」に関するダーウィンの未発表原稿が収録された。これらの原稿資料は、ローマニーズがダーウィン宅を最後に訪れた時、託されたものだった。[90] そのダーウィンから受け継がれた「感情の進化論」研究において、「共感（sympathy）」はヒトや霊長類だけでなく、イヌやゾウにも存在する「感情」に位置付けられたのである（図5）。

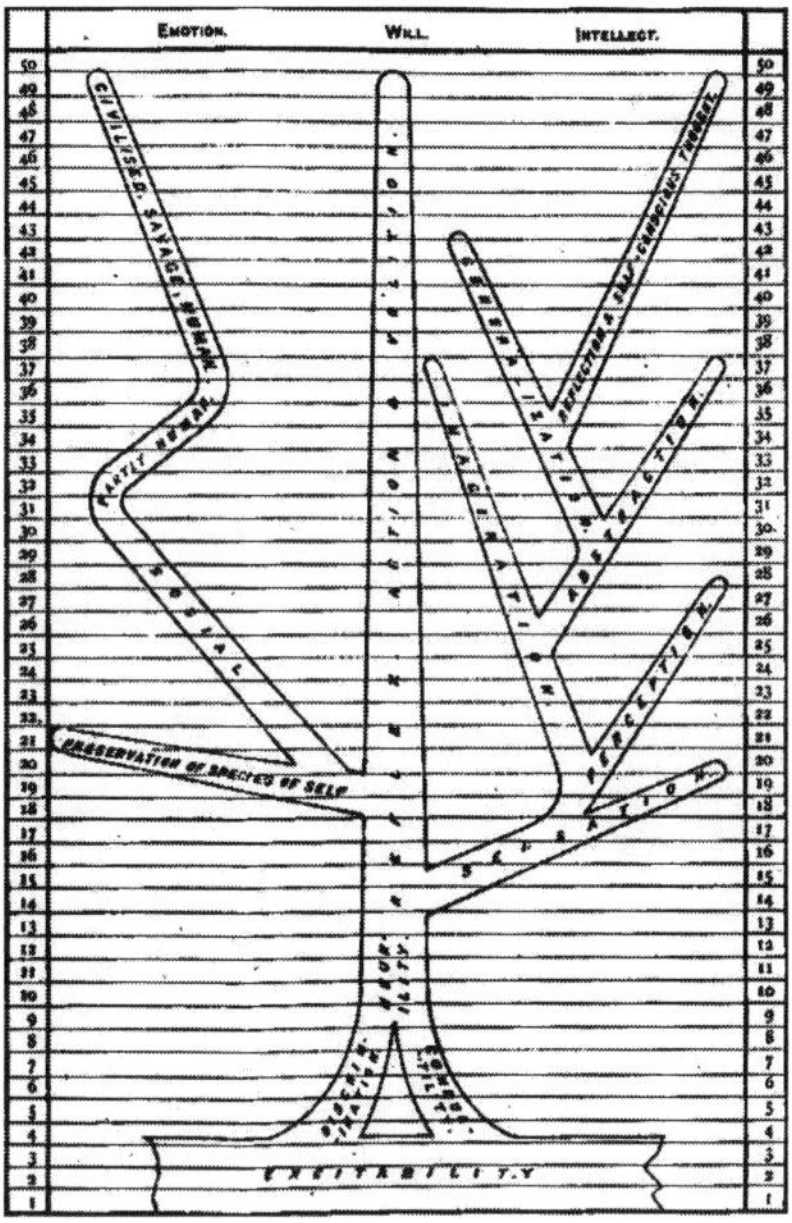

図5　感情の系統樹。ローマニーズ『動物における精神の進化』の折り込み口絵の中央部を拡大したもの。中央の幹が意志の進化を、右側の幹が知性の進化を、そして左側の幹が感情の進化を示す。両端の数字は、進化の階梯を表す。共感（sympathy）は、第24階梯に位置付けられ、社会性昆虫であるハチにも備わるとされた。サルとゾウは、それより上位の第27階梯に置かれ、敵愾心や悲しみ、復讐心や怒りの感情を持つとされた。

ラットの共感?

後藤はる美

私たちは再び現代にたどり着いた。功利主義と神経医学の世界から始まった感情の水脈をたどる道程は、ヴィクトリア時代の救済の現場、宗教改革期の受難《パッション》と隠された力《オカルト》の支配する世界、そして、感性のうねりの中での男女の攻防を経て、動物への共感と非共感の狭間に立つ科学者のまなざしに戻ってきた。

ちょうど本書の原稿を準備し始めた二〇一五年五月に、ある科学的発見が報じられた。「ラットの共感」を証明した実験結果のニュースである。[1] 関西学院大学の研究チームが実施した神経医学の実験成果が、同月、ドイツの比較認知科学雑誌『動物認知学』の電子版に掲載された。この実験は、ラットをペアで飼育し、その片方を深い容器に入れて水責めにした時、透明の壁越しにそれを見たもう片方のラットが容器をつなぐ仕切りを押し、溺れる仲間を助けることを証明したものである。こうした援助行動を行うラットは、実験体の九〇パーセントを超え、水に浸かった経験のあるラットのほうがより素早く行動を起こしたという。このニュースは複数の新聞で報道されたが、その見出しには「共感能力　助けなきゃ、水責めに仲間が反応」（毎日新聞）、「ラットが溺れる仲間助ける　窮地に共感」（日本経済新聞）とあった。[2]

研究代表者によれば、実験は、ラットに共感能力があることを証明するものであり、今後、この成果が共感の神経的メカニズムを解明する一助となることが期待されている。脳のどの領域が働いているのかを解明してゆくことで、「同じ哺乳類」である人間の共感能力の進化の過程を明らかにし、また、「共感性の乏しさ」に関連する病気の研究に役立つ可能性があるからである。動物が仲間を助ける行動は、これまでにも霊長類について研究が進められてきたが、この実験はラットを用いたところに新しさがあった。同論文の原題は、「水に浸けられた同類に対し、ラットが援助行動を示す」である。

このニュースは、ふた通りに読むことができるかもしれない。ひとつは、共感を脳神経の作用に還元し、物質的に読み解く神経医学的な語りである。記事で言及されたラットの脳内のメカニズムを「同じ哺乳類」である人間に応用できるとする、この神経医学者の立ち位置は、ニューロ・ターンに反映されるものである。[3] ここでの共感は、人間とラットが近い種であり、したがって生物としての基本的な構造が類似しているという前提によって担保され、共感は神経系を通って伝達される物質の作用として理解される。

この実験の実験結果およびニュースとしての驚きは、「共感」や「援助」行動が人間に最も近い霊長類の動物ではなく、ずっと遠くに位置する実験用のシロネズミに見出されたことにある。他者を思いやり、助ける行動は、普遍的人間が見出される一八世紀以降、とりわけ「人間らしい」感情とされてきたものであった。それが、医科学の進展のために日々大量に供される実験動物の代名詞であるラットにも見られることは、脳神経学のいっそうの進展を約すると同時に、私たちがネズミと同じである可能性をやんわりと想起させる事例である。

　もうひとつの読み方は、これと一見類似した、しかし逆方向からの解釈である。すなわち、ラットですら擬人化され、人間と同じような感情があることがむしろ自然に受け入れられる時代が来た、という受け止め方である。とりわけ、新聞に躍る「仲間」の「窮地」を「助けなきゃ」という見出しには、この観点から読者の関心を喚起しようという意図が透けて見える。関心は、読者のラットに対する共感を前提とするものである。さらに記事の本文では、ラットが「同じつらい経験をしていると仲間を助ける動機が強まる」と書かれ、この実験と「共感性に乏しいとされる病気」に苦しむ現代人の問題が明示的に関連付けられている。共感は、「人が社会生活を送る上で重要な」能力であるという。「知性ある」クジラ捕獲の反対運動が世界中に広がり、イルカと泳ぐドルフィン・スイムが楽しまれる今日、「感情ある」ラットに人間の共感がおよぶ日は、すでに来ているのかもしれない。

　実際、あるNPOの動物愛護団体は、いち早くこの実験に対する非難の声を上げた。同団体は、この実験は「溺れさせられたラットはもちろん、仲間への愛情を利用されるラットもまた悲惨」な「残酷実験」であると断じ、実験の中止と動物実験廃止を関西学院大学に求めた[4]。抗議を受けた大学側は、実験は文科省および同大学の動物実験に関する規則に沿って実施されたものであると回答し、倫理的に問題はないとした。ふたつの見解の違いは、どこまでを共感の範囲とするか、また、苦痛は「愛情」という感情――ひいては社会的関係性――の文脈で理解されるべきか、あるいは、「機能」や「目的」に照らして判断されるべきかという、痛みをめぐる古典的命題を提示している。

一六世紀から二〇世紀に到る本書の六つの論考が示したのは、痛みは、それが意味ある経験となるために、常に何らかの形で「他者」を必要としたという点である。「他者」は、神として、あるいは内なる自己としても現れうる。その意味で、痛みは、人と社会／世界をつなぐ重要な回路のひとつであった。その回路がつながらない時、痛みの経験は否定される。そして、痛みの否定は時に、その人の存在そのものを物理的、あるいは社会的に脅かす結果となった。他方で、痛みの周りに繰り返し現れる「真贋」の問題は、人間は究極的には――物理的にも精神的にも――他者と真に同じ痛みを感じることはできず、痛みの共感は同じ痛みを感じることではないという点を照射している。

誰にも語りつくせず、記しきれない、痛みそのものを取り出すことは、史料に依存する歴史学的探求には不可能である。では、痛みの歴史学は、私たちが自己の、あるいは他者の痛みと付き合う上で、どのような役割を果たしうるのだろうか。『痛みの文化』を著したモリスは、現代を麻酔薬と鎮痛剤の恩恵を受けてなお「痛みを引き受ける」時代と表現した。[5]「九・一一」に震撼し、「三・一一」によって文字通り揺さぶられた経験を経た二一世紀初頭にあって、私たちは前世紀末のモリスとも異なる形で、痛みに寄り添おうとしているのかもしれない。物質と精神の境界が再び動揺し、リアルな世界とヴァーチャルな世界が複雑に編み込まれた日常の中で、痛みは新たな広がりを持つ感情的体験となっている。痛みの歴史研究の重要な課題は、この人と世界をつなぐ回路として機能する痛みの存在を意識化し、その回路を開く（あるいは閉じる）ことを自ら取捨選択するための視座を提供することである。

感情としての痛みが、質的側面をもって理解される一方で、テクノロジーと神経生理学の発達は逆方向の動きを牽引している。「自我の数量化（Quantified self）」と呼ばれるカリフォルニアから始まった運動がその最前線のひとつである。これは、人々が常時携帯する機器を用いて、脈拍数や心拍数、睡眠時間、歩数やカロリー摂取量から、個々人の「ムード」に至るまで、種々の人間活動をモニターし数値として測定したものを（しばしばオンラインの）データバンクへと登録する、さまざまなアプリの利用者の集まりである。集積されたデータを基に、専用アプリが各人の状態を判断し、本人も気付かぬ心身の兆候を探知するのが売りとなっている。同公式サイトによれば、この運動は「数値による自己認識」の試みであり、「正確な観察」とユーザー同士の「友情の活性化」に基づき、「私たち自身と私たちのコミュニティについての新しい発見」を推進することを使命としている。利用者たちはたびたび集会して、知識や経験の共有も目指している。[6]スマートフォンのアプリを使い、脈拍数の集積データを医療に活用する試みは、日本でも最近導入された。[7]これらの新機軸が、医学と健康を促進する新たな手段として注目を集めていることは明らかである。しかしその一方で、数値として捕捉される神経と生理反応によって、人間の「自我」すらも規定できるかもしれない世界は、私たちが歴史を持たないネズミと同じとなる可能性を暗示している。

本書の試みは、モリスの言う「痛みの文化」がいかに歴史の中で作られ、共有され、変化してきたかを検証したものともいえる。人間にとって痛みが本質的なものであるとすれば、それは、少なくとも痛みが物的生に対する脅威であるのと同じ程度には、痛みの文化が、長い歴史の中で人を社会／世界とつなぐものとして育まれてきたからであるだろう。もちろん本書は、特定の痛みの解釈の善悪を論じ、唯一絶対の価値を定めることを目指してはいない。私たちもまた、私たちが生きる現在の価値観の制約から無縁ではありえないからである。歴史研究のささやかな使命は、あるパラダイムが社会を支配し始めた時、それを問題化し、相対化して、そこからいずれ異なる選択肢を見出すために、その歴史を紐解くことである。

痛みと感情の歴史学

伊東剛史
後藤はる美

二〇〇一年四月、感情史をテーマとする国際シンポジウムがマンチェスタ大学で開催された。参加者のひとりで、ヨーロッパ文化史を牽引してきたピーター・バークは、そこで「感情の文化史は成立するか」と問いかけた。この問いは、感情史にはまだ確固とした学術的基盤がないことを告げていた[1]。しかし、その後一〇年のあいだに感情史は目覚ましい進展を遂げた。二〇〇八年、ウェルカム財団の助成によりロンドン大学クイーンメアリに感情史センターが設置され、ベルリンにあるマックス・プランク人間発達研究所でも感情史研究プロジェクトが発足した。さらに、二〇一一年にはオーストラリア研究振興協会による大型研究助成プログラムに、中近世ヨーロッパを対象とする感情史研究プロジェクトが採択された。喜怒哀楽の感情はどのように経験され、表現されてきたのか。それは歴史的事象の原因・経過・帰結とどのように関連し、今日の社会のあり方に影響をおよぼしてきたのだろうか。これらの問いが、感情史研究の出発点として共有されるようになったのである[2]。

感情史の隆盛の背景には、「九・一一」や「三・一一」などを通じて、国際社会が大きな感情的事件を経験し、流動化する地域社会の再構築や、異文化間の対話と共存に向けて、感情が学際的研究の主題として浮上したことが挙げられる。移民問題や地域紛争、そして直近では「英国EU離脱」や「トランプ旋風」など、グローバル化と結び付けられる諸問題は、しばしば「理性」対「感情」の対立図式によって説明される一方、感情を理性の下位に置き、否定的にとらえる伝統的解釈が再検討されるようになった。こうして感情史研究の急激な活性化は、「感情論的転回（emotional turn）」と呼ばれるようになり、それが果たして「言語論的転回（linguistic turn）」のような影響をもたらすのかに関心が寄せられている。[3]二〇一四年に、オクスフォード大学出版会、イリノイ大学出版会、パルグレイヴ・マクミランが、それぞれ感情史の叢書を創刊し、今まさに研究成果が相次いで世に問われている最中である。日本でも、二〇一六年に森田直子が「感情史を考える」を『史学雑誌』に発表し、長谷川貴彦が感情史を取り上げたリン・ハントの近著『グローバル時代の歴史学』を翻訳するなど、感情史研究に対する関心が高まりつつある。[4]

「痛みと感情の歴史学」と題されたこの小論の目的は、感情をめぐる歴史学的探求の軌跡を考察し、本書の意義を研究史上に位置付けることである。本書は、歴史学を専門としない読者にもひと続きに読んでもらえるように、可能な限り専門用語《ジャーゴン》を避けてきた。ここでは、いくつかの重要概念を取り上げ、理論と方法論の問題にも立ち入ることになるだろう。[5]

一、感情論的転回

アナール派と心性史

感情という主題は、近代歴史学の誕生とともにあった。バークが指摘するように、ホイジンガ『中世の秋』（一九一九年）には、過去の人々の感性への豊かな想像力が通奏低音のように流れている。[6]「悲しみと喜びのあいだの、幸と不幸のあいだのへだたりは、私たちの場合よりも大きかったようだ」という冒頭の一節は、長く余韻を残す。[7] アナール派創始者のリュシアン・フェーブルは、それを歴史叙述の主旋律として展開させようとした。一九四一年の論文「いかにして往時の感情生活を再現するか――感性と歴史」において、フェーブルは『中世の秋』を参照しつつ、「感性（sensibilité）」を「「感情生活」とその表れを意味するもの」と定義し、その根底には「感情（émotion）」があると説明した。表現された感情は周囲に影響をおよぼし、個人間の感情を誘発し合うひとつの体系を築き上げる。こうして集団の構成員全員は、特定の状況下で同じ感情を抱き、同じ行動をとるようになるとフェーブルは考えた。[8] それは、ホイジンガによる「情動的な子供期としての中世」像を確立することになった。[9]

マルク・ブロック『封建社会』からも、同様の中世像が浮かび上がってくる。同書第二編「生活条件と心的状況」は、心性を「感じ、考える、そのしかた」と表現し、「その感受性の働くところ、人々は、常に、ほとんど病的なまで、ありとあらゆるたぐいの兆候、夢、幻覚に神経をとがらせていた」と描写した。[10] こうしてフェーブルが提起した感情史が心性史へと継承される過程で、民衆に対するひとつのステレオタイプが形成された。それは、民衆は身の回りで起こる戦争や疫病といった脅威を、十分に理解できないまま、不安と恐怖の感情に弄ばれてきたというステレオタイプである。スチュアート・クラークによれば、心性史は民衆の「情動的トラウマ」を描いてきたことになる。[11]

たしかに、啓蒙期フランスで流通した「青本」と呼ばれた民衆向けの読み物は、現実逃避のための空想世界を提供した「疎外の文学」と評価された。[12] ルフェーブルが「集合心性」を用いて説明したフランス革命時の民衆蜂起は、その心性を巧みに表した一節――「その相互作用が、人々の神経を過度に昂ぶらせ、不安をその絶頂にまで高める。こうして彼らは不安から逃れるために、行動へと急ぐのだ。つまりは、前へ逃げるのである」――が表すように、「情動的トラウマ」の暴力的、突発的、集団的表出とも読み取れる。[13]

このように初期の文化史研究は、「情動的な子供期としての中世」像を出発点とした。それは、やがて感情が管理・統制され、「成熟した感情抑圧的な近代」が成立するという理解を裏付けることになった。これを決定付けたのは、「自己規制への社会的圧力」の増進を論じたノルベルト・エリアスの『文明化の過程』(一九三九年)である。[14] エリアスの史料解釈には批判があるが、その理論的汎用性には魅力があり、『文明化の過程』は感情史研究の強固な準拠枠となった。[15]

ミシェル・フーコーの規律権力論も、この準拠枠を支える。フーコーは、監獄、病院、学校などさまざまな空間を貫く権力のテクノロジーによって「従順な身体」が創出され、権力の「まなざし」を内面化した主体が構築されると説いた。[16] この議論を敷衍するならば、感情もその「まなざし」による規律と抑制の対象として構築されたと言える。狂人、犯罪者、性的逸脱者は、理性による感情の統制に失敗し、近代的秩序の障害として排除された集団ということになる。[17]

新しい文化史・一八世紀研究・ヴィクトリア時代研究

アナール派に始まる感情史の探求は、「情動的な中世」対「感情抑圧的な近代」、「情動/感情」対「理性」というふたつの二項対立を前提とし、そこから脱却することはなかった。しかし、一九八〇年代以降、文化人類学など隣接領域の方法論を摂取した「新しい文化史」研究は、近代における感情抑制の増進ではなく、近代特有の感情に着目した。それは、個々人の身体を媒介に、他者と自らを同一視することによって可能となる、苦痛にある他者への共感/同情である。ハント編『文化の新しい歴史学』（一九八〇年）に寄稿したトマス・ラカーは、写実小説、検死報告、臨床報告など、人々の死や痛みを詳細に描写する語りが「啓蒙の世紀」に誕生したことに着目し、こうした細部描写の手法が、他者の苦痛に対する想像力とそれを緩和するための行為を喚起し、人道主義を導いたと論じる。[18]ラカーによれば、細部描写に用いられた「科学的」な論証法が、世界に遍在する窮状には何らかの「原因」があり、人間による改革が可能だという新たな世界観に通じたのである。

一方、啓蒙期フランスにおける拷問の廃止を議論したハントは、共感/同情という感情が生まれる前提として、宗教的身体観から世俗的身体観への転換を指摘している。前者は、「宗教的に定められた秩序の内部においてのみ」人間の身体は神聖であるという考え方であり、その秩序のために個人の身体が侵襲されることを正当化した。しかし、後者の世俗的身体は「個人の自律と不可侵性」を有し、これを侵害することは容認されない。ある特定の身体は、他の特定の身体とは異なる価値を持つと理解され、それまで身体の外部に存在した苦痛の意味は、身体の所有者に解釈を許すようになったというのである。[19]

学際的な一八世紀研究は、こうした変化の背景にある「感受性の時代（the age of sensibility）」を照らし出してきた。[20] この時期、感情（情念）は世界と交感するための受信能力、あるいはそれによる身体的反応と理解されるようになった。[21] 一見、受動的なこの感知能力は、人間は進歩し、自己を取り巻く環境を変える力を持つという、啓蒙期の能動的人間観の中で立ち現れた。ジョン・ロックは、精神が「白紙の状態（tabula rasa）」で生まれた人間は、感覚を媒介として経験的知識を獲得すると論じた。感受性文化における感情は、個性を表現する手段ではなく、個人を政治経済的共同体の一員として積極的に規定する極めて重要な道徳的要素だったのである。[22] アダム・スミス『道徳感情論』（一七五九年）は、これを端的に示している。[23]

感情表現が個人の自由の領域に属すると理解されるようになったのは、一九世紀以降のことである。それは英文学史の時代区分における「感受性の時代」からロマン主義への移行と重なる。[24] しかし、この変化は、感情表現の関する規範の網の目が現実社会に張り巡らされたことと表裏一体である。ヴィクトリア時代研究は、感情表現に関する規範が「公私領域の二分（separate spheres）」を支えてきたことを確認した。豊かな感情表現は幸福な家庭生活の源泉と認められる一方、理性が支配する男性中心の市民社会では抑制すべきだと考えられた。[25]「口を引き結ぶ（keep a stiff upper lip）」という感情抑制の身体表現が広まったのは、このヴィクトリア時代である。[26] フロイト心理学の流行も、感情を理性と対置させる伝統的な理解を補強することになった。オルダス・ハクスリー『すばらしい新世界』（一九三二年）は今日の読者にとってもリアリティのある、ディストピアとしての感情抑制社会を描き出した。

アメリカ社会史研究とその後

一九八〇年代にアメリカ社会史の領域で展開した感情史研究も、重要である。社会学者ホウクシルトの「感情労働」論を摂取したスターンズ夫妻は、「感情規範（emotionology）」の分析を提唱し、近現代アメリカにおける感情の様式変化を議論した。[27] 感情規範とは、ある感情に対する社会的評価と、その評価に誘導された特定の行動様式を結び付けた概念である。具体的に、スターンズ夫妻は『怒り——アメリカ史における感情統制への苦闘』（一九八六年）において、怒りをほぼ自由に表現することが可能だった一八世紀から、怒りの表現への対処が制度化された二〇世紀までの社会変化を抽出した。[28] 感情規範の構造変化の解明が、感情史の中心的課題に据えられたのである。

しかし、感情規範に関する研究は、そもそも過去の人々は自らの感情をどう理解したかという疑問をもたらす。二〇〇〇年代以降の感情史は、この問題に正面から向き合ってきた。トマス・ディクソン『情念から感情へ——世俗的な心理学カテゴリーの誕生』（二〇〇六年）は、イギリスにおいて感情が学問的関心の対象となり、それを研究対象とした心理学が誕生する長期的過程を示した。[29] こうして怒り、悲しみ、名誉、恥といった個々の感情を表す語彙だけでなく、感情という言葉自体が多様性に満ち、複雑な歴史的変遷を辿ってきたことが明らかにされた[30]。つまり、感情を定義するのが困難になっていくにつれ、感情を論じることの意味が了承された言説空間が生まれたのである。この空間はいわば知のアリーナであり、誰にでも参入の可能性が認められるが、誰も絶対者とはなれない。この状況は、さまざまな学問が感情とは何かを解明しようとする今日まで、連綿と続いてきた[31]。

今日このことは、とりわけ感情をめぐる語彙の揺らぎに現れる。一般的に英語では、共感を意味する語に sympathy, compassion, empathy があるが、これらは使い手や文脈によってほとんど同じ意味で用いられることもあれば、明確に異なる意味で用いられることもある。同じ情念 (passion) でも一七世紀と二一世紀では大きな意味の断絶があるばかりか、同時代人のヒュームとスミスのあいだでさえ、共感/同情 (sympathy) に関して重要な見解の相違が見られる[32]。日本語への翻訳は、さらにこの問題を複雑にする。同じ本の中でも、compassion と sympathy の訳語に、同じ「同情」という訳語があてられている場合もある[33]。これは翻訳者の解釈の違いというより、原語と訳語それぞれの意味の振幅に重なる部分と重ならない部分があることから生じる問題である。本書では、このことを意識しながら共感と同情、感情と情念をある所では区別し、ある所では互換的に用いている。

近年の感情史研究のもうひとつの特徴として、感情が宿り、表現される身体の歴史にも目が向けられるようになった。笑顔という身体的所作と、そこに込められた感情表現の変容を辿るコリン・ジョーンズ『笑顔の革命』はその好例である。ルイ一四世時代の未発達な歯科治療を背景にタブーとされた歯を見せる笑顔は、口腔衛生の改善した一八世紀後半のサロンでは友愛の証として広まっていった。口の中は隠すべき場所でなく、むしろ自己顕示の身体部位になったのである。しかし、革命が勃発すると、疑心暗鬼になった人々は誤解を招きかねない笑顔を隠すようになった。だからこそ、ギロチン台の死刑囚が見せる笑顔は、英雄的な最期の抗議になり得たのである。[34]

『笑顔の革命』は、二宮宏之によって心性史の可能性として語られつつも置き去りにされた、「参照系としてのこころとからだ」の歴史を具体化した成果と言える。[35] 感情史は常に身体の歴史でもあり、歴史家はそれを特定の歴史的情況において形成された身体的所作と行動様式を通して探求できることが確認された。その一方で、感情史と古典的な心性史との違いも明らかになった。感情史にとっての感情は、心性史が想定する静態的構造としての心性とは異なる。感情史は、ある特定の感情の社会的出現と拡散が、一定の行動様式を生み出し、社会の変動をもたらす動態的側面をとらえようとするのである。

二、感情史の理論と方法論

個人と社会、主体と構造

それでは、感情はどのような情況において歴史を変化させる動力となるのか、そうした情況に対する人々の主体性、あるいは従属性は、どのように説明されるのか。この問いに答えるため、ウィリアム・レディは、「感情体制（emotional regime）」と「感情の避難場所（emotional refuge）」という対概念を考案した。

前者は、政治権力が感情表現を管理するために構築した規範体制であり、後者はこの「感情体制」から避難する人々を受け入れる場のことである。レディ『感情の航海術《ナヴィゲーション》』（二〇〇一年）は、両概念を用いてフランス革命の背景と経過、恐怖政治への帰結を次のように説明した。フランス革命の背景には、絶対王政の感情体制から逃れ、自由な感情表現を求める欲求があった。こうした欲求により、サロンを中心とする「感情の避難場所」では、感受性文化が花開いた。しかし、革命が勃発すると、ジャコバン政府は愛国心に嘘偽りのない「感情の誠実さ（emotional sincerity）」を求めるようになり、人々は完全に自由な感情表現が不可能なことに苦しみ、互いに疑うようになった。テロルを生み出したのは、狂信的な理性信仰ではなく、感情的な苦悩と猜疑心なのである。

　このようなレディの解釈は、多くを二次文献に依拠しており、革命史研究家には恣意的な史料選択などの問題点が指摘されている。しかし、「感情体制」と「感情逃避」という分析概念、「感情の誠実さ」という視点は、全体主義国家や監視国家の統治技術、その元での感情生活を考察する上で、一定の有効性を持つだろう。

　これに対して中世史家のローゼンワインは、感情規範を共有する集団が複数併存することに着目し、「感情の共同体（emotional communities）」という概念を導入した（原語が複数形であることに注意）。「感情の共同体」が共有する感情規範は、前の時代から引き継いだ感情に関する言語表現や身体所作を基盤とし、漸次的に新たな感情規範へと更新される。[36] さらに、ウーテ・フレーフェルトは、感情そのものにも消長があると指摘する。たとえば、一度損なわれれば、決闘することでしか回復できないと信じられた、一九世紀ヨーロッパ上流社会の男性の「名誉」は、それを共有した上流階級の相対的な地位低下とともに失われていった。それは、今日の名誉市民号のような「名誉」とは、たとえ同じ言葉が用いられていても、大きく異なるものなのである。[37]

したがって、「感情の共同体」の考え方は、感情史を古典的な「自己抑制の増進の歴史」と見なす「大きな物語」から解放し、それにより多様な感情の歴史的軌跡を構想することができる。しかし、その結果、歴史的変化を見据えるための座標軸が失われてしまうとの批判もある。[38]そこで、「大きな物語」喪失後の歴史叙述のあり方が模索される今日、感情史とグローバル史との架橋が問われるのである。

ハントは『グローバル時代の歴史学』の構想に、感情史を取り込もうと意欲的である。同書によれば、マルクス主義、近代化論、アナール派、アイデンティティ・ポリティクスのどれもが文化史による根本的な批判によって歴史学の準拠枠として機能しなくなり、文化史自体も代替パラダイムを提供できずに終わった現在、経済変動を推進力とするグローバリゼーションを、巨視的視点から解析するグローバル史が、新たなパラダイムを築こうとしている。このトップダウン型のグローバル史に対して、ハントは経済的動機以外の複合的要因によって説明されるボトムアップ型のグローバル史を提唱する。そこで、個人と社会の関係を再考する感情史が重要なアプローチになると考えられる。それは、たとえば、苦痛にある他者への共感や、タバコや砂糖に対する嗜好や欲望によって結び付けられた人々が、必ずしも意図的にではなく、世界をいかに変化させたのかを叙述する歴史である。その中心に据えられるのが、「身体に宿る自我（embodied self）」なのである。[39]

感情の歴史性と非歴史性

以上のように、フェーブルがこれからの研究課題として提起した感情史は、心性史、新しい文化史、アメリカ社会史を経由して、「感情論的転回」を生み出した。しかし、数点の例外を除き、従来の研究はどれも感情とは何かという問いを迂回してきた。「感情規範」や「感情の共同体」という鍵概念が示すように、感情史が分析対象とするのは、感情表現に関する規制や様式、それを共有する社会集団の歴史だからである。森田が的確に指摘するように、「人間の感情そのものは目に見える形として残らず、大半は言語によって表出・記録された感情を主な史料とせざるをえないことから、感情史研究は必然的に構築主義的な性格を帯びる」のである。[40]

しかし、ここで「感情そのもの」(傍点引用者)とは何だろうか。それは、歴史研究が解析することはできないと認めることによってのみ、その存在を想定することのできる「ブラックボックス」のようなものだろうか。

この問いには、相異なる三つのアプローチが用意されている。

ひとつめは、階級、ジェンダー、エスニシティという従来の文化史のテーマと同じように構築主義(構成主義)の立場を堅持することである。つまり、感情はそれに特定の言葉が与えられ、特定の文脈で表現されて初めて文化的な意味を持つのだから、「怒り」の感情はそれを「怒り」とカテゴリー化する言語や、その言語が埋め込まれた文化から独立して存在しえないと考えることである。

構築主義的な文化史には、しばしば歴史相対主義の批判が寄せられるが、それに対しては、スターンズやフレーヴェルトらの研究を踏まえた上で、次のような中長期的変化を想定し、感情史の過度の細分化を防ぐことができるかもしれない。それは、近代以降、社会的流動性の上昇と共に、個人にはさまざまな選択肢が与えられ、感情表現の自由と多様性が増す一方、感情表現に関する規範や制度は精巧化し、「感情労働」や「癒し」の商品化が例証するように、感情はひとつの資源として資本主義経済に組み込まれたという変化である。[41]

ただし、この理解モデルは、感情表現の多様性増大と、感情規範の精巧化が表裏一体に進行するという目的論的な歴史観と、そのような歴史的経験を経ていない集団や社会を他者として排除したり、劣位に置いたりする西洋中心主義を含んでいる。そうした「内なる他者」の問題を浮かび上がらせたヨーロッパ諸都市でのテロや、その背景とされる移民問題は、この理解モデルの限界を示唆するものかもしれない。

第二のアプローチは、構築主義の及ばない普遍的領域（「感情そのもの」の領域）を想定することである。言語論的転回の言語中心主義を批判したレディは、発話《パロール》がその行為主体に及ぼす影響に着目し、「感情的発話（emotive）」という分析概念を提示した。[42]それは、「私は幸福だ」という発話が他者だけでなく、発話者自身の感情の動きにも影響をおよぼすという考え方である。その発言によって、相手には悟られまいとする自身の悲しみがより深まるかもしれないし、言葉に出すことでいっそうの幸せを感じるかもしれない。そこでは、「感情的発話」とそれが表し尽くすことのできない感情の「内的次元（inner dimension)」とが両立している。レディはこの「感情的発話」と「内的次元」との間隙に自我(self)を位置付けようとする。

たしかに「感情的発話」論は、感情史の理論を構築するための思考実験としては有益である。エゴドキュメントから歴史的アクターの主体性をどう立ち上げるかという方法論的課題に対して、手がかりを与えてくれるかもしれない。[43] しかし、実際の歴史研究への応用可能性については否定的な意見が多い。「感情的発話」論の意義は、むしろ、伝統的な「理性」対「感情」の二項対立から脱却する道筋を示したことにあるだろう。実際に近年は、感情は理性による判断を助け、行動を動機付けると考えた古代ギリシアの情念論や、啓蒙期の道徳哲学者が再検討され、それらを導き手として、未だ支配的な「理性」対「感情」の二項対立を乗り越えようという試みが始まっている。[44]

一方、感情が理性の働きを助けるという「事実」は、最近の認知科学による知見でもある。[45] また進化心理学によれば、感情は人類の生存と繁殖のために進化してきた脳内の情報処理モジュールだという。[46] 感情史が感情とは何かに答えるための第三のアプローチは、ハントが提唱するように、こうした認知科学を構成する諸領域(脳科学、神経科学、進化心理学等)の研究成果を取り入れることである。それは、たとえば、一八世紀後半の人道主義の高まりを認知科学の次元における「感情そのもの」の変化から説明することである。

具体的な研究事例に、ダニエル・スメイルの論文「ニューロ・ヒストリーを起動する——強迫性溜め込み症と人類の過去」がある。強迫性溜め込み症(compulsive hoarding)は、一四番染色体の異常に起因する強迫性障害のひとつで、セロトニン系の欠陥が関与しているとされる。スメイルによれば、この強迫性障害が一九世紀以降になって初めて人類史に出現したのは、大量生産と大量消費によってモノが溢れる物質的環境の下で、モノがセロトニン作動薬の代替物として機能するようになったからである。ヒトとモノの感情的な結び付きの歴史が、このように神経科学の準拠枠に則り説明されるのである[47]。

しかし、スメイルの研究は、認知科学と融合した感情史のディストピアを暗示するものかもしれない。ハントが感情史に託した「身体に宿る自我（embodied self）」は、実は「脳に宿る自我（cerebral self）」であることが示されたからである[48]。『バイオメディシンの時代の歴史叙述』の著者ロジャー・クーターが批判するように、そこでは分析の基点は脳内の生化学反応であり、感情を意味付ける言語も、感情を宿す身体も、そのバイオメディカルな還元論に回収されてしまう。この点において、バイオメディカルな感情論的転回は言語論的転回とは異質である。言語論的転回は「歴史を書く作法（historiography）」に対するメタ批評の機会をもたらしたが、認知科学を起点とする感情史は、全体を包括する「普遍的（＝非歴史的）」な人類史を志向するため、それを許さない[49]。史資料が臨床実験のデータと同じように扱われるようになるとしたら、それは、果たして歴史叙述を実り豊かなものにしてくれる感情の理解だろうか。

このように本質主義と構築主義をめぐる感情史のアプローチには、次の三つがある。①歴史相対主義を回避しつつ、従来の文化史と同じように構築主義をとる。②構築主義を基調としつつ、その方法では明らかにされない領域があることを認め、それを取り込むことができるよう模索する。③「ニューロ・ターン」が示すように、脳神経学の知見を積極的に取り入れ、普遍的人類史としての、あるいは「進化の歴史」としての感情史を構想する。これら三つの選択肢について深く考えるためには、バークが問いかける感情史の出発点に立ち戻らなければならないだろう。

感情の本質的な歴史性を信じているのか、それとも非歴史性を信じているのかを決定しなければならない。[50]

三、歴史の中の苦痛と共感

生きられた痛み

本書が「痛み」を主題としたひとつの理由は、感情史の抱える本質主義（感情の非歴史性を信じる）と構築主義（感情の歴史性を信じる）の相克を照射する上で、痛みが有益な観点になると期待したからである。痛みは、喜怒哀楽のように古今の哲学者たちが議論してきた感情とは異なり、その位置付けは特殊である。そもそも、痛みは感情なのかという疑問も生じる。

たしかに、近代医学が神経生理学的現象として定義した「疼痛」は、「怒り」や「悲しみ」といった感情を喚起することはあれ、「感情そのもの」とは違うという議論があるかもしれない。しかし、痛みを物質的現象に還元することの限界は、少なくとも専門家のあいだでは二〇世紀後半には認識されていた。国際疼痛学会による一九七九年の定義は、「実際の組織損傷や潜在的な組織損傷に伴う、あるいはそのような損傷の際の言葉として表現される、不快な感覚かつ感情体験」である。[51] ここに、「感情体験（emotional experience）」という文言が入っているように、「痛み」は生命機能の場としての身体と、文化的解釈の場としての身体とが交差する所に生じる現象／経験と理解された。

医学レジームが痛みの定義を独占することを批判したモリスは、本書冒頭で引用したように、「痛みは、ただ肉体と精神と文化とが交差する地点においてのみ発生する」と記した。[52] 痛みを歴史研究の遡上に載せたロブ・ボディスは、それを「生＝文化的（bio-cultural）」という造語で表現した。[53] 近代イギリスにおける痛みの理解を議論したジョアンナ・バークは、痛みを独立した現象と見なすのではなく、それが個人のライフヒストリーに及ぼす事件性に着目するよう提起した。[54] 痛みを現象（phenomenon）ではなく、人が関与する事件（event）と理解することで、痛みの歴史に人の居場所を取り戻そうとする試みである。本書もこれらの研究と同様に、痛みを純粋に非歴史的な現象とも、歴史的な構築物とも見なさない。この出発点は同じである。ただし後述するように、その先に展開された議論は、痛みや感情を歴史性と非歴史性とのあいだで理解しようとする、その発想そのものの歴史性を問い直すことになった。

このことは、本書の主題が痛みであるもうひとつの理由と関わる。本書は、無痛症患者が物語る痛みの根源的経験性を出発点とした。歴史を超越する普遍的な定義を「痛み」に与えることは困難でも、「痛み」が「生」の本質をつく問題であることだけは、否定できないと考えたからである。しかし、各章で具体的に議論された内容は、この出発点に疑問符を付けることになったかもしれない。二〇世紀の医学レジームから一七世紀の情念の世界へと遡り、そして「ラットが共感する」二一世紀へと戻ってくることで、それぞれの時空間の痛みの諸相を見た結果、痛みと生を抱き合わせる思考そのものの歴史性が明らかになったからである。その意味では、本書は「痛みの歴史」を対象化しながら、自らその一部となった。それは歴史学が過去と現在との対話の上に成立する以上、そこに必然的に抱えられた自己言及性を具体的に示したと言えるだろう。

したがって、本書は絶対的な視座から語られたものでも、そのような視座の構築に寄与できるものでもない。この脆さは倫理的な危うさに通じるかもしれない。それでも本書は、その限定性と危険性を踏まえた上で、「苦痛」に対して「共感」という、もうひとつの視点を導入した。痛みには、それを観察したり、評価したり、無視することも含めた何らかの行動に結び付ける他者が存在する。痛みについて記述することは――必ずしも「痛み（pain）」ではなく他の言葉で表現された場合も含めて――目の前にいる具体的な人物であれ、不特定多数の読者であれ、内なるもうひとりの自分であれ、他者がいることを前提とした間主観的な行為であることに留意した。

近世史家のマーク・ジェナーは、感情変化の身体への影響を知ろうと自ら心拍数を記録したある外科医を考察し、「感覚の歴史（history of senses）」ではなく「感知することの歴史（history of sensing）」を提唱した。[55] それは、感覚そのものの歴史ではなく、感覚を感覚として成立させた行為の歴史である。これに準えて言えば、本書が実践した「痛みの歴史」とは、痛みを痛みとして成立させた、「痛む／傷む／悼むことの歴史」ということになる。そこで初めて、痛みは「歴史を介せず存在する（ahistorical/universal）」ものでも、「歴史的に構築された（historically constructed）」ものでもなく、「歴史に据え置かれた（historically situated）」ものになる。これが前述した、感情の「歴史性」か「非歴史性」かの二者択一を迫るバークへの、本書の回答である。本書が選択したのは本質主義でも、構築主義でも、その中間でもない。痛みと感情のありようをイギリス史の中に「据え置く」という第三の選択肢を選んだ。それも、汎用性のある理論に依拠するのではなく、六人の筆者が、それぞれのテーマをそれぞれの観点から、この順番で議論することによって初めて可能になるという実践的方法によってである。たしかに、題材やそれを扱う執筆者が変われば、そこから見えてくる痛みの在りようは異なるが、それは同時に、その社会において痛みを痛みとして成り立たせた規範や制度の体系、さらには同時代の世界観や身体観へと接近する糸口となるのである。

本書の接近法

本書は「痛む／傷む／悼むことの歴史」に、次の三つの角度から接近した。これは、扱う題材や史料の性質から、各章の軸足の置き方がさまざまであるのに対し、共同研究としての一貫性を保つための方法でもある。

第一の接近法は、「生きられた痛み」への着目である。ある痛みが「生きられた」基準は、当事者が物理的に苦痛を感じたかどうかだけにあるのではない。その痛みを痛みとして認識し、意味付ける行為と、その行為を受け止める他者や世界（あるいは神）との関係性において、痛みは生きられたものとなる。

この考え方が本書の前提にある。

この前提から導かれる第二の方法は、「生きられた痛み」が生じる場を、体験、追体験と、それらの表象（あるいは、それによって形作られる感情規範）からなる一種の循環構造としてとらえることである。つまり、①痛みの当事者の「体験」、②それを観察し受容する――あるいは否定する――他者による「追体験」、そして③両者を介在する痛みの語り、およびその語りを規定する感情規範という、三つの要素の関係性の中で「生きられた痛み」は生じる。

第三は、各時代で痛みの対処を司る準拠枠を体現する素材と、そうした準拠枠と必ずしも合致しない、ともするとエキセントリックな事例の双方への目配りである。これによって、個々の痛みの体験の中にある個性と集団性（時代性）の抽出を目指した。

以上の接近法に則して本書を振り返ってみよう。とくに痛みにある人々が自らの痛みの「体験」について語るテクストとして取り上げられたのは、困窮者スピランの無心の手紙、ホービー夫人の霊的日記、虐待訴訟における妻たちの訴えである。これらの語りは、それらの受け手との対話という形で初めて完結する。たとえば第Ⅱ章は、貧者の語りに耳を傾けながら、無心の手紙を受け取る施し手の受容を考察し、チャリティが遍在した社会に通用した「痛み」とは何かを見極めた。一方、第Ⅳ章が扱った宗教改革下の領主夫人の信仰実践は、彼女が決してその存在を疑うことのない、神との日々の対話の中で綴られていた。日常生活において遭遇する痛みは、「よりよく死ぬ」ための鍛錬の契機として生きられたものであった。これに続く「感受性の時代」の教会法廷では、別居を求めた妻たちが、自らの痛みを法廷言語に落とし込み、周囲と裁判官の理解を得ようと苦闘した（第Ⅴ章）。彼女たちの苦痛は、「残忍さ／虐待」の法的定義の中で、挑発と激昂のはざまに不安定に位置付けられたのだった。

他方で、「追体験」に重心が置かれたのは、公開処刑の傍観者オーブリ（第Ⅲ章）、呪われた子の父エドワード（第Ⅳ章）、ゾウの涙を観察する科学者ダーウィン（第Ⅵ章）の分析である。彼らの追体験は、「生きられた痛み」の表象が、どのように共有されたかという問題と密接に結びついていた。たとえば第Ⅱ章は、処刑を目撃した自然哲学者の「コンパッション」を通じて、イギリス革命期の聖職者の処刑をめぐる殉教の言説と、近世的な「痛み」と「共感」の神学的・生理学的理解に光を当てた。第Ⅳ章のエドワードの憤怒に満ちた抗議文は、この事例との対比という点でも興味深い。魔女事件の顛末の描写は、父親による子供たちの苦痛への共感と同時に、「痛み」の経験が近親を越えては共有されなかった例である。同様に、動物の痛みへの共感も、おのずから得られるものではなかった。第Ⅵ章は、愛犬家でもあるダーウィンがゾウの涙に寄せた関心と、生体解剖論争に対する科学者としての選択を対比した。そこでは、苦痛への共感の範囲が問題となる論争の中で、同一人物内でも境界線が揺れ動く様子と、その意味付けの一九世紀的なありかたが描き出された。

痛みを規定する「規範」の歴史性の問題に、正面から取り組んだのは第Ⅰ章である。同章は、患者を診る医師の視点に基づいた神経医学的な「痛み」の理解と、その社会的意義をめぐる言説に着目し、私たちが自明なものと受け止めがちな、近現代における医学レジームが形成される過程を明らかにした。

身体と苦痛を独占してゆく近現代の医師たちの言説（第Ⅰ章）、身体的苦痛に言及しない無心の手紙

（第Ⅱ章）、ラヴの殉教ナラティヴ（第Ⅲ章）、ホービー夫人による宗教実践（第Ⅳ章）は、各時代の痛み理解において支配的な準拠枠を体現するような個別事例である。それに対して、自然哲学的探求心から信仰と身体反応を直接的に結び付けようとしたオーブリ（第Ⅲ章）や、「感性」を味方に付けようとした妻たち（第Ⅴ章）、動物と人間を同じ領域に位置付けつつも、最終的には科学者として生体解剖を是認するダーウィン（第Ⅵ章）は、むしろ準拠枠から半歩はみ出しながら、時代の規範文化と折り合いを付けようと格闘した。これらの半逸脱的事例は、彼らによって生きられた痛みを取り巻く構造を、いわば逆照射した事例と位置付けられる。彼らの戦いは、痛みのレジームの緩やかな、しかし、大きな変化を予告するものでもあった。

痛みのバイオロジー

これまで感情史の主要なアリーナとなってきた文化史の実践において、変化の契機をどうとらえるかは長らく問題視されてきた。構築主義的傾向に対する批判は、研究の細分化と「大きな物語」の喪失を、文化史の弱点としてきた。では、「生きられた痛み」への着目によって本質主義と構築主義の方法論的問題を迂回した本書は、どのような長期的視角を提供できるのだろうか。冒頭に述べたように、痛みの歴史性は、痛みのかたち（定義・範囲）そのものが、時代によって変化してきたところにこそある（「無痛症の苦しみ」、一三頁）。二〇世紀に神経物質の伝達として定義され、アスピリンの投与によって制御される頭痛と、近世の人々が神の試練として受け止め、改悛と祈りによって取り除かれたことを感謝した頭痛は、たとえ現象として同じ部分があったとしても、「生きられた」経験としては同じではない。また、同じ時代を生きる存在であっても、一八世紀の女性の痛みは、男性のそれとは異なるものとして認識され、一九世紀の動物の苦痛は、人類の進化という論理の中で人間とは区別して扱われた。それどころか、生きているものの中でも、魔女や動物のように痛みの存在そのものが否定されることもあった。

こうした違いはいかにして生まれ、その境界線はいかにして変化してゆくのか。この問いと密接に関わるのは、身体の歴史である。各章の事例からは、中世以来、神の創造物として宗教的に定義されていた身体が、解剖学の進展とともに機械論と生理反応によって定義し直されてゆく大きな動きを透かし見ることができる。第Ⅲ章および第Ⅳ章に共通して見られるプロテスタント的身体理解では、肉体はいずれ滅びゆくものであり、魂こそが来世における復活の重要な要素であった。魂と肉体を併せ持つ現世での生活は仮初めの、しかし重要な鍛錬の場であった。人々は肉体の変調を神からの働きかけと受け止めつつ、魂と肉体が離別する最期の時（あるいは次の人生の始まり）を最高の状態で迎えるために日々勤しんだのである。この身体理解の枠組みは、古代のヒポクラテス以来の、身体の部局に特定の意味を付さない体液論的・全身的な身体観と親和性をもった。特定の痛みがひとつだけ取り上げられるのではなく、痛みは「貧困の困難、病気の痛み、恥の嘆き、死の恐怖」（第Ⅳ章、一四九頁）という円環的事象の中に位置付けられ、信仰上の試練として経験されたのである。

一方で、第Ⅲ章のオーブリは、体液論とプロテスタンティズムの「熱く湿った信仰」（一二七頁）の時代に生きつつ、初期科学（当時の言葉でいう「自然哲学」）の実践にも手を染めた境界的な人物であるとも言える。彼は痛みを、身体を流れる体液としての情念《パッション》のひとつとして疑似生理学的にも認識した。彼がラヴの処刑を凝視しながら首筋に感じた痛みは、ラヴの篤い信仰に正しく同調し、その結果全身を巡った、情念という体液の動きによる「コンパッション」であった。これは第I章が検証した、近代に登場するようになる、痛みを身体の特定の箇所に生じるものととらえ、神経系を伝う物質によってその発生原理を描写するナラティヴと対置できる。近世における情念としての痛みは、近代医学の生化学反応に代わって、痛みの生理を説明するバイオロジーであった。ここにおいて、身体的な「疼痛」と精神的な「苦難」を分かつ境界線は存在しなかった。

　第V章の扱う一八世紀は、男性の身体を基準として、女性を男性の不完全版ととらえるガレノス以来の身体観から、生殖器の相違を軸に男女を対立する「性差」によって理解する発想法への移行期にあった。たとえば神経の病は、解剖学と観察のまなざしの下、その身体の特殊性ゆえに女性が陥りやすいとされた（一八一、一九九〜二〇〇頁）。感受性の文化は、こうした合理的・科学的言説に裏付けを求めながら、人々の感情と身体を社会の中に道徳的に位置付け直していった。そこで情念の動きは、ものごとの道徳的「正しさ」と不可避に結び付き、新たな装いをもって議論された。

　他方で、一九世紀には、痛みとは何かを「身体に聞く」医学的実践が支配的な価値観を築いた（第I章、五一頁）。解剖学、生理学、神経学の発展により、痛みの原因をもたらす身体箇所を突き止め、その不調を読み取る医学の作法が定着したのである。痛みを身体上に生じる現象として解明することは、痛みを、痛みにある個人とその身体を取り巻くコンテクストから切断して分析することで可能になる。つまり「現象としての痛み」は、痛みを評価する感情の次元を排除することによって、純粋に現象として主題化されたのである。一八七〇年代に始まる生体解剖論争は、現象としての痛みが、さらに集合的に計量可能なものとして想定され、痛みの対価として得られる「文明の進歩」と対置されたことを示した。痛みにあるのが人間ではなく動物だからこそ、感情の次元を切り分け、功利主義的な痛みの評価式を確立することができたのかもしれない。ただし、この時点でも宗教的言説は一部では生き続けていた（四九頁）。各章の軌跡が示すのは、身体と痛みを理解する参照軸の変化は一挙にも一様にも訪れないこと、むしろ他の変化のフェーズと交錯しつつ重心が緩やかに移りゆくことである。

痛みのエコノミー

人間を平準化し、動物とも同一線上に位置付けた進化論の時代に、痛みが「現象」に還元されてなお複数の相を持ち得たのは、痛みが一種の「資源」としての価値を持ち、運用、交換、消費される側面に一因がある。上述のように、生体解剖に供される動物の痛みは、その痛みの存在を認知されつつも、人類のための進歩という利益と比べて価値が低いものとして黙殺された。動物の苦痛は、人間の苦痛とは等価と見なされなかったのである。

このように、痛みのエコノミーは、共感というもうひとつの問題系とも密接な関係を持つ。苦痛にある者への共感はいつ、どのように誕生したのか、また、そのメカニズムはどのように機能するのか。ラカーも認めるように、一八世紀において小説における苦痛の細部描写が増加することと、それが共感／

同情を想起して、現実に存在する他者の苦痛を軽減しようと行動することとの因果関係はいまだ明確ではない。[56] また、共感が一八世紀に突然に現れた行為はないことが前提とされつつも、[57] 一八世紀以前の共感について正面から論じた研究もない。痛みを訴え救済を求める者と、それを聞き入れ救済を施す者とのあいだに共感の「回路」がいかに繋がるのかは、感情の進化論におけるミッシングリンクである。

一八世紀以前の共感について第Ⅲ章が示す共感（compassion）とは、一七世紀の情念論《パッション》を前提とし、「文字通りパッションを共有」することである（一三九頁）。少なくともオーブリにとって、これは近代的な共感／同情（sympathy）、あるいは感情移入（empathy）とは異なり、身体の中心にある心臓において体液レベルで他者と同調することだった。第Ⅳ章のマーガレットが、近港のペスト災害をイングランドの救済と結び付けて祈りを捧げたように、個々人の営みは、各人の身体の境界を越えて、近隣共同体から直接的に「世界」そのものへと連鎖していた（一六〇頁）。この「感情の共同体」において共感を想起する機能を果たしたのは、ミクロとマクロの照応関係にあり、宇宙をも内包するウィトルウィウス的人間身体であると同時に、苦痛にある物質的身体そのものではなく、そこに含意されるキリストの普遍的身体であった。[58] その点で、近世的な共感のメカニズムは、後段の世界観《コスモロジー》の問題とも密接に関わっている。

一方、一八世紀に入ると、窮状にある者への同情という意味での新たな「共感」が出現した。第Ⅴ章において、夫の暴力にさらされた妻たちが、別居（事実上の離婚）を認めさせる戦略として採用したのは、当時法的には無効であったはずの「痛み」であった。父権的な社会において、痛みを耐え忍ぶことは女性の男性に対する従属性・受動性を示す要素であった。女性はその受動性を逆手に取って、自らが受けた痛みを「法的感情」として有効なものとするために弁護士と共に戦略を練り、判事の共感を勝ち取ろうとしたのである。妻たちは様式化された「挑発なし」の「激昂」のすえの衣服や身体の損傷という定式に則って自らの苦痛を表現することにより、共感の回路への狭き門を開こうとした――そして、ごく限定的に成功をおさめた。

一九世紀には、共感の回路によって繋がったチャリティの与え手と受け手が、「感情の共同体」を形成した。第Ⅱ章が示したように、この共同体の中で救済を求める者たちは、自らの苦難を一種の「通貨」として救貧の担い手へと伝達した。このやり取りは、法廷と同様に繊細なプロトコルへの配慮を要した。身体的苦痛を露わにせず耐え忍ぶ様子が、貧者の苦痛により高い価値を与えたのであった。

この「回路」が前世紀のそれとは異なる点は、それまで重視されていた身体の損傷などの「見える痛み」が回路を開く力を失う一方で、「見えない痛み」がその力を継続して発揮したことである。可視から不可視へという変化は、痛みを患者の愁訴ではなく、その身体の内側に聞くという医学的実践の定式化にも表れている。痛みの原因は必ずしも痛む箇所にあるのではなく、病巣は身体の別の場所にある可能性があるという理解である（第Ⅰ章第二節）。医学の領域でもチャリティの領域でも、はっきりとした「痛々しい」外見的・身体的特徴や、本人の愁訴が、信頼に足る痛みの証とは見なされなくなった。痛みは他者に対して偽ることができると同時に、痛みにある本人にさえ真実を告げないことがあると認識されたのである。生体解剖論争において、動物が果たして本当に痛みを感じているのかが議論され、そこに動物機械論が持ち出されたのも、同様の文脈に位置付けることができる。見えない痛みの存在が、苦痛の身体的な表徴にただちに共感するような行為を抑制させたのだ（第Ⅵ章、二五七〜六〇頁）。

このように、共感の問題はほぼ必ず痛みの真贋の問題と連動する。史料に浮かび上がる人物（あるいは動物）が、本当に痛みを感じていたのかという疑問である。史料批判を突き詰めれば、何の留保もせずに「苦痛を感じていた」と判断できるケースは稀だろう。第Ⅱ章のスピランや、第Ⅳ章のフェアファクス家の子供たち、そして第Ⅵ章のゾウの例のように、史料の次元で痛みが偽られる可能性と、その偽りに歴史家が気付かない可能性があるからだ。しかし、この真贋どちらとも言い難い痛みの性格が、共感に値する痛みと、そうでない痛みとの峻別を促し、痛みを回路とした「感情の共同体」の構築に寄与したのである。「感情の共同体」を支える共感という感情もまた、チャリティの資金と同じように、管理、維持、運用を必要とする資源としての特徴を持っていた。

痛みのコスモロジー

痛みをどのように認識するかは、人間を取り囲む世界をどう理解するのか、あるいはどう構想するのかという問いと対になっている。近世において、痛みを感じる人間の身体とそれを取り巻く自然界は、ミクロコスモスとマクロコスモスの対応に準えられた。一七世紀半ばのラヴの処刑の際に天変地異が記録され、処刑を目撃したオーブリが首すじに痛みを覚えたのは、当事者や観察者の身体と世界の秩序体系とが相互に影響を与え合うとの世界観を示唆している。外部からの働きかけに対して受動的に生じる情念がオーブリの身体に影響をおよぼす一方で、善人ラヴの受難は、自然秩序のバランスを崩し、雷鳴を轟かせたと考えられたのである。

これらの考え方の前提にあるのは、宇宙と個々人の身体が恒常的に連動するミクロとマクロの世界をなすと考え、地球と人間身体を世界の中心に据え、自然を質的に解釈する世界観であった。そこにおいて「人間は本質的に受動的な存在」であり、他者からの働きかけによって世界を経験することができ、だからこそ人間は互いに共感することができると理解された（第Ⅲ章、一四〇頁）。この思想的枠組みの中で、世界からの働きかけによってもたらされた情念《パッション》としての痛みは、物理的な病によるものか、そうでなければ霊的な病によるものであり、そのどちらでもないものは、存在しない＝「詐欺」と見なされた（第Ⅳ章、一七〇頁）。他方で、第Ⅳ章で間接的に扱われた魔女は、元は人間でありながら、悪魔と契約したために痛みと共感の外側に位置付けられた例である。それを端的に表したのが、魔女の身体に刻まれた「しるし」であった。できもの状の悪魔との契約印は、痛覚がないものと信じられていた。こうして明確に「人間的な理《ことわり》の外」に置かれた「しるし」によって、魔女は痛みという回路を通じた、世界との繋がりから遮断されたのである（一七二～三頁）。一八世紀に入ると、原子論と機械論によって自然を理解するまなざしが力を持ち始め、他者（世界）との関係は、自然界における照応ではなく、事象の因果関係に基づいて規定されるようになる。人間は、宇宙を内包する抽象的存在ではなくなると同時に、観察と実験によって計測可能な自然界の一存在として位置付け直されたのである。[59]

しかし、苦痛を媒介とし、身体の次元の構造と、世界の次元の構造とを重ね合わせる思考は、必ずしも一七世紀以前に限られるものではない。一九世紀から二〇世紀にかけて現れた、客観的で科学的な手法を用いて痛みを客体化し、それを身体の局所に置き、その量を測定するという一連のプロセスは、痛みの意味を社会全体あるいは人類という「種」の次元から説明しようという試みと並行して進んでいった。安楽死だけでなく、脳死や生体移植、再生医療や出生前遺伝子検査は、どれも功利主義的な生命の管理方法としての側面を免れない（第Ⅰ章、五三頁）。これらは、痛みに対処するひとつひとつの身体と、その身体を集合的に制御しようとする超越的世界とを照応させたのである。

この対比関係の成立背景には、イギリスを中心とするヨーロッパの帝国的拡大がある。ゾウや先住民といった「オリエント」の他者を差異化・序列化し、それを外縁として取り込む、知の体系化が進行した[60]。これにより一九世紀の医科学は、世界を遍く照らす超越性を獲得し、ヒトという種とその普遍的身体を構築したのである。

さらに、痛みを生物学的現象として解明することは、一七世紀のように痛みの意味を「外側」に、つまり宗教的文脈に求めることを否定する一方、進化論的身体観という新しい「外側」を作り出した。ここで重要なのは、痛みの肯定的な目的が、病者個人の保護という観点からではなく、人類の痛みに対する許容度の拡大という種の進化の観点から議論されたことである。こうして近代医学は、生物学的現象としての痛みの意味を考察する視座を、痛みの外部に築くことができた。「使い物にならない生命」に対して、「より効率的な救済」を与えるという安楽死の発想は、その外部の超越的視点から制御される、強力な生命統治を構想するものだった（第Ⅰ章、四九頁）。

結びにかえて

両大戦後には、功利主義的な痛みの解釈に依拠した優生学思想が批判され、物質還元主義的な痛みの理解が修正を迫られるようになった。二〇世紀後半に、国際疼痛学会が痛みを再定義し、「不快な感覚かつ感情体験」という文言を加えたのは、そうした批判を踏まえ、痛みにある者の愁訴を、痛みの定義に再び取り入れようという反省からだろう。モリスによる先駆的研究もボディスによる最新の研究も、この疼痛の再定義を、個人の次元での感情的解釈の余地を認めたものと解釈している。しかし、本書の議論から見えてくるのは、一度は個人間の差異が認められた感情の領域もまた、脳神経学によって平準化され、物質還元主義的に解釈されていく潜在的な危険である。「ラットの共感」の実験報告は、痛みの歴史の分岐点を象徴するものかもしれない。私たちは、脳神経科学による「発見」が意味するものを、見極めなければならない。

たとえば、脳画像撮影装置を用いることで、痛みをその感情的体験も含めて計量化し、個人の身体の次元を超えて集合的に議論することができるという主張がなされた時、歴史学に求められるのは、そうした歴史を超えた普遍的原理に到達しようとする学問的営みの歴史を提示することである。こうした問題関心から、本書はただ痛みの過去を明らかにすることだけを目指したのではなく、痛みを歴史的に考えるための視座を築こうとしてきた。第Ⅰ章、第Ⅲ章、第Ⅵ章は、苦痛や感情に対する生理学や脳神経学の理解の試みを、それぞれの歴史的情況に置いて相対化し、明らかにしようとした。他方で、第Ⅱ章、第Ⅳ章、第Ⅴ章は、そうした生理学的・脳神経学的理解の枠組みとは異なる行動規範や価値体系が複数存在し、その下で痛みが回路となり、人々と世界との関係性が構築されていたことを検証する試みであった。

本書の六つの論考が示した「生きられた痛み」の歴史は、過去約四〇〇年間の中でゆっくりとその姿を変貌させてきた、「痛み」の変化の軌跡の断片に過ぎない。しかし、それぞれに個性的な断片が映し出すのは、異なる波長を持つ変化のうねりが重なり合い、新しい秩序を生み出してゆく今なお継続する「痛みの歴史」である。

伊東剛史　後藤はる美

あとがき

本書の執筆者六名が「痛みの文化史」研究会を始めたのは、二〇一二年一二月のことである。きっかけは、その二年前に国際基督教大学で行われたワークショップ「恐怖のかたち――感情の文化史を考える」（主催・那須敬）だった。近世史家マーク・ジェナー氏（ヨーク大学）の来日に際して行われたこのワークショップは、歴史学専攻の院生参加者が具体的な史料に基づいて研究計画を立案し、それを全員で議論するという企画だった。恐怖の歴史に関する議論は、知的刺激に満ちたスリリングなもので、運営を手伝った編者ふたりは、自分たちも感情の文化史に挑戦したいと考えるようになった。そこで、すでに交流のあった共著者四名に呼びかけ、各自のこれまでの研究を活かしながら、痛みをテーマとする共同研究をスタートさせたのである。六名の議論は、入稿後も校正の最終段階まで続いた。巻末に収録された「痛みと感情の歴史学」は、執筆者間の度重なる意見交換と改稿の末にでき上がったものである。

研究会を始めた頃、感情史という言葉はまだ新しかった。参照できる研究文献は限られており、最初は何度も躓きながら、文字通り手探りで研究を進めた。その頃を思い返すと、ここ数年の感情史の活況には驚くばか

伊東剛史　後藤はる美

りである。国際的な研究動向とのタイムラグがあまり大きくならないうちに、私たちの研究成果を世に送り出すことができ、安堵している。

本書が生まれるにあたっては、多くの方に助けていただいた。イギリス史研究会と近世イギリス史研究会には、それぞれ「痛みの文化史」をテーマとするシンポジウム開催の機会をいただいた。そこで得られたいくつもの質問や批判と助言が、執筆者ひとりひとりが研究をまとめる上で大きな推進力となった。本書の草稿を最初に読まれた東京外国語大学の真島一郎氏の一言がなければ、「痛む／傷む／悼む」ことへの洞察は得られなかった。編集部の大内宏信氏と石川偉子氏は、最後まで足掻き続ける編者に嫌な顔ひとつせず、本書を細部まで丁寧に仕上げてくださった。校正を補助してくれた稲垣春樹氏には、とくに書誌情報の誤記をいくつも訂正していただいた。研究会開始から本書出版までの道のりを支えてくれたすべての方に、改めてお礼を申し上げたい。もし本書に美点があるとしたら、それは私たちに差し伸べられた手によるものである。もちろん、残された問題の責任は編者にある。

私たちは、グループとしては研究助成を申請せずに、各人の個別研究の延長上にこの共同研究を位置付けてきた。各人が個別研究を進める上で、それぞれ活用した研究助成を以下にまとめて記載し、本書がこれらの研究成果の一部であることを明記する。JSPS科研費（二五三七〇八五七・二五三七〇八七一・二五七七〇二六八・二五七七〇二七〇・二六二八四一一三・一六K〇二〇四六・一六K〇三一〇八）、JSPS二国間交流事業（平成二七年度特定国派遣研究者・ドイツ）、JSPS頭脳循環を加速する戦略的国際研究ネットワーク推進プログラム（J二六〇一）。

二〇一七年二月一四日

編者

53 Rob Boddice, 'Introduction: hurt feelings?', in idem., ed., *Pain and emotion in modern history* (London, 2014), pp. 1–15.

54 Joanna Burke, *The story of pain: from prayer to painkillers* (Oxford, 2014).

55 Mark S. R. Jenner, 'Tasting Lichfield, touching China: Sir John Floyer's senses', *Historical Journal*, 53 (2010), pp. 647–70.

56 ラカー「身体・細部描写・人道主義的物語」303–4 頁。

57 ハント『人権を創造する』29 頁。

58 ポーター『啓蒙主義』19–21 頁、ラカー「身体・細部描写・人道主義的物語」270–1 頁。

59 ラカー「身体・細部描写・人道主義的物語」270–1 頁、および、ポーター『啓蒙主義』21–2 頁。

60 Takashi Ito, *London Zoo and the Victorians, 1828–1859* (Woodbridge, 2014), p. 16.

42 William Reddy, 'Against constructionism: the historical ethnography of emotions', *Current Anthropology*, 38 (1997), pp. 327–51.「感情的発話」論は、ジョン・オースティンの言語行為論（speech act theory）を発展させたものである。詳しい解説は、Plamper, *The history of emotions*, pp. 257–62.

43 小野寺拓也『野戦郵便から読み解く「ふつうのドイツ兵」――第二次世界大戦末期におけるイデオロギーと「主体性」』（山川出版社、2012年）、長谷川貴彦「エゴ・ドキュメント論――欧米の歴史学における新潮流」『歴史評論』第777号（2015年）47–59頁。

44 Elizabeth S. Radcliffe, 'Hume's psychology of the passions: the literature and future directions', *Journal of the History of Philosophy*, 53 (2015), pp. 565–605; idem, *A Companion to Hume* (Malden, MA, 2008); 清水真木『感情とは何か――プラトンからアーレントまで』（ちくま新書、2014年）。

45 石井加代子「心の科学としての認知科学」『科学技術動向』第40号（2004年7月）12–21頁；戸田正直『感情――人を動かしている適応プログラム』（東京大学出版会、2007年）。

46 Rosenwein, 'Problems and methods in the history of emotions', pp. 4–5; スティーブン・ピンカー（椋田直子訳）『こころの仕組み　上・下』（ちくま学芸文庫、2013年）。

47 D. L. Smail, 'Neurohistory in action: hoarding and the human past', *Isis*, 105 (2014), pp. 110–22.『化学史研究』第42巻第3号（2015年）による紹介記事（165–67頁）も参照。

48 Roger Cooter, 'Neural veils and the will to historical critique: why historians of science need to take the neuro-turn seriously', *Isis*, 105 (2014), pp. 145–54; idem, *Writing history in the age of biomedicine* (New Haven, CT, 2013).

49 岡本充弘他編『歴史を射つ――言語論的転回・文化史・パブリックヒストリー・ナショナルヒストリー』（御茶の水書房、2015年）、長谷川貴彦『現代歴史学への展望――言語論的転回を越えて』（岩波書店、2016年）。

50 バーク『文化史とは何か』158頁。

51 日本ペインクリニック学会のホームページに掲載された「国際疼痛学会　痛み用語2011年版リスト（日本ペインクリニック学会用語委員会翻訳）」による（http://www.jspc.gr.jp/pdf/yogo_04.pdf　最終閲覧日：2016. 11. 7）。

52 本書、8頁。

29 Thomas Dixon, *From passions to emotions: the creation of a secular psychological category* (Cambridge, 2003).

30 Ute Frevert, *Emotional lexicons: continuity and change in the vocabulary of feeling 1700–2000* (Oxford, 2014), ch. 1.

31 たとえば、感情と情動の違いは何かという議論は、未だ決着がついていない。古典的な心理学では、一時的な心の動きである情動（emotion）と感情（feeling）を区別するが、他の学問領域では両者は必ずしもそのように区別されていない。さらに、心理学の領域で近年研究が進められているコアアフェクト理論は、「快・不快」と「覚醒度」の2つの要素から感情概念のモデルを構築しようとしている。James A. Russell, 'Emotion, core affect and psychological construction', *Cognition and Emotion*, 23 (2009), pp. 1259–83.

32 Donald C. Ainslie and Annemarie Butler., eds., *The Cambridge companion to Hume's Treatise* (Cambridge, 2015); Knud Haakonssen, *The Cambridge companion to Adam Smith* (Cambridge, 2006).

33 たとえば、ハント『人権を創造する』48頁の「共感や同情」（empathy or compassion）と60頁の「同情 sympathy」。

34 Collin Jones, *Smile revolution in eighteenthcentury Paris* (Oxford, 2014).

35 二宮宏之「参照系としてのこころとからだ——歴史人類学試論」福井憲彦他編『二宮宏之著作集3——ソシアビリテと権力の社会史』（岩波書店、2011年）3–31頁。論文の初出は、『社会史研究』第8号（1988年）21–51頁。二宮宏之『歴史学再考——生活世界から権力秩序へ』（日本エディタスクール出版部、1994年）にも所収。

36 Rosenwein, 'Worrying about Emotions in History'; idem, *Emotional communities in the early middle ages* (Ithaca, 2006); idem, 'Problems and methods in the history of emotions', *Passions in Context*, 1 (2010). pp 1–32.

37 Ute Frevert, *Emotions in history: lost and found* (Budapest, 2011). フレーヴェルトの研究について詳しくは、森田「感情史を考える」46–8頁。

38 ここは、現在感情史を牽引するスターンズとローゼンウェインが対立する論点のひとつである。Rosenwein, 'Worrying about Emotions in History', pp. 823–5; Sterns, *Doing emotion histories*, pp. 2–4.

39 ハント『グローバル時代の歴史学』第2、3章。

40 森田「感情史を考える」49頁。

41 Eva Illouz, *Cold intimacies: the making of emotional capitalism* (London, 2007).

teenth-century Britain (Chicago, IL, 1992). ジョン・ブルーア（近藤和彦編）『スキャンダルと公共圏』（山川出版社、2006年)。「白紙」としての人間の精神については、ジョン・ロック（大槻春彦訳）『人間知性論 1』（岩波文庫、1972年）96、133頁。および、ロイ・ポーター（見市雅俊訳）『啓蒙主義』（岩波書店、2004年）28–9頁。

23 アダム・スミス（高哲男訳）『道徳感情論』（講談社学術文庫、2013年）30頁。

24 Dinah Birch., ed., *The Oxford companion to English literature*, 7th edn. (Oxford, 2009), pp. 856–8, 901–2.

25 Rachel Ablow, 'Introduction: Victorian emotions', *Victorian Studies*, 50 (2008), pp. 375–7.

26 *Oxford English Dictionary Online*, 'Stiff', A.I.11.a.（最終閲覧日：2016. 4. 21).

27 Peter N. Stearns and Carol Z. Stearns, 'Clarifying the history of emotions and emotional standards', *American Historical Review*, 90 (1985), pp. 813–36; ホックシールド（石川准、室伏亜希訳）『管理される心——感情が商品になるとき』（世界思想社、2000年)。なお、スターンズ夫妻の造語である emotionology は、その接尾語の logy から歴史学や社会学のような学術体系を示すという誤解を招きやすい。logy には、「言うこと（言葉)、話すこと（談話)」に関わるという意味もあること（例：cacology, dittology, eulogy, tautology）を考慮すれば、emotionology は、「感情を言葉にしたり、表現したりする流儀」と理解した方がよいだろう。おそらく、このような混乱を招きかねない要素があることから、以降の感情史研究はこの術語を採用せず、感情規則、感情政体などの別の術語を用いるのが一般的である。*Oxford English Dictionary Online*, '-logy, comb. form.'（最終閲覧日：2016. 5. 31). 上記のスターンズ夫妻の論文における emotionology の定義は下記の通り。「ある社会やその内部の特定の集団が、基本感情とその適切な表現に対して保持する態度や基準。人間の行動におけるこうした態度を諸制度が反映し促進する流儀」（訳は森田『感情史を考える』45頁)。

28 Carol Z. Stearns and Peter N. Stearns, *Anger: the struggle for emotional control in America's history* (Chicago, IL, 1986). アメリカにおける情動史／感情史研究の盛り上がりを示すものとして、次の文献も重要。Peter N. Stearns, *American cool: constructing a twentieth-century emotional style* (New York, NY, 1994).

による史料の恣意的解釈を具体的に指摘している。Nicole Eustace et al., '*AHR* conversation: the historical study of emotions', *American Historical Review*, 117 (2012), pp. 1487–1531, at p. 1493. 森田「感情史を考える」55 頁、註 42 も参照。

16 規律権力論が中心に論じられたのは、ミシェル・フーコー(田村俶訳)『監獄の誕生——監視と処罰』(新潮社、1977 年)。その解説は、重田園江『ミシェル・フーコー——近代を裏から読む』(ちくま新書、2011 年)が分かりやすい。

17 たとえば、ダーウィンが感情研究の対象として精神病院《アサイラム》に収容された患者を加えたのも、精神病患者には、抑制されずに発散された、ありのままの感情を見ることができると考えたからである。Charles Darwin, *The expression of the emotions in man and animals* (London, 1872), p. 18.

18 トマス・W・ラカー「身体・細部描写・人道主義的物語」リン・ハント編(筒井清忠訳)『文化の新しい歴史学』(岩波書店、1993 年)269–315 頁、とくに 270 頁。さらに、18 世紀後半から 19 世紀初頭のイギリスの反奴隷貿易論者のレトリックを分析したブレコン・ケアリーは、奴隷の苦しみだけでなく、その観察者の心の動きも詳細に記述されたことを指摘し、人道主義的物語と共感との相関性を明らかにした。Brycchan Carey, *British abolitionism and the rhetoric of sensibility: writing, sentiment and slavery, 1760–1807* (New York, 2005). 感情史の視点からは次の研究も重要。Crhistopher L. Brown, *Moral capital: foundations of British abolitionism* (Chapel Hill, NC, 2006); Seymour Drescher, *The mighty experiment: free labour versus slavery in British emancipation* (New York, NY, 2002).

19 リン・ハント(松浦義弘訳)『人権を創造する』(岩波書店、2011 年)80–96 頁。

20 Tobias Menely, 'Returning to emotion, via the age of sensibility', *Eighteenth-Century Life*, 34 (2010), pp. 114–24.

21 Thomas Dixon, '"Emotion": the history of a keyword in crisis', *Emotion Review*, 4 (2012), pp. 338–44.

22 Menely, 'Returning to emotion'; Jonathan Lamb, *The evolution of sympathy in the long eighteenth century* (London, 2009); Paul Langford, *A polite and commercial people: England, 1727–1783* (Oxford, 1989); John Brewer, *The pleasure of the imagination: English culture in the eighteenth century* (New York, NY, 1997); G. J. Baker-Benfield, *The culture of sensibility: sex and society in eigh-*

（2016年9月号）15–22頁。

5 文化史の概要については、ピーター・バーク（長谷川貴彦訳）『文化史とは何か』増補改訂版（法政大学出版局、2010年）が手引きとして優れている。

6 バーク『文化史とは何か』15、156頁。

7 ヨハン・ホイジンガ（堀越孝一訳）『中世の秋』I（中央公論新社、2001年）、3頁。

8 リュシアン・フェーブル「いかにして往時の感情生活を再現するか――感性と歴史」E・ル・ロワ・ラデュリ、A・ビュルギエール監修（浜名優美監訳）『叢書アナール 1929–2010――歴史の対象と方法 I』（藤原書店、2010年）327–53頁。なお、フェーブルや後述のエリアスが感情史の先鞭を付けた背景には、ナチズムの台頭があった。扇動的なファシズムの広まりは、中世的な抑制の効かない感情が再帰し、理性に立脚する市民社会に存続の危機が訪れたと考えられたのである。また、フェーブルは、ドイツ侵攻によってフランス国民が感情的な一体性を剥奪されてしまうことを危惧していた。杉山光信「感情の歴史学、あるいは感情と歴史学――1940年代のL・フェーヴルとG・フリードマン」『思想』第703号（1983年）40–1頁。

9 Barbara H. Rosenwein, ‘Worrying about emotions in history’, *American Historical Review*, 107 (2002), pp. 821–45, at pp. 821–2.

10 引用箇所の翻訳は、二宮宏之『マルク・ブロックを読む』（岩波書店、2005年）による（157頁）。

11 Stuart Clark, ‘French historians and early modern popular culture’, *Past and Present*, 100 (1983), pp. 62–99, at p. 69.

12 ロベール・マンドルー（二宮宏之、長谷川輝夫訳）『民衆本の世界――17・18世紀フランスの民衆文化』（人文書院、1988年）。

13 G・ルフェーブル（二宮宏之訳）『革命的群衆』（岩波文庫、2007年）62頁。革命史研究における集合心性論の評価については、柴田三千雄『フランス革命』（岩波現代文庫、2007年）。

14 ノルベルト・エリアス（赤井慧爾他訳）『文明化の過程・上』（法政大学出版局、1977年／新装版2010年）；ノルベルト・エリアス（波田節夫他訳）『文明化の過程・下』（法政大学出版局、1978年／新装版2010年）。

15 バーク『文化史とは何か』80–1頁。ローゼンウェインは、エリアス

伊國屋書店、1998年）499頁。原著タイトルについては、本書354頁註6を参照。

6 Quantified Self: Self-Konwledge through Numbers（http://quantifiedself.com/）この運動に関する記事としては、たとえば以下を参照。Karen Weintraub, 'The Quantified self: the tech-based route to a better life?' BBC Future, 3 Jan. 2013（http://www.bbc.com/future/story/20130102-self-track-route-to-a-better-life　最終閲覧日：2016. 10. 5）; Gary Wolf, 'Data-driven life?', New York Times Magazine, 28 Apr. 2010（http://www.nytimes.com/2010/05/02/magazine/02self-measurement-t.html?_r=0　最終閲覧日：2016. 10. 5）.

7 「不整脈と生活習慣病の関連性を解析する臨床研究を開始」東京大学・NTTドコモ 報道発表資料（http://www.h.u-tokyo.ac.jp/vcms_lf/release_20160421.pdf　最終閲覧日：2016. 10. 5）。

痛みと感情の歴史学

1 Peter Burke, 'Is there a cultural history of the emotions?', in Penelope Gouk and Hellen Hills., eds., *Representing emotions: new connections in the histories of art, music and medicine* (Aldershot, 2005), pp. 35–9.

2 各研究プロジェクトのウェブサイトは、下記の通り。いずれも最終閲覧日は2016年4月16日。ロンドン大学クイーンメアリ（http://www.qmul.ac.uk/emotions/）、マックスプランク人間発達研究所・感情史研究センター（https://www.mpib-berlin.mpg.de/en/research/history-of-emotions）、オーストラリア研究振興協会COE（http://www.history-ofemotions.org.au/）。

3 Colin Jones, 'The emotional turn in the history of medicine and the view from Queen Mary University of London', Special Virtual Issue of *Social History of Medicine*, 'Emotions, Health, and Well-Being', ed. Aaron Seaman., 2012; Jan Plamper, 'The history of emotions: an interview with William Reddy, Barbara Rosenwein, and Peter Stearns', *History and Theory*, 49 (2010), 237–65.

4 森田直子「感情史を考える」『史学雑誌』第125編第3号（2016年）39–57頁；リン・ハント（長谷川貴彦訳）『グローバル時代の歴史学』（岩波書店、2016年）。後者の原著は、Lynn Hunt, *Writing history in the global era* (New York, NY, 2014). また、中世史家の池上俊一による次の解説も参照。池上俊一「歴史学の作法11　感情史の可能性」『UP』

prise, p. 282, n. 91.

85 一方、世紀転換期に現れた「動物の権利」論は、動物に個性／人格（individuality）を認め、動物の苦痛をその動物自身の視点から評価する契機をもたらした。Henry Salt, *Animals' rights considered in relation to social progress* (New York, NY, and London, 1894); Weinbren, 'Against all cruelty'; 光永雅明「「文明社会」における動物たち――ヘンリ・S・ソルトによる動物の擁護」『神戸市外国語大学外国学研究』第 85 号（2013 年）55–69 頁。

86 Thomas H. Huxley, 'On the hypothesis that animals are automata, and its history', *Nature*, 10 (1874), pp. 362–6; White, 'Sympathy under knife', p. 111.

87 Boddice, 'Vivisection major', pp. 236–7.

88 Thomas Dixon, *The invention of altruism: making moral meanings in Victorian Britain* (Oxford, 2008), pp. 129–51.

89 George J. Romanes, *Animal intelligence* (London, 1882); idem., *Mental evolution in animals: with a posthumous essay on instinct by Charles Darwin* (London, 1883).

90 Romanes, *Life and letters*, III, p. 133.

ラットの共感？

1 Nobuya Sato, Ling Tan, Kazushi Tate, and Maya Okada, "Rats demonstrate helping behavior toward a soaked conspecific", *Animal Cognition*, 18 (2015): 1039–47.

2 根本毅「共感能力　助けなきゃ、水責めに仲間が反応」『毎日新聞』（大阪）2015 年 5 月 12 日夕刊（電子版 http://mainichi.jp/articles/20150512/ddf/041/040/010000c　最終閲覧日：2016. 10. 5）。「ラットが溺れる仲間助ける　窮地に共感、関学大が実験」『日本経済新聞』2015 年 5 月 12 日（電子版 http://www.nikkei.com/article/DGXLASDG12H0Z_S5A510C1CR0000/　最終閲覧日：2016. 10. 5）。

3 ニューロ・ターンについては、本書第 I 章の 17 頁、および後述（283–5 頁）を参照。

4 「ラットを溺れさせる関西学院大の残酷実験」NPO 法人　動物実験の廃止を求める会（JAVA）HP、2015 年 8 月 1 日掲載（http://www.java-animal.org/topics/category/animal-testing/　最終閲覧日：2016. 10. 5）。

5 デイヴィド・B・モリス（渡邉勉、鈴木牧彦訳）『痛みの文化史』（紀

69 French, *Antivivisection and medical science*, pp. 55–9.

70 Charles Darwin to Frances Power Cobbe, 14 Jan. 1875, *CCD*, XXIV, pp. 94–6; Feller, 'Dog fight', p. 266; 小川「生体解剖実験反対運動に抗する生理学研究者」4–5 頁。

71 両案は王立委員会報告書に収録されている。*Report of the Royal Commission on the practice of subjecting live animals to experiments for scientific purposes* (1876), pp. 337–9.

72 French, *Antivivisection and medical science*, p. 79.

73 *Ibid.*, p. 93.

74 *Report of the Royal Commission*, p. 234.

75 H. E. Litchfield, ed., *Emma Darwin, wife of Charles Darwin: a century of family letters* (2 vols., Cambridge, 1904), II, p. 274.

76 *Report of the Royal Commission*, pp. vii–xiii. なお、委員会の中で最も強硬な反生体解剖論者のハットンによる、犬と猫を用いた実験の完全廃止を求める少数意見も付記された。

77 'An act to amend the law relating to cruelty to animals', Vict. 39 & 40, c. 77, in *The public general statutes passed in the thirty-ninth and fortieth years of the reign of Her Majesty, Queen Victoria, 1876* (London, 1876), pp. 459–464.

78 *Ibid.*, p. 459.

79 *The Times*, 18 Apr. 1881, p. 10.

80 Ethel Duncan Romanes, ed., *Life and letters of George John Romanes*, 2nd ed. (London, 1896), pp. 126–8; Boddice, 'Vivisection major', p. 227.

81 Darwin, *Life and letters*, III, pp. 209–10.

82 Caroline Sumpter, 'On suffering and sympathy: Jude the Obscure, evolution, and ethics', *Victorian Studies*, 53 (2011), pp. 665–87; Paul White, 'The experimental novel and the literature of physiology', in Ben Marsden, Hazel Hutchison and Ralph O'Conor, eds., *Uncommon contexts: encounters between science and literature* (London, 2013), pp. 21–38. 丹治愛「『モロー博士の島』と生体解剖論争（1）～（18）」『英語青年』第 149 巻 7 月号（2004 年）から第 150 巻 12 月号（2005 年）にかけて連載。

83 Darwin, *Life and letters*, III, pp. 209–10.

84 ローマニーズ夫人の回顧による。Romanes, *Life and letters*, p. 135; Robert G. Frank Jr., 'The telltale heart: physiological instruments, graphic methods and clinical hopes, 1854–1914', in Coleman and Holmes, *The investigative enter-*

313, at pp. 269–71; G. J. Romanes, *Jelly-fish, star-fish and sea-urchins: being a research on primitive nervous system* (London, 1885). この功績により、ローマニーズは 1879 年、31 歳の若さで王立協会のフェローに選出されている。ローマニーズとダーウィンの関係については、French, 'Darwin and the physiologists', pp. 254–9; Joel S. Schwartz, 'George John Romanes's defense of Darwinism: the correspondence of Charles Darwin and his chief disciple', *Journal of the History of Biology*, 28 (1995), pp. 281–316; Joel S. Schwartz, 'Out from Darwin's shadow: George John Romanes's efforts to popularise science in *Nineteenth Century* and other Victorian periodicals', *Victorian Periodicals Review*, 35 (2002), pp. 133–59.

63 Darwin to J. D. Hooker, 20 Dec. 1874, *CCD*, XXII, pp. 578–9; Hooker to Darwin, 22 Dec. 1874, *Ibid.*, p. 581; Darwin to Romanes, 27 Dec. 1874, *Ibid.*, pp. 592–3.

64 Darwin to E. R. Lankester, 22 Mar. 1871, *CCD*, XXI, p. 205. 1847 年生まれのランケスターは、ハクスリーの次の世代の生物学者。無脊椎動物の生理学を研究し、のちに自然史博物館長に就任した。

65 Rob Boddice, 'Vivisecting major: a Victorian gentleman scientist defends animal experimentation, 1876–1885', *Isis*, 102 (2011), pp. 215–37, at p. 234.

66 Ian Miller, 'Necessary torture?: vivisection, suffragette force-feeding, and responses to scientific medicine in Britain c. 1870–1920', *Journal of the History of Medicine and Allied Sciences*, 64 (2009), pp. 333–72; Hilda Kean, 'The "smooth cool men of science": the feminist and socialist response to vivisection', *History Workshop Journal*, 40 (1995), pp. 16–38; Dan Weinbren 'Against all cruelty: the Humanitarian League, 1891–1919', *History Workshop Journal*, 38 (1994), pp. 86–105; 三神和子「生体解剖反対運動における フランシス・パワー・コブの主張」『日本女子大学英米文学研究』第 47 号（2012 年）95–114 頁。

67 Stewart Richards, 'Anaesthetics, ethics and aesthetics: vivisection in the late に nineteenth-century British laboratory', in Andrew Cunningham and Perry Williams, eds., *The laboratory revolution in medicine* (Cambridge, 1992), pp. 142–169; 小川「生体解剖実験反対運動に抗する生理学研究者」1–2 頁。

68 David Allan Feller, 'Dog fight: Darwin as animal advocate in the antivivisection controversy of 1875', *Studies in History and Philosophy of Biological and Biomedical Sciences*, 40 (2009), pp. 265–71.

51 Browne, *Charles Darwin: voyaging*, p. 453; John van Wyhe, 'Mind the gap: did Darwin avoid publishing his theory for many years?', *Notes and Records of the Royal Society*, 61 (2007), pp. 177–205.

52 生体解剖論争に関する研究は多数ある。古典的な研究としては、Richard D. French, *Antivivisection and medical science in Victorian society* (Princeton, NJ, 1975); Nicolaas A. Rupke, ed., *Vivisection in historical perspective* (London, 1987).

53 William Coleman and Frederic L. Holmes, eds., *The investigative enterprise: experimental physiology in nineteenth-century medicine* (Berkeley, CA, 1988); Daniel P. Todes, *Pavlov's physiology factory: experiment, interpretation,laboratory enterprise* (Baltimore, MD, 2002); Robert M. Young, *Mind, brain and adaptation in the nineteenth century: cerebral localisation and its biological context from Gall to Ferrier* (Oxford, 1970); Gerald Geison, *Michael Foster and the Cambridge school of physiology* (Princeton, NJ, 1978).

54 本書 38 頁を参照。

55 小川眞里子「生体解剖実験反対運動に抗する生理学研究者」『生物学史研究』第 80 号（2012 年）2–3 頁。

56 Paul White, 'Sympathy under the knife: experimentation and emotion in late Victorian medicine', in Janet Browne, ed., *Medicine, emotion and disease, 1700–1950* (Basingstoke, 2006), pp. 109–14.

57 伊東剛史「「マーティン法」の余波——19 世紀イギリスにおける動物福祉の法制化と世論形成」『金沢学院大学紀要——文学・美術・社会学編』第 10 号（2012 年）227–42 頁。

58 伊東剛史「19 世紀イギリスにおける動物虐待防止法の成立とロンドンの時空間秩序」（史学会大会・西洋史部会における研究報告、2011 年 11 月）。『史学雑誌』第 121 編第 1 号（2012 年）に要旨掲載。

59 Charles Darwin, *Insectivorous plants* (London, 1875), pp. 266, 318, 366.

60 Peter Ayres, *The aliveness of plants: the Darwins at the dawn of plant science* (London, 2008); pp. 94–6; Richard D. French, 'Darwin and the physiologists, or the medusa and modern cardiology', *Journal of the History of Biology*, 3 (1970), pp. 253–74, at pp. 261–2.

61 Desmond and Moore, *Darwin*, p. 617.

62 G. J. Romanes, 'Preliminary observations on the locomotor system of medusae', *Philosophical Transactions of the Royal Society of London*, 166 (1876), pp. 269–

mandin, 'Claude Bernard and *An introduction to the study of experimental medicine*: "physical vitalism", dialectic, and epistemology', *Journal of the History of Medicine and Allied Sciences*, 62 (2007), pp. 495–528.

34 Darwin, *Life and letters*, III, p. 200; Browne, *Charles Darwin: the power of place*, pp. 429–30.

35 Frances Power Cobbe, '*Consciousness of dogs*', *Quarterly Review*, 133 (October 1872), pp. 419–51; 'Presentation lists for *Expression*', *CCD*, XX, 661–5; Frances Power Cobbe to Darwin, [26 Nov. 1872], *CCD*, XX, pp. 525–6; Darwin to Cobbe, 28 Nov. 1872, *CCD*, XX, pp. 528–9.

36 Darwin, *The descent of man*, p. 70.

37 *The Lancet*, 82: 2086 (1863), p. 225.

38 Charles Darwin, *Journal of researches into the natural history and geology of the countries visited during the voyage of H. M. S. Beagle round the world*, 2nd ed. (London, 1845), p. 499.

39 Darwin, *Life and letters*, III, p. 200.

40 Barret, *Charles Darwin's notebooks*, p. 228.

41 Darwin, *Journal of researches*, p. 500.

42 Adrian Desmond and James Moore, *Darwin's sacred cause: race, slavery and the quest of human origins* (Chicago, IL, 2011).

43 Darwin to Lyell, 25 Aug. 1845, in *CCD*, III, pp. 241–3; Desmond and Moore, *Darwin's sacred cause*, pp. 180–3.

44 ジャマイカ事件については、Catherine Hall, *Civilising subjects: metropole and colony in the English imagination, 1830–1867* (Chicago, IL, 2002), pp. 24–6.

45 Charles Darwin to J. D. Hooker, 20 Nov. 1866, in *CCD*, XIV, pp. 392–3; Hooker to Darwin, 22 Nov. 1866, *CCD*, *Ibid.*, pp. 395–6. ダーウィンとフッカーの交友関係については、Jim Enderby, 'Sympathetic science: Charles Darwin, Joseph Hooker, and the passions of Victorian naturalists', *Victorian Studies*, 51 (2009), pp. 299–320.

46 Darwin, *Life and letters*, III, p. 54.

47 Browne, *Charles Darwin: the power of place*, p. 63.

48 Charles Darwin to Emma Darwin, [28 Apr. 1858], *CCD*, VII, p. 84.

49 Darwin, *On the origin of species*, p. 489; 富山太佳夫『ダーウィンの世紀末』（青土社、1995 年）195 頁。

50 Saul Adler, 'Darwin's illness', *Nature*, 184 (1959), pp. 1102–4.

19 Paul H. Barrett et al., eds., *Charles Darwin's notebooks, 1836–1844: geology, transmutation of species, metaphysical enquiries* (Cambridge, 1987), p. 578.

20 Darwin, *Expression of the emotions*, pp. 151–2.

21 *Ibid.*, p. 154.

22 ベルは感情が身体を通して表現される原因を解明する鍵となるのが、生命維持にとって不可欠な血液循環を司る心臓と呼吸器系、そして両者を「同調（sympathy）」させる神経系であると議論している。Bell, *Essays on the anatomy and philosophy at expression*, pp. 82–96.

23 Darwin, *Expression of the emotions*, pp. 160–3; Bell, *Essays on the anatomy and philosophy of expression*, p. 106. ダーウィンが非常に強く確証を求めていたことは、ダーウィンが所有した『表情の解剖学と哲学』への書き込み（註 12 参照）や、ドンデルスおよびボウマンとの書簡によって裏付けられる。Charles Darwin to F. C. Donders, 3 June [1870], *CCD*, XVIII, pp. 148–9; Charles Darwin to William Bowman, 30 July [1867], *CCD*, XV, pp. 331–2; Bowman to Darwin, 5 Aug. [1867], *Ibid.*, pp. 338–9; Darwin to Bowman, 7 Aug. [1867], *Ibid.*, p. 342; Darwin to Bowman, 30 Mar. [1868], *CCD*, XVI, pp. 344–5; Bowman to Darwin, 1 Apr. [1868], *CCD*, XVI, pp. 353–4; Darwin to Bowman, 2 Apr. [1868], *Ibid.*, pp. 355–6.

24 Darwin, *Expression of the emotions*, pp. 170–1.

25 Letter from Samuel Glenie enclosed in a letter from George Thwaites to Charles Darwin, [before 31 Oct. 1868], *CCD*, XVI, p. 825.

26 Darwin to Thwaites, 29 Dec. 1868, *CCD*, XVI, p. 909.

27 Darwin, *Expression of the emotions*, p. 167.

28 *Ibid.*, pp. 176–7.

29 James Emerson Tennent, *Ceylon: an account of the island, physical, historical and topographical* (2 vols., London, 1859), II, pp. 364, 375.

30 Bell, *Essays on the anatomy and philosophy of expression*, p. 241.

31 Fay Bound Alberti, *Matters of the heart: history, medicine and emotion* (Oxford, 2010).

32 Carin Berkowitz, 'Disputed discovery: vivisection and experiment in the 19th century', *Endeavour*, 30 (2006), pp. 98–102.

33 Claude Bernard, *An introduction to the study of experimental medicine*, trans. Henry Copley Greene (New York, 1949), p. 103.〔クロード・ベルナール（三浦岱栄訳）『実験医学序説』（岩波文庫、1970 年）〕。Sebastian Nor-

Expression', in Angelique Richardson, ed., *After Darwin: animals, emotions and the mind* (Amsterdam, 2013), pp. 51–88; Robert Shanafelt, 'How Charles Darwin got emotional expression out of South Africa (and the people who helped him)', *Comparative Studies in Society and History,* 45 (2003), pp. 815–42; 小川眞里子『甦るダーウィン――進化論という物語り』(岩波書店、2003年) 83–113頁。

12 1824年に第2版、1844年に第3版、1847年に第4版、そして1865年に第5版が出版されている。Charles Bell, *Essays on the anatomy of expression in painting* (London, 1806); idem, *Essays on the anatomy and philosophy of expression as connected with the fine arts,* 5th ed. (London, 1865)〔チャールズ・ベル(岡本保訳)『表情を解剖する』(医学書院、2001年)〕. なお、ダーウィンが所蔵した第3版はデジタル化されており、Biodiversity Heritage Library (http://biodiversitylibrary.org) によって公開されている。以下の註は、この第3版に基づく。

13 Bell, *Essays on the anatomy and philosophy of expression*, p. 83.

14 *Ibid.*, p. 121.

15 White, 'Darwin's emotions'.

16 神経伝達物質が発見され、その機能が解明されるようになったのは20世紀以降のことである。本書30頁を参照。

17 Darwin, *Expression of the emotions*, pp. 27–9; Browne, 'Darwin and the expression of the emotions', pp. 310–11.

18 『感情表現』による涕涙の研究については、Thomas Dixon, *Weeping Britannia: portrait of a nation in tears* (Oxford, 2015); Paul White, 'Darwin wept: science and the sentimental subject', *Journal of Victorian Culture,* 16 (2011), pp. 195–213. も言及している。両者は共に、ダーウィンが涕涙を生理学的現象として研究したことと、ダーウィン自身が「涙もろい」、「共感の人」だったと指摘している。ただし、前者は指摘のみで、そうしたダーウィンの両面性について分析を掘り下げていない。後者は、涕涙を説明する生理学的準拠枠の中に、ダーウィンが感情 (sentimentality) を再導入しようとしたと分析している。それに対して本章は、分析対象の中心に動物を据えることでダーウィンの両面性を際立たせ、そのあいだに揺れるダーウィンの視点から、「現象としての痛み」と「感情としての痛み」という相互参照的なふたつの痛みの構造を理解するものである。

NJ, 2002); Adrian Desmond and James Moore, *Darwin: the life of a tormented evolutionist* (New York, 1991)〔A・デズモンド、J・ムーア（渡辺政隆訳）『ダーウィン——世界を変えたナチュラリストの生涯』（工作舎、1999年)〕; 松永俊男『チャールズ・ダーウィンの生涯——進化論を生んだジェントルマンの社会』（朝日新聞出版、2009年）。

3 Charles Darwin, *The expression of the emotions in man and animals* (London, 1872), p. 19; Francis Darwin, ed., *Life and letters of Charles Darwin* (London, 1887), III, pp. 131–3, 322; Charles Darwin to Asa Gray, 15 Apr. 1867, *CCD*, XV, pp. 224–5.

4 進化論の着想は、註2に挙げた伝記においても重要なテーマとして扱われている。

5 Wilfrid Blunt, *The ark in the park: the zoo in the nineteenth century* (London, 1976), p. 38.

6 Charles Darwin to Susan Darwin, 1 Apr. 1838, *CCD*, II, pp. 80–1; Takashi Ito, *London Zoo and the Victorians 1828–1859* (Woodbridge, 2014), p. 162. なお、ダーウィンは動物と人間の抽象能力に連続性を認めるヘンリ・ブルームの著書を読み、高く評価している。ジリアン・ビア（鈴木聡訳）『未知へのフィールドワーク——ダーウィン以後の文化と科学』（東京外国語大学出版会、2010年）162頁。

7 Charles Darwin, *On the origin of species by means of natural selection, or the preservation of favoured races in the struggle for life* (London, 1859), p. 488.

8 伊東剛史「生物進化のメカニズム——『進化論』」池田嘉郎他編『名著で読む世界史120』（山川出版社、2016年）309–11頁。

9 Charles Darwin, *The descent of man, and selection in relation to sex* (London, 1871).

10 1871年1月15日に『人間の由来と性選択』を脱稿したあと、17日には『感情表現』の執筆を開始している。Francis Darwin, ed., *Charles Darwin: his life told in an autobiographical chapter* (London, 1892), p. 47; Darwin, *Life and letters*, III, p. 133.

11 『感情表現』の概要に関して、より詳しくは、Paul White, 'Darwin's emotions: the scientific self and the sentiment of objectivity', *Isis*, 100 (2009), pp. 811–26; Janet Browne, 'Darwin and the expression of the emotions', in David Kohn, ed., *The Darwinian heritage* (Princeton, NJ, 1985), 307–26; Angelique Richardson, '"The book of season": the conception and reception of Darwin's

79 WSRO, Acc5979/2, p. 291.

80 WSRO, Acc5979/2, p. 291; LMA, DL/C/180, fos. 135.

81 WSRO, Acc5979/2, pp. 224–7.　証言は LMA, DL/C/278, fos. 477–521.

82 *Ibid*., p. 293.

83 *Ibid*., pp. 229, 289, 296.

84 *ER*, 161, p. 477.

85 *Ibid*.

86 WSRO, Acc5979/2, p. 303.

87 *Ibid*., p. 302.

88 *Ibid*., p. 303.

89 *ER*., 161, p. 474.

90 *Ibid*., p. 481.

91 *Ibid*., p. 469.

92 WSRO, Acc5979/2, p. 304.

93 *ER*., 161, p. 482. 女性の証人たちの中に「過剰な情念」を見出そうとしたのとは対照的に、原告を支持する男性証人たちの証言の信憑性に対する疑問は、彼らの証言の矛盾、説得力の不足に見出された。トマス・エヴァンズをオーガスタに引き合わせ、二人の結婚に協力した男性の友人は、夫の弁護団によって「哀れな若い女性を怪物の手に渡した人物」と皮肉られた。

94 WSRO, Acc5979/2, p. 229.

95 アダム・スミス（高哲男訳）『道徳感情論』（講談社学術文庫、2013年）168–79 頁。

VI 観察——ダーウィンとゾウの涙

略　記：*CCD* = Frederik Burkhardt, et al., eds., *The correspondence of Charles Darwin* (Cambridge, 1985–). チャールズ・ダーウィンの書簡集。2016 年 10 月現在、1875 年分（第 23 巻）まで刊行されている。

1 Charles Darwin to George Thwaites, 31 Jan. [1868], *CCD*, XVI, p. 55.

2 ダーウィンの伝記は多数存在する。代表的なものは、Peter J. Bowler, *Charles Darwin: the man and his influence* (Cambridge, 1996)〔ピーター・J・ボウラー（横山輝夫訳）『チャールズ・ダーウィン——生涯・学説・その影響』（朝日新聞出版、1997 年）〕; Janet Browne, *Charles Darwin: Voyaging* (London, 1995); idem, *Charles Darwin: the power of place* (Princeton,

59 Anon., *The trial of Isaac Prescott*, p. 64.

60 Anon., *The trial of Andrew Robinson Bowes,* p. 42.

61 *Ibid*., pp. 5–6.

62 Barker-Benfield, *The culture of sensibility*, chs.1–5.

63 LPCA, Ee9/15/1, *Jessop v. Jessop* (1717).

64 感受性の文化と医学言説に関する代表的な論として Barker-Benfield, *The culture of sensibility*, pp. 1–36; John Mullan, 'Hypochondria and hysteria: sensibility and the physicians', *The Eighteenth Century*, 25 (1984), pp. 141–74.

65 Vickery, *The gentleman's daughter*, pp. 153–4.

66 本章では 1781年版を参照した。William Buchan, *Domestic medicine* (1781), pp. 120–2.

67 *Ibid*., p. 125.

68 LPCA, Bbb1259/1.

69 コモン・ローによる夫の所有権に対する妻の特有財産については Amy Louise Erickson, *Women and property in early modern England* (London, 1993), pp. 102–13; S. Staves, *Married women's separate property in England, 1660–1833* (Cambridge, MA, 1990).

70 LPCA, Bbb 1565; *Reports of cases argued and determined in the Court of King's Bench and in the bail court with table of the names of cases and digest of the principal matters* (London, 1836), pp. 287–97.

71 LPCA, Bbb1565.

72 LPCA, B19/83.

73 LPCA, Bbb1056/11.

74 LPCA, Ee9/15/1.

75 LPCA, Bbb1062/1.

76 James A. Steintrager, *Cruel delight: enlightenment culture and the inhuman* (Bloomington, IN, 2004), chs.1–4.

77 1790年12月から1791年1月にかけて、夫トマス・エヴァンズは店主に向けて新聞に告知を出している。その内容とは、別居している妻が買い物に来た時に掛売りをしないように、というものである。敗訴した後、オーガスタ・エヴァンズは苦難の生活を強いられたと考えられる。*World*, 7. Dec. 1790, Issue 1227 を参照。

78 WSRO, 5979/2, fos. 224–7. ウォレン対ウォレンの訴状は残されていない。LMA, DL/C/180, fos. 133–8.

38 *ER*, 161, p. 495.

39 LPCA, Bbb472/5, *Dunning v. Dunning* (1680).

40 Anon., *The trial of Andrew Robinson Bowes, Esq. for adultery and cruelty* (London, 1789), p. 34.

41 LPCA, Bbb472/5.

42 LPCA, Bbb1221/8, *Cockerell v. Cockerell* (1730).

43 LPCA, Bbb1221/8.

44 LPCA, Ee4, fo. 120, *Charnock v. Charnock* (1673).

45 LPCA, Ee9, 199/5–7, *Dineley v. Dineley* (1732).

46 LPCA, Ee6, fo. 66, *Dorrell v. Dorrell* (1686).

47 LPCA, Ee6, fo. 11, *Stoddard v. Stoddard* (1684).

48 LPCA, Ee10/10, *Revell v. Revell* (1734).

49 LPCA, Eee14, fo. 123.

50 LPCA, Bbb472/4.

51 *Ibid.*

52 エドワード・P・トムスン「ラフ・ミュージック」二宮宏之、樺山紘一、福井憲彦編『アナール論文選 1――魔女とシャリヴァリ』（新評論、1982 年） 100–2, 110 頁。

53 LPCA, Bbb472/4.

54 LPCA, Bbb724/3, *Redhead v. Redhead* (1690).

55 LPCA, Bbb472/4.

56 LPCA, Bbb1088/4.

57 Carter, *Men and the emergence*, p.6; Elizabeth Foyster, 'Boys will be boys? Manhood and aggression, 1660–1800', in Tim Hitchcock and Michèle Cohen, eds., *English masculinities 1660–1800* (London, 1999), pp. 151–66. 18 世紀ロンドンにおける男性の身体暴力の減少傾向に関する議論として Robert Shoemaker, Reforming male manners: public insult and the decline of violence in London, 1660–1740, in Hitchcock and Cohen eds, *English masculinities*, pp. 133–50.

58 Anon., *The trial of Isaac Prescott, esq. ... for wanton, tyrannical, unprovoked, and savage cruelty, towards Jane Prescott, his wife* (London, 1785), p. 31.　原告の父親の証言は、パンフレットに収録されたものであるが、証言記録群の中には含まれていない。母親の証言も同様である。 London Metropolitan Archives（以下 LMA）, DL/C/282, fos. 300–44; DL/C/179, fos. 405–32.

入ってからである。Foyster, *Marital violence*, p. 116.

20 *English Reports*（以下 *ER*）, 161, pp. 1099–100. ウィリアム・スコット（Baron Stowell）については *ODNB* を参照。R. A. Melikan, 'Scott, William, Baron Stowell (1745–1836)', *ODNB*.

21 West Sussex Record Office（以下 WSRO）, Acc5979/2, p. 303.

22 T. J. Scheff and S. M. Retzinger, *Emotions and violence: shame and rage in destructive conflicts* (Lincoln, NE., 2001), pp. 3–19.

23 近世のコモン・ローにおける「挑発の原則（doctrine of provocation）」については Horder, *Provocation*, pp. 6–100.

24 Lambeth Palace Library, the Court of Arches（以下 LPCA）, E26/71.

25 ウィリアム・バレルについては *ODNB* を参照のこと。John H. Farrant, 'Burrell, Sir William, second baronet (1732–1796)', *ODNB*.

26 WSRO, Acc5979/2, p. 231. 教会裁判所の弁護士たちは殴打を極めて男性的な暴力行為と認識していた。夫に引っ掻かれたという妻側の弁護士の主張は、それは「女の行為」であって男の行為ではないと一蹴されている。

27 *Ibid*., p. 296.

28 *Ibid*., p. 297.

29 WSRO, Acc5979/1, p. 290.

30 教会裁判所の夫の姦通に対する判断については Junko Akamatsu, 'Revisiting ecclesiastical adultery cases in eighteenth-century England', *Journal of Women's History*, 28 (2016), pp. 13–37, at pp. 20–7.

31 Amy Louise Erickson, 'Coverture and capitalism', *History Workshop Journal*, 59 (2005), pp. 1–16, at pp. 1–8.

32 妻の経済活動の制約と実践に関しては Margot Finn, 'Women, consumption and coverture in England, c.1760–1860', *Historical Journal*, 39 (1996), pp. 703–22.

33 Amanda Vickery, *The gentleman's daughter: women's lives in Georgian England* (New Heaven and London, 1998), pp. 127–60.

34 WSRO, Acc5979/1, p. 290.

35 Joanne Bourke, 'Sexual violence, bodily pain, and trauma: a history', *Theory, Culture and Society*, 29 (2012), pp. 25–51, at pp. 40–3.

36 LPCA, Eee5, fo. 256, *Hooper v. Hooper* (1673).

37 LPCA, Bbb1565/1, *Shelton v. Shelton* (1788).

原告、被告、証人たちの生身の感覚が、訴訟記録にそのまま記されることはあまりない。第一に、妻側と夫側の双方が、弁護士を雇っており、訴訟に際して記録された暴力の数々も専門家の思考において訴えに値すると判断されたものが多い。第二に、「痛み」が個別の文脈において個々の意味を持っているなかで、訴訟とはそれを「法」を介して「一般秩序」の中に還元していく行為であり、その作業過程で生まれた記録からは、訴訟に関わった人々の「生の感情」を容易に読み取ることはできない。現代においては、ドメスティック・バイオレンスの被害者が暴力体験の後、長期にわたって被る「心的外傷後ストレス障害（Post-Traumatic Stress Disorder）」の概念があるが、18 世紀には、そのような概念は勿論存在しなかった。仮にそのような痛みの感情的・身体的体験があったとしても、18 世紀の訴訟記録と弁護士の手稿には記録されていない。また、暴力の被害者にとって厳しいとされる「裁判の過程」がもたらす二次被害の体験も、訴訟記録および弁護士の手稿から読み取ることはできない。訴訟記録には「生の感情」、「自分が支持する側に訴訟を有利に運ぶための戦略的感情」、そして訴えの防御のあり方として定型化されていた「挑発と激昂」をめぐる「法的感情」が混在している。最後に、「時間の経過」という問題が存在する。暴力を体験（目撃）した瞬間から、訴訟開始前、訴訟開始後、訴訟中、訴訟の終わりに至るまでの感情は刻々と変化した。本章が試みようとしているのは、「変化していく痛み」の存在を前提としてその一瞬を切り取り、虐待の法概念と訴訟というフィルターを通して読者の前に提示する作業である。

16　Henry Consett, *Practice of the spiritual or ecclesiastical courts* (London, 1685), p. 256.

17　N・Z・デーヴィス（成瀬駒男・宮下志朗訳）『古文書の中のフィクション――16 世紀フランスの恩赦嘆願の物語』（平凡社、1990 年）69–142 頁。

18　Jeremy Horder, *Provocation and responsibility* (Oxford, 1992) p. 26. 近世の男性の名誉については Elizabeth Foyster, *Manhood in early modern England: honour, sex and marriage* (London, 1999), pp. 8–9. シェパードによる同時代の男性らしさと暴力に関する議論も参照。Alexandra Shepard, *Meanings of manhood in early modern England* (Oxford, 2003), pp. 127–51.

19　「挑発と激昂」の原則が司法において効力を失い始めるのは 19 世紀に

8 Elizabeth Foyster, 'Creating a veil of silence?: politeness and marital violence in the English household', *Transactions of the Royal Historical Society*, 12 (2002), pp. 395–415, at pp. 407–14; Margaret Hunt, 'Wife beating, domesticity and women's independence in eighteenth-century London', *Gender and History*, 4 (1992), pp. 10–33, at p. 27.

9 同時代の身体観の変化については、トマス・ラカー（高井宏子、細谷等訳）『セックスの発明——性差の観念史と解剖学のアポリア』（工作舎、1998 年）203–58 頁。

10 見知らぬ他人に対する共感が生まれる上での小説の役割についてはリン・ハント（松浦義弘訳）『人権を創造する』（岩波書店、2011 年）25–65 頁。

11 メアリ・ウルストンクラフトによる感受性とポライトネスの作法に対する批判および「女性の権利」についての議論は、梅垣千尋『女性の権利を擁護する——メアリ・ウルストンクラフトの挑戦』（白澤社、2011 年）84–94 頁。

12 教会裁判所史料を用いた夫婦間暴力の研究として以下を参照。16 世紀から 17 世紀については Laura Gowing, *Domestic dangers: women, words and sex in early modern London* (Oxford, 1996), pp. 180–231; 18 世紀については Elizabeth Foyster, *Marital violence: an English family history, 1660–1857* (Cambridge, 2005); Joanne Bailey, *Unquiet lives: marriage and marriage breakdown in England, 1660–1800* (Cambridge, 2003), pp. 110–39. 世俗裁判所における訴訟は Maeve E. Doggett, *Marriage, wife-beating and the law in Victorian England* (Columbia, 1993), pp. 34–99; J. Hurl-Eamon, 'Domestic violence prosecuted: women binding over their husbands for assault at Westminster quarter sessions, 1685–1720', *Journal of Family History*, 26 (2001), pp. 435–54.

13 Lawrence Stone, *Road to divorce: England 1530–1987* (Oxford, 1990), pp. 301–46; Sybil Wolfram, 'Divorce in England, 1700–1857', *Oxford Journal of Legal Studies*, 5 (1985), pp. 155–86.

14 赤松淳子「18 世紀イングランドの離婚訴訟に関する弁護士の記録——ジョージ・リーとウィリアム・バレルのノート」『史潮』第 73 号（2013 年）93–110 頁。

15 J. Houston, ed., *Index of cases in the records of the Court of Arches at Lambeth Palace Library, 1660–1913* (Portsmouth, 1972). 夫の暴力の下にあった 18 世紀の妻たちの苦痛を訴訟記録から読み取るにはいくつもの困難が伴う。

とができる。さらに他の身体的暴力と比較することが可能であるのに対して、「残酷さ」、「残忍さ」、「虐待（cruelty）」はモラル上の判断を伴う概念であり、文化と歴史の文脈をふまえ、その妥当性を問う概念である。たとえば、ある人物が殺害されたとしてもそれが「残酷」であるかどうかは、状況や歴史の中で判断を違える。D. Baraz, 'Violence or cruelty?: an intercultural perspective', in Mark D. Meyerson, Daniel Thiery and Oren Falk, eds., *'A great effusion of blood'?: interpreting medieval violence* (Toronto, 2015), pp. 164–5.

4 Daniel Baraz, *Medieval cruelty: changing perceptions, late antiquity to the early modern period* (Ithaca, NY, 2003), pp. 181–6.

5 18世紀イングランドのポライトネス（またはシヴィリティ）については Paul Langford, *A polite and commercial people: England 1727–1783* (Oxford, 1989), pp. 59–121; Philip Carter, *Men and the emergence of polite society, Britain 1660–1800* (Harlow, 2001) chs. 1–3; L. E. Klein, 'Gender, conversation and the public sphere in early eighteenth-century England', in J. Still and M. Worton, eds., *Textuality and sexuality: reading theories and practices* (Manchester, 1993), pp. 100–15. 内乱以前の研究として Anna Bryson, *From courtesy to civility: changing codes of conduct in early modern England* (Oxford, 1998); 木村俊道『文明の作法――初期近代イングランドにおける政治と社交』（ミネルヴァ書房、2010年）。これらの議論の大きな枠組みはノルベルト・エリアス（赤井慧爾、中村元保、吉田正勝訳）『文明化の過程 上』（法政大学出版局、1977年）に見出せる。

6 G. J. Barker-Benfield, *The culture of sensibility: sex and society in eighteenth-century Britain* (Chicago, IL, 1992); J. Todd, *Sensibility: an introduction* (London, 1986); A. J. Van Sant, *Eighteenth-century sensibility and the novel* (Cambridge, 1993). とくにスコットランド啓蒙における感受性については Rosalind Carr, *Gender and Enlightenment culture in eighteenth-century Scotland* (Edinburgh, 2014), pp. 19–21, 26–9.『道徳感情論』（1759年）の著者アダム・スミスに関する近年の評伝はこの文化・社会背景を克明に描いている。ニコラス・フィリップソン（永井大輔訳）『アダム・スミスとその時代』（白水社、2014年）を参照。

7 Susan Dwyer Amussen, '"Being stirred to much unquietness": violence and domestic violence in early modern England', *Journal of Women's History*, 6 (1994), pp. 70–89, at p. 73.

68 Stuart Clark, 'The rational witchfinder: conscience, demonological naturalism, and popular superstitions', in Stephen L. Pumfrey, et.al., eds., *Science, culture and popular brief in Renaissance Europe* (Manchester, 1991), pp. 222–48, at pp. 137–8; Idem, *Thinking with demons : the idea of witchcraft in early modern Europe* (Oxford, 1997), pp. 474–9.

69 van Dijkhuizen, 'Partakers of pain', p. 201.

70 Peter Lake and Michael Questier, 'Agency, appropriation and rhetoric under the gallows: puritans, Romanists and the state in early modern England', *Past and Present*, 153 (1996), pp. 64–107.

71 本書第Ⅲ章、139 頁。

72 魔女のしるしについては、Orna Alyagon Darr, *Marks of an absolute witch: evidentiary dilemmas in early modern England* (Farnham, 2011), ch.5.

73 Ian Bostridge, *Witchcraft and its transformations c.1650–c.1750* (Oxford, 1997).

74 Samuel Pepys, *The diary of Samuel Pepys*, eds. Robert Latham and William Matthews (10 vols., Berkeley and Los Angeles, 1970–83), I, p.165. 引用は、サミュエル・ピープス（臼田昭訳）『サミュエル・ピープスの日記　第 1 巻』（国文社、1987 年）170 頁を参考にした。ピープスの日記については、臼田昭『ピープス氏の秘められた日記——17 世紀イギリス紳士の生活』（岩波書店、1982 年）。科学的関心についてはＭ・Ｈ・ニコルソン（浜口稔訳）『ピープスの日記と新科学』（白水社、2014 年）。

Ⅴ　感性——一八世紀の虐待訴訟における挑発と激昂のはざま

1 W. Heale, *An apologie for women: or, an opposition to Mr Dr G. his assertion who held in the act at Oxforde, anno 1608 that it was lawfull for husbands to beate their wives* (Oxford, 1609); W. Heale, *The great advocate and oratour for women: or, the arraignement, tryall and conviction of all such wicked husbands (or monsters) who hold it lawfull to beate their wives* (1682). ヒールとゲイジャについては、*Oxford Dictionary of National Biography*（以下 *ODNB*）を参照。J. W. Binns, 'Gager, William (1555-1622)', *ODNB*; Stephen Wright, 'Heale, William (1581/2-1628)', *ODNB*.

2 Heale, *The great advocate*, pp. 3–4.

3 バラズは violence と cruelty について、両概念は似ているが、異なるものと論じる。たとえば身体的暴力（physical violence）は、「殺人」、「レイプ」、「暴行」、「強盗」など分類でき、「軽」から「重」と測るこ

1999年）。

51 John Cotta, *The infallible true and assured vvitch* (London, 1625), p. 21. 近世における「超自然」についての最近の成果としては、Francis Young, *English Catholics and the supernatural, 1553–1829* (Farnham, 2013). ヤングの著作はカトリックを研究対象としているが、当時のカトリックたちの持つ超自然概念は、プロテスタントと共通する文化的コンテクストの中で育まれ、本質的な違いは見られないとしている。*Ibid.*, p. 5.

52 William Grainge, 'Biographical introduction', Edward Fairfax, *Daemonologia: a discourse on witchcraft*, ed. William Grainge (Harogate, 1882), pp. 13, 15.

53 ヨークシャの行政管轄については、G. C. F. Forster, 'The North Riding justices and their sessions 1603–1625', *Northern History*, 10 (1975), pp. 102–25, at pp. 110–1; J. S. Cockburn, 'The northern assize circuit', *Northern History*, 3 (1968), pp. 118–130, at pp. 122–5.

54 Fairfax, *Daemonologia*, pp. 98, 100.

55 *Ibid.*, p. 53.

56 子供の病気についての近年のまとまった成果は、Hannah Newton, *The sick child in early modern England, 1580–1720* (Oxford, 2012).

57 Fairfax, *Daemonologia*, p. 67.

58 たとえば、*Ibid.*, pp. 109–11, 125.

59 *Ibid.*, p. 121. また、詩編第71章の朗読については、pp. 88–9.

60 たとえば、Richard Bernard, *A guide to grand-jury men* (London, 1627), p. 196.

61 後藤「迷信・軽信・篤信」40–1頁。

62 最初の制定法は1542年に出されたが、1547年に撤廃されるまで実際に適用された形跡はなく、制定法による世俗法廷における魔女訴追の起点となるのは、1563年法である。

63 キース・トマス（荒木正純訳）『宗教と魔術の衰退』（法政大学出版局、1993年）724–5頁。

64 Fairfax, *Daemonologia*, p. 124.

65 *Ibid.*, p. 96.

66 *Ibid.*, p. 32.

67 R. B. and Mr. Wheeler, *The boy of Bilson: or, a true discouery of the late notorious impostures of certaine Romish priests* (London, 1622). この事件については、後藤「迷信・軽信・篤信」32–5頁。

xlv.

32 Hoby, *The private life of an Elizabethan lady*, p. 177.

33 *Ibid.*, p. 194.

34 *Ibid.*, p. 7.

35 *Ibid.*, p. 65.

36 *Ibid.*, p. 45.

37 *Ibid.*, p. 181.

38 石碑の全文は以下にも収録されている。Hoby, *The private life of an Elizabethan lady*, pp. 222–24.

39 Julie Crawford, 'Reconsidering early modern women's reading, or, how Margaret Hoby read her de Mornay', *Huntington Library Quarterly*, 73 (2010), pp. 193–223.

40 Hoby, *The private life of an Elizabethan lady*, pp. 195–6.

41 *Ibid.*

42 *Ibid.*, p. 195.

43 Vanessa Harding, *The dead and living in Paris and London, 1500–1670* (Cambridge, 2002), p. 24; Henry Chettle, *A True bill of the whole number that hath died in the cittie of London...* (London, 1603).

44 Hoby, *The private life of an Elizabethan lady*, pp. 243–5.

45 *Ibid.*, p. 154, n. 265.

46 *Ibid.*, p. 195.

47 後藤はる美「迷信・軽信・篤信――17世紀イングランドにおける魔女と悪魔憑き」『白山史学』第51号（2015年）35–7頁。

48 Daniel Sennert, trans. Nicholas Culpeper and Abdiah Cole, *The sixth book of practical physick of occult or hidden diseases; ... Part IX. Of diseases by witchcraft, incantation, and charmes* (London, 1662).

49 Perkins, *A salve for a sicke man*, p. 29.

50 本書第I章の24頁を参照。また、ルネサンスにおけるオカルト哲学の展開およびパラケルススについては、以下も参照。ローレンス・M・プリンチペ（菅谷暁、山田俊弘訳）『科学革命』（丸善出版、2014年）40–52、88–93頁。フランセス・A・イエイツ（内藤健二訳）『魔術的ルネサンス――エリザベス朝のオカルト哲学』（晶文社、1984年）。チャールズ・ウェブスター（金子務監訳、神山義茂、織田紳也訳）『パラケルススからニュートンへ――魔術と科学のはざま』（平凡社、

Wales (Newcastle upon Tyne, 2009), pp. 26–38.

19 Cited in van Dijkhuizen, ‘Partakers of pain’, p. 214.

20 Margaret Hoby, *The private life of an Elizabethan lady: the diary of Lady Margaret Hoby 1599–1605*, ed. Joanna Moody (Stroud, 1998). 彼女の人生については、*Ibid.*, pp.xv–lvii および Paul Slack, ‘Hoby , Margaret, Lady Hoby (bap. 1571, d. 1633)’, *Oxford Dictionary of National Biography*.

21 詳しくは、後藤はる美「17 世紀イングランド北部における法廷と地域秩序――国教忌避者訴追をめぐって」『史学雑誌』第 121 編第 10 号（2012 年）1–36 頁。

22 Hugh Cholmley, *The memoirs and memorials of Sir Hugh Cholmley of Witby, 1600–1657*, ed. Jack Binns (Woodbridge, 2000), pp. 71–2, 95.

23 後藤「17 世紀イングランド北部における法廷と地域秩序」。

24 Effie Botonaki, ‘Seventeenth-century English women’s spiritual diaries: self-examination, covenanting, and account keeping’, *Sixteenth Century Journal*, 30 (1999), pp. 3–21; Andrews Cambers, ‘Reading, the godly, and self-writing in England, circa 1580–1720’, *Journal of British Studies*, 46 (2007), pp. 796–825; Andrew Wear, ‘Religious beliefs and medicine in early modern England’, in Hilary Marland and Margaret Pelling, eds., *The task of healing: medicine, religion and gender in England and the Netherlands, 1450–1800* (Rotterdam, 1996), pp. 146–69; Tom Webster, ‘Writing to redundancy: approaches to spiritual journals and early modern spirituality’, *Historical Journal*, 39 (1996), pp. 33–56. マーガレット・ホービーと同時期に、同じように「備忘録」を記すことによって神と対話し、病気やメランコリーと向き合った女性の例としては、Anne Cotteril, ‘Fit words at the “pitts brinke”: the achievement of Elizabeth Isham’, *Huntington Library Quarterly*, 73 (2010), pp. 225–48.

25 Hoby, *The private life of an Elizabethan lady*, p. 15.

26 *Ibid.*, pp. 22, 41, 54, 104, 146.

27 事件については、後藤「17 世紀イングランド北部における法廷と地域秩序」12 頁。

28 Hoby, *The private life of an Elizabethan lady*, p. 108.

29 *Ibid.*, p. 187.

30 *Ibid.*, pp. xxxvi–xxxvii. ロードスは 1605 年には教区牧師となった。*Ibid.*, p. xxxvii.

31 Moody, ‘Introduction’, in Hoby, *The private life of an Elizabethan lady*, pp. xliv–

を示すようなディテールなく「真空状態」で描かれていることに注目し、19 世紀半ばに発達した器質的モデルに直結する先駆例として位置付けている。この指摘は興味深いが、本章では、むしろデカルトが「情念」として痛みをとらえた点を重視している。デイヴィド・B・モリス（渡邉勉、鈴木牧彦訳）『痛みの文化史』（紀伊國屋書店、1998 年）467–70 頁。

8 デカルト（伊東俊太郎、塩川徹也訳）「人間論」『増補版デカルト著作集 4』（白水社、2001 年）240–1 頁。

9 デカルト「人間論」242 頁。

10 デカルト『情念論』20、262 頁。

11 円谷裕二「大陸合理論」田島節夫ほか『西洋哲学の展開』（公論社、1993 年）80–2 頁。

12 鈴木「霊魂と身体の政治的メタファーの類型学」102–4 頁。

13 廣川『古代感情論』とくに第 1 章、第 3 章、第 5 章。清水真木『感情とは何か——プラトンからアーレントまで』（筑摩書房、2014 年）137–40 頁。

14 デカルト『情念論』49–50 頁。

15 Kirty Owen, 'The reformed elect: wealth, death, and sanctity in Gloucestershire, 1550–1640', *International Journal of Historical Archaeology*, 10 (2006), pp. 1–34, at pp. 17–23; Peter Marshall, 'Angels around the deathbed: variations on a theme in the English art of dying', in Peter Marshall and Alexandra Walsham, eds., *Angels in the early modern world* (Cambridge, 2006), pp. 83–103, esp., pp. 83, 86. 最も有名な手引書としては、以下で見るパーキンスのほか、Thomas Becon, *The sick man's salve* (London, 1561); Jeremy Taylor, *The rule and exercises of holy dying* (London, 1651).

16 Patrick Collinson, *Elizabethan puritan movement* (London, 1967), p. 125.

17 William Perkins, *A salve for a sicke man* (Cambridge, 1595), p. 16. 類似の事例としては、Robert Hill, *The pathway to prayer and piety* (London, 1610), p. 28, 218–9.

18 Lucind McCray Beier, 'The good death in seventeenth-century England', in Ralph Houlbrooke, *Death, ritual, and bereavement* (London and New York, 1989), pp. 43–61; Clark Lawlor, "The good and easy death': early modern religion and consumptive disease', in Joan and Richard C. Allen, eds., *Faith of our fathers: popular culture and belief in post-reformation England, Ireland and*

(first published in Amsterdam, 1646, later in London, 1655).

85 Foxe, *Actes and monuments* (1570), pp. 1579–83.

86 *Ibid.*, p. 2201.

87 Anon., *A miracle of miracles: wrought by the blood of King Charles the First* (1649). 書籍商でパンフレット収集家でもあったジョージ・トメイソンは、自分用のコピーの余白に「これは本当のこと」と書き記している。British Library, Thomason Tracts, E. 563 [2].

88 Mary Love, *Love's name lives* (1651), p. 3.

89 Dr Williams's Library, MS PP.12.50.4, pp. 137–8.

Ⅳ 試練――宗教改革期における霊的病と痛み

1 Jan Frans van Dijkhuizen, 'Partakers of pain: religious meaning of pain in early modern England' in Jan Frans van Dijkhuizen and Karl A. E. Enenkel, eds., *Sense of suffering: construction of physical pain in early modern culture* (Leiden, 2008), pp. 189–220; Jenny Mayhew, 'Godly beds of pain: pain in English protestant manuals (*ca.* 1550–1650)', in van Dijkhuizen and Enenkel, *Sense of suffering*, pp. 299–322.

2 Michael Schoenfeldt, 'Aesthetics and anaesthetics: the art of pain management in early modern England', in van Dijkhuizen and Enenkel, *Sense of suffering*, p. 20.

3 van Dijkhuizen and Enenkel, 'Introduction', in idem. eds., *Sense of suffering*, pp. 2–4, Dijkhuizen, 'Partakers of pain', in *Ibid.*, p. 219; 鈴木晃仁「霊魂と身体の政治的メタファーの類型学――17世紀の情念論を中心に」石塚久郎、鈴木晃仁編『身体医文化論――感覚と欲望』（慶應義塾大学出版会、2002年）102–3頁。

4 廣川洋一『古代感情論――プラトンからストア派まで』（岩波書店、2000年）、とくに8–9、83、100頁。プラトン（藤沢令夫訳）『国家 上』（岩波書店、1979年）355–6頁。アリストテレス（山本光雄訳）「霊魂論」出隆監修『アリストテレス全集 6』（岩波書店、1968年）6–7頁。アリストテレス（出隆訳）『形而上学　上』（岩波書店、1959年）199–200頁。

5 廣川『古代感情論』9頁。アリストテレス「霊魂論」6–7、43–6、49頁。

6 デカルト（谷川多佳子訳）『情念論』（岩波文庫、2008年）28頁。

7 なお、モリスは、この図の男性が、彼の属する階級や宗教、国籍など

ingstoke, 2005), pp. 209–35; Thomas Freeman, "*Imitatio Christi* with a vengeance': the politicisation of martyrdom in England', in Thomas S. Freeman and Thomas F. Mayer, eds., *Martyrs and martyrdom in England, c.1400–1700* (Woodbridge, 2007), pp. 35–69.

75 *Eikon Basilike: the pourtrature of his sacred majestie in his solitudes and sufferings* (1648–1649); Joad Raymond, 'Popular representation of Charles I', in Thomas N. Corns, ed., *The royal image: representations of Charles I* (Cambridge, 1999), pp. 47–73; Elizabeth Skerpan Wheeler, '*Eikon Basilike* and the rhetoric of self-representation', in Corns, ed., *Royal Image*, pp. 122–40; John Staines, 'Compassion in the public sphere of Milton and King Charles', in Paster and others, eds., *Reading the early modern passions*, pp. 89–110; Andrew Lacey, "Charles the First, and Christ the Second': the creation of a political martyr', in Freeman and Mayer, eds., *Martyrs and martyrdom*, pp. 203–20.

76 扉絵はウィリアム・マーシャルによる。ページには「In verbo tuo spes mea（私の望みはあなたのことばに）」と書かれている。

77 Andrew Lacey, 'Elegies and commemorative verse in honour of Charles the martyr, 1649–60', in Peacey, ed., *Regicides and the execution*, pp. 225–46.

78 John Quarles, *Regale lectum miseriae* (1649), p. 48, quoted in Lacey, 'Elegies and Commemorative Verse', p. 237.

79 『王の肖像』の受容についての近年の研究動向は、Robert Wilcher, '*Eikon Basilike*: the printing, composition, strategy, and impact of 'The King's Book'', in Laura Lunger Knoppers, ed., *The Oxford handbook of literature and the English Revolution* (Oxford, 2012), pp. 289–308 を参照。

80 この問題は、プロテスタンティズムにおける受難のキリストへの「共感」をめぐる議論にも関係する。註 47 の文献を参照。

81 Foxe, *Actes and monuments* (1570), pp. 1709–11.

82 Ulinka Rublack, trans. Pamela Selwyn, 'Fluxes: the early modern body and emotions', *History Workshop Journal*, 53 (2002), pp. 1–16; James, *Passion and action*, p. 86; Emily Jo Sargent, 'The sacred heart: Christian symbolism', in James Peto, ed., *The Heart* (New Haven and London, 2007), pp. 102–14.

83 Fenner, *Treatise of the affections*, pp. 99–100. 説教における情念の力については、Wright, *Passions*, pp. 3–4 も参照。

84 John Featley, *A fountaine of teares, emptying it selfe into three rivelets, viz. of (1) compunction, (2) compassion, (3) devotion or sobs of nature sanctified by grace*

52 Joseph Hall, *The arte of diuine meditations* (1606), pp. 3, 85, quoted in Ryrie, *Being protestant*, p. 114.

53 John Smith, *Select discourses* (1660), p. 3.

54 Richard Strier, 'Against the rule of reason: praise of passion from Petrarch to Luther to Shakespere to Herbert' in G. K. Paster and others, eds., *Reading the early modern passions: essays in the cultural history of emotion* (Philadelphia, 2004), pp. 23–42; Ryrie, *Being protestant*, pp. 18–9.

55 Strier, 'Against the rule of reason', p. 32.

56 Joseph Hall, *Meditations and Vowes, Diuine and Morall* (1605), I, pp. 98–9; Ryrie, *Being protestant*, p. 18.

57 Wright, *Passions*, pp. 17–8.

58 William Fenner, *A treatise of the affections; or the soules pulse* (1641), p. 57.

59 Wright, *Passions*, p. 17.

60 British Library, Sloane MS 3945, ff. 106r–v; Dr Williams's Library, MS PP.12.50.4, p. 80.

61 British Library, Sloane MS 3945, ff. 93v, 112v.

62 Dr Williams's Library, MS PP.12.50.4, p. 130.

63 Wright, *Passions*, p. 86. See also pp. 52–3.

64 Nicholas Byfield, *The marrow of the oracles of God* (1622), p. 548, quoted in Ryrie, *Being Protestant*, p. 71.

65 Fenner, *A treatise of the affections*, pp. 6–7.

66 Ryrie, *Being protestant*, p. 24.

67 Samuel Ward, *The life of faith in death* (1622), p. 4.

68 Foxe, *Actes and monuments* (1570), pp. 2200–1.

69 *Ibid.*, p. 1190; 旧約聖書「イザヤ書」第 43 章第 1–2 節。

70 Christopher Love, *A cleare and necessary vindication of the principles and practices of me Christopher Love* (1651), pp. 34–5.

71 Dr Williams's Library, MS PP.12.50.4, p. 127.

72 British Library, Sloane MS 3945, f. 106v. 傍点は筆者による。

73 Edmund Calamy, *The saints rest* (1651), pp. 3–4; 新約聖書「使徒行伝」第 7 章第 54–60 節。傍点は筆者による。

74 Susan Wiseman, 'Martyrdom in a merchant world: law and martyrdom in the Restoration memoirs of Elizabeth Jekyll and Mary Love', in Erica Sheen and Lorna Hutson, eds., *Literature, politics and law in Renaissance England* (Bas-

John Foxe's The Acts and Monument Online（www.johnfoxe.org）を使用した。

41 Jan Frans van Dijkhuizen, 'Partakers of pain: religious meanings of pain in early modern England', in Jan Frans van Dijkhuizen and Karl A. E. Enenkel, eds., *The sense of suffering: constructions of physical pain in early modern culture* (Leiden and Boston, 2009), pp. 189–220; Judith Perkins, *The suffering self: pain and narrative representation in the early Christian era* (London, 1995); Margaret Stachniewski, *The persecutory imagination: English puritanism and the literature of religious despair* (Oxford, 1991).

42 Foxe, *Actes and monuments* (1570), p. 2313.

43 *Ibid*., p. 1211.

44 Foxe, *Actes and monuments* (1576), p. 1019.

45 Foxe, *Actes and monuments* (1570), p. 2202.

46 Katherine Royer, 'Dead men talking: truth, texts and the scaffold in early modern England', in Simon Devereaux and Paul Griffiths, eds., *Penal practice and culture,* 1500–*1900: punishing the English* (Basingstoke, 2004), pp. 63–84, at p. 74; Jenny Mayhew, 'Godly beds of pain: pain in English protestant manuals (*ca*. 1550–1650)', in van Dijkhuizen and Enenkel, eds., *Sense of suffering*, pp. 299–322. See also John R. Knott, 'John Foxe and the joy of suffering', *Sixteenth Century Journal*, 27 (1996), pp. 721–34; Jan Frans van Dijkhuizen, 'In thy passion slain: Donne, Herbert, and the theology of pain', in Jan Frans van Dijkhuizen and Richard Todd, eds., *The reformation unsettled: British literature and the question of religious identity, 1560–1660* (Turnhout, 2008), pp. 59–84.

47 Susan C. Karant-Nunn, *The reformation of feeling: shaping the religious emotions in early modern Germany* (Oxford, 2010); Jessica Martin, 'English reformed responses to the passion', in Jessica Martin and Alec Ryrie, eds., *Private and domestic devotion in early modern Britain* (Farnham, 2012), pp. 115–34; Richard Viladesau, *The Pathos of the cross: the passion of Christ in theology and the arts—the Baroque era* (Oxford, 2014).

48 Matthew Milner, *The senses and the English Reformation* (Farnham, 2011).

49 Alec Ryrie, *Being protestant in reformation Britain* (Oxford, 2013).

50 Ryrie, *Being protestant*, esp. ch. 1.

51 Nicholas Themylthorpe, *The posie of godly praiers* (1618), p. 157, quoted in Ryrie, *Being protestant*, p. 50.

underbelly of reason, pp. 116–7; デカルト（谷川多佳子訳）『情念論』（岩波文庫、2008年）。

29 ベーコン（服部英次郎、多田英次訳）『学問の進歩』（岩波文庫、1974年）249–52頁。

30 Henry Carey, *The use of passions written in French by J. F. Senault* (London, 1649). セノー『情念の利用について』の扉絵と序文については、鈴木晃仁「霊魂と身体の政治的メタファーの類型学——一七世紀の情念論を中心に」石塚、鈴木編『身体医文化論——感覚と欲望』98–9頁を参照。

31 Thomas Wright, *The passions of the minde in generall* (1604), pp. 45–6 (misnumbered as 47).

32 精気は、空気を含んだ熱く微細な物質で、肝臓で生成される自然精気（natural spirit）、心臓による生命精気、脳による霊魂精気の三段階からなるというガレノスの説が一般的に受け入れられていた。この三分類は、霊魂の三分類（自然的・感覚的・知的）に対応するものとして理解された（註21参照）。諸概念の邦訳は本間「ルネサンス生理学」15–17頁に従った。

33 Wright, *Passions*, pp. 7–9.

34 「喜びが快の一つの種であるように、悲しみは苦痛のうちの一つの種なのである」。森訳『神学大全　第10冊』214–7頁。トマス・ライトは、情念の中でも人間が最も多く経験する情念は痛み／悲しみであると言う。Wright, *Passions*, p. 145.

35 Wright, *Passions*, p. 34.

36 See also Javier E. Díaz Vera, 'When pain is not a place: pain and its metaphors in late middle English medical texts', *Onomázein*, 26 (2012), pp. 279–308.

37 Francis Bacon, *Sylva Sylvarum*, in James Spedding and others, eds., *The works of Francis Bacon*, vol. V (Boston, 1990), pp. 13–18.

38 Lincolnshire Archives, 1 Worlsey 35, f. 93.　最後の事例は、1675年に初めてイングランドに輸入され、各地を興行した象に関わるエピソードと考えられる。Christopher Plumb, "Strange and Wonderful': Encountering the Elephant in Britain, 1675–1830', *Journal for Eighteenth-Century Studies*, 33 (2010), pp. 525–43.

39 Bacon, *Sylva Sylvarum*, p. 18.

40 John Foxe, *Actes and monuments* (1563, 1570, 1576, 1583). 各版の比較には、

19 情念に並び、しばしば「情動」の訳語が用いられる。

20 Susan James, *Passion and action: the emotions in seventeenth-century philosophy* (Oxford, 1997); 山内志朗「中世哲学と情念論の系譜」『西洋中世研究』第 1 号（2009 年）75–86 頁。

21 「感覚的部分」と「知的部分」とは、人間の霊魂が持つ 3 つの異なる能力の 2 つで、もう 1 つは「自然的（栄養的）部分」。近世の英語文献では「自然的霊魂（natural/ vegetative soul）」、「感覚的霊魂（sensory/ sensitive soul）」、「知的霊魂（rational soul）」のように、霊魂の種類として表記することも珍しくない。William Webster Newbold, 'General introduction' to Newbold, ed., Thomas Wright, *The passions of the mind in general* (New York and London, 1986), p. 33; 本間栄男「17 世紀ネーデルラントにおけるルネサンス生理学」『哲学・科学史論叢』第 8 号（2006 年）1–63 頁を参照。

22 John Locke, *Essay concerning human understanding*, ed., Peter H. Nidditch (Oxford, 1975), II. xxi. 4. See also II. xxii. 11, quoted in Susan James, 'Explaining the passions: passions, desires, and the explanation of action', in Stephen Gaukroger, ed., *The soft underbelly of reason: the passions in the seventeenth century* (London and New York, 1998), pp. 17–33, at p. 19.

23 James, *Passion and action*, p. 55.

24 Robert Pasnau, *Theories of cognition in the later Middle Ages* (Cambridge, 1997), esp., chs. 1, 4.

25 初めの 6 つを欲求情念（concupiscible passions）、残りの 5 つを怒情情念（irascible passions）と呼ぶ。欲求情念は、対象が獲得される前、獲得される過程、そして獲得された後という 3 つの段階に分けられ、怒情情念は、対象に対する欲求達成が、あるいはその障害となるものの克服が可能であるか、困難であるか、またはすでに障害が現存しているかによって分けられる。山内「中世哲学と情念論の系譜」77–8 頁、トマス・アクィナス（森啓訳）『神学大全　第 10 冊』（創文社、1995 年）を参照。

26 Margaret Cavendish, *Grounds of natural philosophy divided into thirteen parts* (1668), pp. 71–3.

27 James, *Passion and action*, p. 42.

28 John Sutton, 'Controlling the passions: passion, memory, and the moral physiology of self in seventeenth-century neurophilosophy', in Gaukroger, ed., *Soft*

no. 1 (1995), pp. 47–74.

11 Janel M. Mueller, 'Pain, persecution, and the construction of selfhood in Foxe's *Acts and Monuments*', in Claire McEacheran and Debora Shuger, eds., *Religion and culture in Renaissance England* (Cambridge, 1997), pp. 161–87, at p. 174. 疫病とその治療についての 17 世紀の医学言説と、内戦期の宗教的異端をめぐる論争との関係については、那須敬「病としての異端——十七世紀内戦期イングランドにおける神学と医学」石塚久郎、鈴木晃仁編『身体医文化論——感覚と欲望』（慶應義塾大学出版会、2002 年）67–90 頁。

12 *The weekly intelligencer*, 19–27 August, 1651, p. 263; British Library, Additional MS 15858, f. 162r; Richard Baxter, *Reliquiae Baxterianae* (1696), part I, p. 67; John Aubrey, *Miscellanies* (1696), p. 41, (1721), p. 42; *The tragedy of Christopher Love at Tower-Hill* (1660). ラヴの妻メアリは、処刑前夜の夫が、自らの死後に現れる神の「怒りのしるし」を予言していたと回想録に記している。Dr Williams's Library, MS PP.12.50.4, p. 129.

13 阿部謹也「刑吏の社会史」『阿部謹也著作集　第 2 巻』（筑摩書房、1999 年）34–5 頁、Alexandra Walsham, *Providence in early modern England* (Oxford, 1999).

14 Lincolnshire Archives, 1 Worlsey 35, f. 93.

15 Ann Blair, 'Humanist methods in natural philosophy: the commonplace book', *Journal of the History of Ideas*, 53 (1992), pp. 541–51; Ann Moss, *Printed commonplace-books and the structuring of Renaissance thought* (Oxford, 1996).

16 『自然についての覚え書き』のコピーは、本章が使用した手稿（註 14）の他にふたつの断片が存在する。Royal Society, Classified Paper VII (I)/30 および Bodleian Library, MS Hearne's Diaries 159 であり、前者は John Buchanan-Brown, ed., *Three Prose Works* (Fontwell, Sussex, 1972), pp. 336–56 に収録されている。後者については、Michael Hunter, *John Aubrey and the realm of learning* (London, 1975), pp. 237–8 を参照。

17 Edward Phillips, *The new world of English words, or, a general dictionary containing the interpretations of such hard words as are derived from other languages* (1658).

18 Ramie Targoff, 'Passion', in Brian Cummings and James Simpson, eds., *Cultural reformations: medieval and Renaissance in literary history* (Oxford, 2010), pp. 609–34.

topher Love, and Mr. Gibbins (1651); *A true and exact copie of Mr. Love's speech and prayer, immediately before his death, on the scaffold at Tower-Hill* (1651); *The whole triall of Mr Love* (1651).

5 Katherine Royer, 'Dead men talking: truth, texts and the scaffold in early modern England', in Simon Devereaux and Paul Griffiths, eds., *Penal practice and culture, 1500–1900* (London, 2004), pp. 63–84; James A. Sharpe, '"Last Dying Speeches": religion, ideology and public execution in seventeenth-century England', *Past and Present*, 107 (1985), pp. 144–67; 栗田和典「報道と公論——死刑囚の伝記」大野誠編『近代イギリスと公共圏』(昭和堂、2009 年) 47–72 頁。

6 『王の肖像』については、続く本文および註 75 および 79 を参照。

7 Lynn Hunt, *Inventing human rights: a history* (New York, 2007)〔リン・ハント (松浦義弘訳)『人権を創造する』(岩波書店、2011 年)〕とくに第 1・2 章; Thomas W. Laqueur, 'Bodies, details, and the humanitarian narrative', in Lynn Hunt, ed., *The new cultural history* (Berkeley and Los Angeles, 1989), pp. 176–204〔トマス・W・ラカー「身体・細部描写・人道主義的物語」リン・ハント編 (筒井清忠訳)『文化の新しい歴史学』(岩波書店、2000 年) 269–315 頁〕.

8 公開処刑における国家の権力顕示については、Sharpe, '"Last Dying Speeches"'; ミシェル・フーコー (田村俶訳)『監獄の誕生——監視と処罰』(新潮社、1977 年)、カーニバル性については Thomas W. Laqueur, 'Crowds, carnival and the state in English executions, 1604–1868', in A. L. Beier, David Cannadine and James M. Rosenheim, eds., *The first modern society: essays in English history in honour of Lawrence Stone* (Cambridge, 1989), pp. 305–55 を参照。

9 2 代目エセックス伯ロバート・デヴァルーが 1601 年に大逆罪で処刑された時、記録者は、斬首まで斧が 3 回当てられたが「一撃目ですべての感覚と運動が奪われた」とことわっている。*A complete collection of state trials and proceedings for high treason and other crimes and misdemeanors*, vol. 1 (London, 1816), p. 1360.

10 Roy Porter, 'Western medicine and pain: historical perspectives', in Roy Porter and John R. Hinnells, eds., *Religion, health, and suffering* (London and New York, 1999), pp. 364–80 at pp. 366–7; Esther Cohen, 'Towards a history of European physical sensibility: pain in the later middle ages', *Science in Context*, 8,

て因果関係や許容範囲の認識が、感情の表出様態と共に変化していく——19世紀にも継続される漸進的で長期的な「プロセス」である。F. David Roberts, *The social conscience of the early Victorians* (Stanford, California, 2002), pp. 229–331; Thomas L. Haskell, 'Capitalism and the origins of the humanitarian sensibility (part 1 & 2)', *American Historical Review*, 90 (1985), pp. 339–61, 547–66; ラカー「身体・細部描写・人道主義的物語」、リン・ハント（松浦義弘訳）『人権を創造する』（岩波書店、2011年）、金澤『チャリティとイギリス近代』345–6頁。

Ⅲ　情念——プロテスタント殉教ナラティヴと身体

1　S. R. Gardiner, *History of the Commonwealth and Protectorate 1649–1660* (4 vols., London and New York, 1897–1901), II, pp. 8–15; David Stevenson, *Revolution and counter revolution in Scotland, 1644–1651* (Edinburgh, 1977), pp. 129–49; David Underdown, *Royalist conspiracy in England, 1649–1660* (New Haven, 1960), pp. 20–40.

2　スコットランドは、イングランド内戦勃発に先立つ1638年、チャールズ1世の宗教政策を拒否して長老主義に基づく教会体制を再確立していた。イングランド議会は国王派との戦争にあたりスコットランドと同盟したが、その際の条件のひとつがスコットランド教会をモデルとしたイングランド教会の改革であった。この計画を支持したロンドンの教区聖職者たちの多くが長老派の運動に加わった。那須敬「宗教統一を夢みた革命？——内戦期イングランドの宗教政策とスコットランド」岩井淳編『複合国家イギリスの宗教と社会——ブリテン国家の創出』（ミネルヴァ書房、2012年）53–81頁を参照。

3　Gardiner, *Commonwealth and Protectorate*, II, pp. 15–21; Blair Worden, *The Rump Parliament, 1648–1653* (Cambridge, 1974), pp. 243–8; Elliott Vernon, 'The quarrel of the covenant: the London Presbyterians and the regicide', in John Peacey, ed., *The regicides and the execution of Charles I* (Basingstoke, 2001), pp. 202–24. 第3次内戦と呼ばれるチャールズ2世のイングランド侵攻は、9月初め、イングランド共和国軍がウスターで勝利を収めて終結した。

4　*Mr. Love's speech made on the scaffold on Tower-hill* (1651). Cf. *The true and perfect speech of Mr. Christopher Love on the scaffold on Tower-Hill* (1651); *Two speeches dflivered* [sic] *on the scaffold at Tower-Hill on Friday last, by Mr. Chris-*

71 無心の手紙による詐欺的事件は20世紀初頭に至るまで連綿と新聞雑誌で話題となった。そして、多くの場合、物乞い撲滅協会の活動と共に言及された。たとえば以下を参照。'London begging-letter writers', *Chamber's Edinburgh Journal*, 4 Nov. 1837, pp. 326–7; 'Police', *Examiner*, 12 May, 1839; 'A begging-letter impostor on a large scale', *Examiner*, 8 May, 1852; 'Begging-letters', *Saturday Review*, 3 Mar. 1894, p. 221; 'A begging-letter impostor', *The Times*, 14 June. 1911.

72 F. M. Holmes, 'Beggars by trade. Strange tales of real life', *Quiver*, Jan. 1906, p. 1188.

73 Rose, *Rogues and vagabonds*, p. 36.

74 各年の *The annual report of the RLF* に拠る。

75 ここからの行論は主に Daniel Spillan, BL, MSS/Loan 96 RLF 1/863 に拠る。補足的に、同協会の議事録を参照した。Minute Book, vol. 3. 1827–1837, BL, MSS/Loan 96 RLF 2/1/3 および Minute Book, vol. 5. 1849–1860, BL, MSS/Loan 96 RLF 2/1/5 に所収。

76 *Ibid.*

77 なお、本章で注目したチャリティ（あるいはフィランスロピー）と並び、人道主義も、19世紀のイギリスにおいて頻出する言葉である。F・デイヴィド・ロバーツのように両者の差異を強調する向きもあるが、弱者救済活動を支える根拠（必ずしも見知った間柄にない他者の痛みや窮状に対する、これを救わねばという気持ち、すなわち同情）という意味において、このふたつの概念を厳密に区別できる要素はほとんどない。そこで付言しておくなら、トマス・ハスケルが提起し、トマス・W・ラカーを経てリン・ハントに継承された「人道主義的感性の起源」問題については、大きな潮目の変化を18世紀に求めることに異存はない。ただし、その内実に関して本章が採っている立場は、遠方の悲惨を自己の営為と関連付ける因果関係認識の普及や、「共感的情熱」を喚起するナラティヴの登場や、人に加えられる残虐行為の許容範囲認識の変化といった、比較的短期間に生じたひとつの思想・心性的な「転換」ではない。むしろ、さまざまな感情的基層を有する多様な弱者救済活動（より正確には与え手と受け手のあいだのやりとり）の実践の積み重ねがフィードバック・ループを成し、チャリティないし人道主義の志向、つまり同情の行き先を、特定の、だが複数の方向へ助長するような仕方で文化の型が錬成される——その帰結とし

55 To Lord North for Charity 1779–1789, n.d., from Moor, 19 Jun. 1783, BL, Add 61868, North (Sheffield Park) papers, vol. ix.

56 Statement in respect of Charles Churchill, 24 July 1820, London Metropolitan Archives, A/FH/F/02/002/001.

57 From Henrietta Jones, 28 Aug. 1816, BL, Add MSS 59424, Dropmore papers, vol. dlxx.

58 From Anon., 31 Aug. 1832, BL, Add MSS 59424, Dropmore papers vol. dlxxi.

59 From Macknay, 13 Nov. 1833, BL, Add MSS 59424, Dropmore papers vol. dlxxi.

60 同団体の歴史については次を参照。Nigel Cross, *The Royal Literary Fund 1790–1918: an introduction to the fund's history and archives with an index of applicants* (London, 1984).

61 Daniel Spillan, BL, MSS/Loan 96 RLF 1/863. 本章では煩瑣を避けてこの史料に含まれる文書のひとつひとつに註を付けない。日付と文書の種類ですべて容易に特定可能だからである。

62 実際、The British Library には彼の著作が複数収蔵されている。オンライン・カタログを参照。

63 'A beggar's museum', *Pall Mall Gazette*, 31 May 1890. ほぼ同じ内容だが、「商売道具」のイラストが詳しいものとして、'A beggar's museum', *Pall Mall Budget*, 22 May 1890 がある。本章では用いなかったが、'Inside a beggars' museum', *English Illustrated Magazine*, April 1898, pp. 33–6 も同様。

64 T. Artemus Jones, 'The vagabonds' museum', *Windsor Magazine,* July 1896, pp. 465–70.

65 Reginald M. Cocks, 'A beggar's museum', *Quiver*, Jan. 1900, pp. 237–42.

66 *Ibid.*

67 ピエール・ダルモン（鈴木秀治訳）『医者と殺人者――ロンブローゾと生来性犯罪者伝説』（新評論、1992 年）とくに 56–60 頁。

68 *The Times*, 28 Sept. 1824.

69 'The begging-letter trade', *Saturday Review*, 26 Dec. 1857, pp. 582–3.

70 この行論に関わる情報源は以下の通り。'Encouragement to fraud', *Examiner*, 25 May 1844; 'The begging-letter writer', *Household Words*, 18 May 1850, pp. 169–72; 'The begging-letter writer (from Dickens' Household Words)', *Examiner*, 18 May 1850. より詳しい説明は次を参照。Cumberland Clark, *Charles Dickens and the begging letter writer* (New York, 1972), pp. 20–31.

35 *Ibid*., p. 231.

36 本章における「感情の歴史」の理解は、主に次の書物に拠る。Jan Plamper, *The history of emotions: an introduction*, trans. Keith Tribe (Oxford, 2015; first published in German in 2012).

37 ブロニスワフ・ゲレメク（早坂真理訳）『憐れみと縛り首——ヨーロッパ史のなかの貧民』（平凡社、1993年、原著1989年）75–6頁。

38 ゲレメク『憐れみと縛り首』347–51頁。

39 John Thomas Smith, *Vagabondiana or, anecdotes of mendicant wanderers through the streets of London; with portraits of the most remarkable, drawn from the life* (London, 1817).

40 *Ibid*., p. v.

41 PP. 1816 V, *Select committee on state of mendicity in metropolis: report, minutes of evidence, appendix*.

42 *Ibid*., p. 51.

43 *Ibid*.

44 'Reports of the Mendicity Society', *Quarterly Review*, 64 (1839), pp. 341–69.

45 Henry Mayhew, *London labour and the London poor* (4 vols., 1861–2), IV.

46 *Ibid*., p. ix.

47 *Ibid*., p. 413.

48 *Ibid*.

49 *Ibid*., p. 432.

50 *Ibid*., p. 433.

51 *Lloyd's Weekly Newspaper*, 1 Nov. 1863.

52 金澤『チャリティとイギリス近代』第1章第5節。チャリティではなく救貧法の枠組みの中で教区宛てに書かれた貧民の手紙については、簡単には、金澤周作「近代イギリスにおける貧者の手紙——公的救貧・チャリティ・共同体」『関学西洋史論集』第31号（2008年）3–9頁。より詳しくは、近年の研究動向の整理も含め、長谷川貴彦『イギリス福祉国家の歴史的源流——近世・近代転換期の中間団体』（東京大学出版会、2014年）第5章。

53 Letters from Ann Armorer, British Library（以下BL.）, Additional MS（以下Add.）75701, Althorp papers, vol. cdi.

54 From Margaret S. Vincent, 9 Dec. 1824, BL, Add 75969, Althorp papers, vol. dclxix.

22 C. J. Ribton-Turner, *A history of vagrants and vagrancy and beggars and begging* (London, 1887).

23 A・L・バイアー（佐藤清隆訳）『浮浪者たちの世界——シェイクスピア時代の貧民問題』（同文舘出版、1997 年、原著 1985 年）。

24 David Hitchcock, *Vagrancy in English culture and society, 1650–1750* (London, 2016).

25 Snell, *Parish and belonging.*

26 Audrey Eccles, *Vagrancy in law and practice under the old poor law* (Farnham, 2012).

27 浮浪法、定住法、救貧法を逆手にとって移動する浮浪者の姿を指摘した別の論考としては、次も重要。Tim Hitchcock, 'Vagrant lives'.

28 David Mayall, *Gypsy-travellers in nineteenth-century society* (Cambridge, 1988).

29 Rose, *'Rogues and vagabonds'.*

30 Humphreys, *No fixed abode.*

31 佐久間亮「19 世紀前半イギリスにおける「浮浪者問題」」『西洋史学』第 157 号（1990 年）1–18 頁。三時眞貴子のこのテーマに関わる仕事は複数あるが、最新の論文を挙げておく。「「労働の訓練／教育」による浮浪児への支援——19 世紀末のマンチェスタ認定インダストリアル・スクール」三時眞貴子、岩下誠、江口布由子、河合隆平、北村陽子編『教育支援と排除の比較社会史——「生存」をめぐる家族・労働・福祉』（昭和堂、2016 年）206–31 頁。

32 金澤周作「18 世紀イギリスにおける海難者送還システムと議会制定法」青木康編著『イギリス近世・近代史と議会制統治』（吉田書店、2015 年）193–222 頁。

33 ラカーは先駆的な論文において、18 世紀後半から 19 世紀半ば頃のイギリスに取材し、苦痛を描写した人道主義的物語が「共感的情熱」を喚起したのだと主張しているが、救済の現場に働いた（単なる共感とは異なる）同情の力学も、痛みを訴える側の主体性も、ここでは示されない。トマス・W・ラカー「身体・細部描写・人道主義的物語」リン・ハント編著（筒井清忠訳）『文化の新しい歴史学』（岩波書店、1993 年）269–315 頁。

34 M. J. D. Roberts, 'Reshaping the gift relationship: the London Mendicity Society and the suppression of begging in England 1818–1869', *International Review of Social History*, 36 (1991), pp. 201–31.

13 William Booth, *In darkest England and its way out* (London, 1890), p. 22.

14 PP. 1906 CIII, *Vagrancy committee. Report of the departmental committee on vagrancy*, vol. I, p.20.

15 Colquhoun, *A treatise on indigence*, pp. 38–43.

16 研究蓄積は膨大だが、さしあたり研究史および概略は、金澤『チャリティとイギリス近代』第2章第2節を参照。

17 概要は次の3篇が重要である。J. S. Taylor, 'The impact of pauper settlement, 1691–1834', *Past and Present*, 73 (1976), pp. 42–73; David Ashforth, 'Settlement and removal in urban areas: Bradford, 1834–71', in M. E. Rose, ed., *The poor and the city: the English poor law in its urban context, 1834–1914* (Leicester, 1985); M. E. Rose, 'Settlement, removal and the new poor law', in Derek Fraser, ed., *The new poor law in the nineteenth century* (London, 1976). 次に、18世紀の定住法が人の移動を促進したか阻害したかという論争としては、以下の3篇がある。Norma Landau, 'The laws of settlement and the surveillance of immigration in eighteenth-century Kent', *Continuity and Change*, 3 (1988), pp. 391–420; K. D. M. Snell, 'Pauper settlement and the right to poor relief in England and Wales', *Continuity and Change*, 6 (1991), pp. 375–415; Norma Landau, 'The eighteenth-century context of the laws of settlement', *Continuity and Change*, 6 (1991), pp. 417–39. ランドウが後者、スネルが前者を主張。スネルは後年、定住法が19世紀以降まで続く教区への帰属心を涵養するのに効果があったと指摘する。K. D. M. Snell, *Parish and belonging: community, identity and welfare in England and Wales, 1700–1950* (Cambridge, 2006). ヒッチコックは18世紀の定住法・救貧法について、従来強調されているような厳しいコントロールはできておらず、むしろ物乞い・浮浪者は比較的自由に移動していたと主張する。Tim Hitchcock, 'Vagrant lives', in Joanne McEwan and Pamela Sharpe, eds., *Accommodating poverty: the housing and living arrangements of the English poor, c.1600–1850* (Basingstoke, 2011).

18 Lionel Rose, *'Rogues and vagabonds': vagrant underworld in Britain 1815–1985* (London and New York, 1988), pp.1–16.

19 *Ibid.*, pp.77–86. Humphreys, *No fixed abode*, p. 87.

20 Snell, *Parish and belonging*, pp.307–8.

21 これらを一部とする慈善団体の種類の広がりについては、金澤『チャリティとイギリス近代』を参照。

5 William Wordsworth, 'The old Cumberland beggar', in *Lyrical ballads*, second edition, (2 vols., London, 1800), II, pp. 151–62. なお、チャールズ・ラム（船木裕訳）『エリアのエッセイ』（平凡社ライブラリー、1994年）所収の「首都における乞食の哀微を嘆ず」（310–5頁）は、田園ではなく都市の物乞いに対する愛惜に満ちた有名な小文。物乞いは「全世界において唯一自由な人間」であり、「厄介者（a nuisance）」ではなくロンドンの「名物（sights）」なのだから、真偽の見分けはつかなくても「たまには慈善を行いなさい（Acts charity sometimes）」と説く。原著は Charles Lambs, *The essays of Elia* (London, 1823)。この小文の原文 'A complaint of the decay of beggars in the Metropolis' は、Everyman's Library 版（1906年）の pp. 134–41 で確認。

6 William Wordsworth, 'To the utilitarians' (1833), in *William Wordsworth: poems*, ed. J.O. Hayden (2 vols., Harmondsworth, 1977), II, pp. 744, 1042.

7 金澤周作『チャリティとイギリス近代』（京都大学学術出版会、2008年）とくに第3章第3節と第4節を参照。

8 金澤『チャリティとイギリス近代』第3章第2節、および岡村東洋光・高田実・金澤周作編『英国福祉ボランタリズムの起源——資本・コミュニティ・国家』（ミネルヴァ書房、2012年）序章「近現代イギリスにおける福祉ボランタリズム——重畳するフィランスロピーの歴史」を参照。たとえば1852年、ロンドンのクラーケンウェルの貧民窟で、65歳の女果物売りが自宅で酔いつぶれて窒息死した件に関して、検死官は現場の不潔さと、貧しい老女に酒浸りの貧困生活を許してしまっているチャリティの存在を挙げた際、まさに次のような言葉を用いた。「首都のチャリティはあまりに非選別的（indiscriminate）だから、救済に値する貧者（the deserving poor）は無視され、飲んだくれで自堕落な人間が私的な慈善や救貧院での救済によって手厚く世話をされて」いる（*Examiner*, 4 Sep. 1852.）。

9 Robert Humphreys, *No fixed abode: a history of responses to the roofless and the rootless in Britain* (Basingstoke, 1999), pp. 70–2.

10 詳細な下位分類については、Patrick Colquhoun, *A treatise on indigence* (London, 1806), pp. 70–2 を参照。

11 Parliamentary Papers（以下 PP.）, 1906 CIII, *Vagrancy committee: Report of the departmental committee on vagrancy*, vol. I, p.16.

12 *Ibid.*, p.22.

(1936), p. 1369.

102 Kemp, '*Merciful release*', p. 89.

103 *Ibid.*, p. 90.

104 *Ibid.*, p. 111.

105 Anon., 'The measurement of pain', *The Lancet*, 236: 6102 (1940), p. 167.

106 ハーディ、ウルフ、グッデルらは1940年、鎮痛剤の効果測定を目的とした最初の痛覚計を発明したことでも知られている。しかし追試験が成功せず、痛覚計が一般化することはなく、批判も多かった。詳細な研究としては、Noemi Tousignant, 'A quantity of suffering: measuring pain as emotion in the mid-twentieth-century USA', in Robert Gregory Boddice, ed., *Pain and emotion in modern history* (Basingstoke, 2014), pp. 111–29を参照。Tousignantによると、痛覚計はそもそも、人種や性別間の異なる痛みの感覚を明らかにしようとする20世紀初頭の文化人類学に起源を持ち、その後は不治の疾患に対する個別的な痛みの耐性を図るために開発された。たとえば、ロボトミー手術前の術前検査のひとつとして用いられた。モスコーソもまたこの痛覚計について言及している（Moscoso, *Pain*, pp. 107–8）。

107 G. Gordon, D. Whitteridge, 'Conduction-time for human pain sensation', *The Lancet*, 242: 6275 (1943), pp. 700–1.

108 Anon., 'Pain and muscular action', *The Lancet*, 188: 4864 (1916), pp. 868–9; Anon., 'The investigation of pain', *The Lancet*, 224: 5800 (1934), pp. 939–40.

109 Anon., 'Abdominal pain in childhood', *The Lancet*, 245: 6349 (1945), p. 569.

II 救済——一九世紀における物乞いの痛み

1 研究の動向については、次を参照。金澤周作「イギリス——「フィランスロピーの帝国」の歴史」『大原社会問題研究所雑誌』第626号（2010年）11–9頁。

2 以下の行論の構図を提供してくれているのは、James P. Henderson, 'Beggars: Jeremy Bentham versus William Wordsworth', *History of Political Economy*, 45 (2013), pp. 415–42.

3 Charles F. Bahmueller, *The National Charity Company: Jeremy Bentham's silent revolution* (Berkeley, Los Angeles, and London, 1981), pp. 151–2.

4 W. J. B. Owen and J. W. L. Smyser, eds., *The prose works of William Wordsworth* (3 vols., Oxford, 1974), I, p. 140.

75 *Ibid.*

76 *Ibid.*

77 *Ibid.*, p. 13.

78 *Ibid.*, p. 17.

79 *Ibid.*, p. 25.

80 *Ibid.*, p. 20.

81 *Ibid.*, p. 34.

82 Clifford Allbutt, 'An address on the relations of medical men to society', *The Lancet*, 140: 3612 (1892), pp. 1149–52.

83 *Ibid.*, p. 1151.

84 Anon., 'Euthanasia', *The Lancet*, 153: 3939 (1899), p. 532.

85 Kemp, '*Merciful release'*, p. 39.

86 *Ibid.*, p. 40.

87 Anon., 'Euthanasia', *The Lancet*, 193: 4993 (1919), p. 803–4.

88 ミラードの公衆衛生医務官としての業績については、I. Dowbiggin, '"A prey on normal people": C. Killick Millard and the euthanasia movement in Great Britain, 1930–55', *Journal of Contemporary History*, 36 (2001), pp. 59–85を参照。

89 Anon., 'Suicide and euthanasia', *The Lancet*, 218: 5644 (1931), p. 976.

90 *Ibid.*

91 *Ibid.*

92 C. Killick Millard, 'Euthanasia', *The Lancet*, 219: 5663 (1932), p. 591.

93 Kemp, '*Merciful release'*, p. 86.

94 そのほかに、エレノア・ラスボーン（Eleanor Rathbone）、ジョージ・バーナード・ショー（George Bernard Shaw）、G・M・トレヴェリアン（G. M. Trevelyan）、ハロルド・ラスキ（Harold Laski）らも会員であった（*Ibid.*, p. 88）。

95 Anon., 'Voluntary euthanasia', *The Lancet*, 226: 5859 (1935), pp. 1385–7.

96 *Ibid.*, p. 1385.

97 *Ibid.*

98 A. Piney, 'Pain and euthanasia', *The Lancet*, 226: 5860 (1935), p. 1432.

99 Lambert Rogers, 'Pain and euthanasia', *The Lancet*, 226: 5861 (1935), p. 1485.

100 Anon., 'Euthanasia again', *The Lancet*, 228: 5902 (1936), p. 862.

101 'Parliamentary intelligence: voluntary euthanasia', *The Lancet*, 228: 5910

II, Lawrence J. Saidman and Rod N. Westhorpe, eds., *The wondrous story of anesthesia* (New York, NY, 2014).

60 William Dale, 'On pain, and some of the remedies for its relief', *The Lancet*, 97: 2489 (1871), pp. 641–2. デールは1853年に、プリマス救貧法ユニオンの医務官、スター・アンド・スタンダード保険協会の検査医、リーズ施療院の常勤医務官などを務めた。主として外科治療や産褥期の疾患に関する研究が残されている。

61 William Dale, 'On pain, and some of the remedies for its relief', *The Lancet*, 97: 2490 (1871), pp. 679–80.

62 William Dale, 'On pain, and some of the remedies for its relief', *The Lancet*, 97: 2492 (1871), pp. 739–41.

63 抱水クロラールはエタノールを塩素化した物質。1830年代に初めてドイツで合成された。

64 William Dale, 'On pain, and some of the remedies for its relief', *The Lancet*, 97: 2494 (1871), pp. 816–17.

65 C. A. Rayne, 'Opium and pneumonia', *The Lancet*, 163: 4202 (1904), p. 757.

66 F. G. Chandler, 'Cocaine for euthanasia', *The Lancet*, 204: 5273 (1924), p. 629.

67 John Holden Webb, 'Cancer, its nature and its treatment', *The Lancet*, 158: 4076 (1901), pp. 976–8.

68 J. Mortimer Granville, 'Treatment of pain by mechanical vibrations', *The Lancet*, 117: 2999 (1881), pp. 286–8. 電気刺激と鎮痛については、Bourke, *The story of pain*, p. 79 も参照。

69 Granville, op. cit., pp. 287–8.

70 Shelly Trower, *Senses of vibration: a history of the pleasure and pain of sound* (New York, NY, 2012).

71 Anon., 'The treatment of pain', *The Lancet*, 147: 3784 (1896), pp. 636–7.

72 Dormandy, *The worst of evils*, p. 415.

73 N. D. A. Kemp, *'Merciful release': the history of the British euthanasia movement* (Manchester, 2002), p. 6. 安楽死問題の歴史をめぐっては、Edward J. Larson and Darrel W. Amundsen, *A different death: euthanasia and the Christian tradition* (Downers Grove, IL, 1998) も挙げられるが、ケンプの著作に比べて、思想文化史、哲学・宗教史に重点があり、またアメリカ史を念頭においたものである。

74 N. D. A. Kemp, *'Merciful release'*, p. 11.

ロンドン医学協会（North London Medical Society）のフェローを務めるなど、顧問医と呼ばれる指導的な立場にあった内科医である。

49 Harry Campbell, 'Pain and its interpretation?', *The Lancet*, 130: 3341 (1887), p. 543. キャンベルは、ウェスト・エンド神経疾患病院でキャリアを積んだ神経科医である。

50 *Ibid.*

51 *Ibid.*

52 A. St. Clair Buxton, 'Pain and its interpretation?', *The Lancet*, 130: 3341 (1887), pp. 543–4.

53 E. R. Williams, 'Pain and its interpretation?', *The Lancet*, 130: 3342 (1887), p. 594.

54 H. Cameron Gillies, 'Pain and its interpretation?', *The Lancet*, 130: 3342 (1887), p. 594.

55 Harry Campbell, 'Pain and its interpretation?', *The Lancet*, 130: 3343 (1887), p. 634–5; A. St. Clair Buxton, 'Pain and its interpretation?', *The Lancet*, 130: 3343 (1887), p. 635.

56 鎮痛については、Bourke, *The story of pain*, pp. 270–2; Moscoso, *Pain*, pp. 117–23 でも詳しく論じられている。

57 ヒロイック・トリートメントは、19 世紀アメリカの医師ベンジャミン・ラッシュを論じる上で頻用される概念である。概説的な情報としては、Roy Porter, ed., *Cambridge illustrated history of medicine* (Cambridge, 1996), pp. 124–6 を参照。

58 Peter Stanley, *For fear of pain: British surgery, 1790–1850* (Amsterdam, 2003), p. 53.

59 *Ibid.*, p. 283. 麻酔薬の歴史については、麻酔医たちが中心となった学会において精力的に研究されてきた。しかし、いずれも麻酔薬の発展を医学の進歩として記述するものが多い。たとえば、以下の研究書を参照。Victor Robinson, *Victory over pain: a history of anesthesia* (London, 1947); M. H. Armstrong Davison, *The evolution of anaesthesia* (Altrincham, 1965); Joseph Rupreht, Marius Jan van Lieburg, John Alfred Lee and Wilhelm Erdmann, eds., *Anaesthesia: essays on its history* (Berlin and New York, NY, 1985); Keith Sykes and John Bunker, eds., *Anaesthesia and the practice of medicine: historical perspective* (London, 2007); Stephanie J. Snow, *Blessed days of anaesthesia: how anaesthetics changed the world* (Oxford, 2008); Edmond I Eger

兵として第一次大戦に従軍し、戦後になると、聖バーソロミュー病院に職を得て働く一方、泌尿器科医として専門的な研鑽を積んだ。聖ピーター結石病院の医師となり、泌尿器科において指導的な外科医となった。

36 David Waterston, 'On pain', *The Lancet*, 221: 5723 (1933), pp. 943–6.

37 ウォーターストンは、20 世紀初頭のスコットランドにおいて指導的な外科医であった（C. D. Waterston and A. A. Shearer, *Former fellows biographical Index* (Edinburgh, 2006), 971）。

38 Dormandy, *The worst of evils*, p. 408.

39 E. Cooper Willis, 'On after-pains', *The Lancet*, 73: 1849 (1859), pp. 130–1.

40 このような考えの背景には、痛みを自然な性質に基づくものとして肯定する議論が認められるだろう（Bourke, *The story of pain*, pp. 278–9）。また、出産時の痛みの歴史文化的な解釈については、モスコーソが主としてフランスを事例として論じている（Moscoso, *Pain*, pp. 96–104）。

41 Cooper, op.cit., p.130.

42 Anon., 'What is pain?', *The Lancet*, 130: 3337 (1887), pp. 333–4.

43 *Ibid.*, p.334.

44 Anon., 'Some thoughts about pain', *The Lancet*, 173: 4458 (1909), p. 406–7. キリスト教における罪の概念と痛みの関係については、Bourke, *The story of pain*, pp. 93–5 を参照。

45 社会ダーウィニズムを先導したハーバート・スペンサーと精神科医ヘンリー・モーズリーは、すべての有機体は、機械的かつ効率的に機能することを妨げる行為に抵抗するものであり、そのような干渉行為は主体によって痛みとして感知されると論じた（Lucy Bending, *The representation of bodily pain in late nineteenth-century English culture* (Oxford, 2000), p. 54）。

46 H. Cameron Gillies, 'Pain and its interpretation?', *The Lancet*, 130: 1339 (1887), pp. 438–9. ギリーズは、スコットランドのアーガイルシャー出身の内科医である。グラスゴー大学で医学士号・医学博士号を取得し、ロンドン南部のブロックリーで開業医として生計を立てていた。ちなみに、この論争は、Bending, *The representation of bodily pain*, p. 66 や Bourke, *The story of pain*, pp. 154–5 でも言及が見られる。

47 W. J. Collins, 'Pain and its interpretation?', *The Lancet*, 130: 3341(1887), p.543.

48 *Ibid.* コリンズは、英国人道協会（Royal Humane Society）の外科医、北

rest in accidents and surgical diseases, delivered in the Theatre of the Royal College of Surgeons', *The Lancet*, 76:1927 (1860), pp. 103–4.

14 *Ibid.*, 76: 1933(1860), pp. 255–7.

15 *Ibid.*

16 *Ibid.*

17 *Ibid.*

18 *Ibid.*

19 *Ibid.*

20 *Ibid.*, p. 257.

21 John Hilton, "A course of lectures on pain and the therapeutic influence of mechanical and physiological rest in accidents and surgical diseases, delivered in the Theatre of the Royal College of Surgeons," *The Lancet*, 76: 1935 (1860), p. 305.

22 Benjamin C. Brodie, *Lectures illustrative of certain local nervous affections* (London, 1837).

23 Moscoso, *Pain*, p. 172.

24 *Ibid.*, p. 174.

25 Dormandy, *The worst of evils*, pp. 408–9.

26 Rey, *The history of pain*, p. 264.

27 Dormandy, *The worst of evils*, p. 328.

28 ヘッドに関する詳細な研究として、L. S. Jacyna, *Medicine and modernism: a biography of Sir Henry Head* (London, 2008) を挙げる。

29 ヘッドの伝記的情報については、G. H. Brown, ed., *Lives of the fellows of the Royal College of Physicians of London* (London, 1955) を参照。ちなみに現在は、ロンドン内科医協会のホームページに全情報が公開されている（http://munksroll.rcplondon.ac.uk）。

30 Rey, *The history of pain*, p. 276.

31 Henry Head and Gordon Morgan Holmes, 'Sensory disturbances from cerebrallesions', *Brain*, 34 (1911), pp. 102–254.

32 Rey, *The history of pain*, p. 273.

33 *Ibid.*, p. 32.

34 Anon., 'The relief of pain in cancer of the bladder', *The Lancet*, 218: 5627 (1931), p. 33–4.

35 ロナルド・オジエール・ウォードは、軍医としてではなく砲兵部隊の

ハント（長谷川貴彦訳）『グローバル時代の歴史学』（岩波書店、2016年））。

3 David B. Morris, *The culture of pain* (Berkeley, CA, 1991)〔デイヴィド・B・モリス（渡邊勉・鈴木牧彦訳）『痛みの文化史』（紀伊國屋書店、1998年）〕; Javier Moscoso, *Pain: a cultural history* (Basingstoke, 2012); Joanna Bourke, *The story of pain: from prayer to painkillers* (Oxford, 2014).

4 Morris, *The culture of pain*, p. 5.

5 Moscoso, *Pain*, p. 2.

6 Thomas Dormandy, *The worst of evils: the fight against pain* (New Haven, CT, and London, 2006); Roselyne Rey, *The history of pain*, trans. L. E. Wallace, J. A. Cadden and S.W. Cadden (Cambridge, MA, 1998).

7 Christopher Lawrence and George Weisz, eds., *Greater than the parts: holism in biomedicine, 1920–1950* (Oxford, 1998).

8 パラケルススに関しては近年日本でも研究が充実しつつある。たとえば、菊地原洋平、ヒロ・ヒライ編『パラケルススと魔術的ルネサンス』（勁草書房、2013年）。より古典的な著作としては、チャールズ・ウェブスター（金子務監訳、神山義茂、織田紳也訳）『パラケルススからニュートンへ――魔術と科学のはざま』（平凡社、1999年）を参照。

9 ビシャとランネックの医学の革新性については何よりまず、ミシェル・フーコー（神谷美恵子訳）『臨床医学の誕生』（みすず書房、1969年）を参照。

10 N. D. Jewson, 'The Disappearance of the Sick-Man from Medical Cosmology, 1770–1870', *Sociology*, 10 (1976), pp. 225–44. この点については、バークやモスコーソらによる同様の議論も参照されたい。Bourke, *The story of pain*, p. 86; 136, Moscoso, *Pain*, p. 83.

11 Christopher Lawrence, 'Incommunicable knowledge: science, technology and the clinical art in Britain, 1850–1914', *Journal of Contemporary History*, 20 (1985), pp. 503–20.

12 ヒルトンの痛み論については、モスコーソによる簡単な要約と紹介がある。Moscoso, *Pain*, p. 175.

13 この講演の詳細は、『ランセット』誌に1860年から63年にかけて、37回に分けて収録された。その初回記事は、John Hilton, 'A course of lectures on pain and the therapeutic influence of mechanical and physiological

4 'Congenital analgesia: agony of feeling no pain'（http://www.bbc.com/news/magazine-18713585　最終閲覧日：2015. 7. 10）.

5 「痛みを感じない」の原文は 'I don't feel pain' であり、「身体中が痛む」は 'I ache all over' である。スティーブンは、先天性無痛症（congenital insensitivity to pain）であるために、「痛み」の体験と記憶に裏付けられない「痛み（pain）」を語ることを禁じられている。そのため、「痛む（ache）」と訴えているのである。

6 David B. Morris, *The culture of pain* (Berkeley, CA, 1991), p. 3〔デイヴィド・B・モリス（渡邉勉、鈴木牧彦訳）『痛みの文化史』（紀伊國屋書店、1998年）4頁〕。原著タイトルは『文化史』ではなく『文化』であることに注意したい。なお、モリスも無痛症の事例を考察している。ただし、それは1930年代にアメリカで無痛症を見世物としていた男の「奇妙な事例」であり、本書が取り上げた現代の無痛症患者の事例とは対象的である。その差は、おそらくモリスが痛みを論じた時期、つまりポストモダン思想が席巻した後の1990年代と、本書が執筆された「痛み」を取り巻く今日的文脈との、20年の差を物語るものだろう。詳しくは、本書285–7頁を参照。

7 James J. Cox, et al., 'An SCN9A channelopathy causes congenital inability to experience pain', *Nature*, 444 (2006), pp. 894–8, at p. 894.

8 犬童康弘「先天性無痛無汗症――わが国の小児科医・研究者によって新たに提唱・発見された疾患、疾患概念、原因の究明された疾患 17」『小児内科』第40巻（2008年）1701–7頁。

9 黄瀬和哉総監督『攻殻機動隊 ARISE border: 1 Ghost Pain』（東宝映像事業部配給、2013年）。

10 たとえば、日本ペインクリニック学会による説明を参照（http://www.jspc.gr.jp/ippan/ippan.html　最終閲覧日：2016. 10. 14）。

I　神経――医学レジームによる痛みの定義

1 ニューロ・ヒストリーについては、主唱者の一人であるダニエル・ロード・スメイルの以下の書をまず参照されたい。Daniel Lord Smail, *On deep history and the brain* (Berkeley, CA, and London, 2008).

2 Lynn Hunt, 'The experience of revolution', *French Historical Studies*, 32 (2009), 671–8; Lynn Hunt, *Writing history in the global era* (New York, NY, and London, 2014). 後者については、邦訳版が2016年に刊行された（リン・

註

無痛症の苦しみ

1　国際疼痛学会（International Association for the Study of Pain）による定義は、http://www.iasp-pain.org/Taxonomy（最終閲覧日：2016. 10. 14）を参照のこと。医学史の観点からの考察は、Roy Porter, 'Pain and suffering', in W. F. Bynum and Roy Porter, eds., *Companion encyclopedia of the history of medicine* (2 vol., London, 1993), II, pp. 1574–91.

2　近年の研究によると、「先天性無痛無汗症（congenital insensitivity to pain with anhidrosis）」は、遺伝性末梢神経疾患に位置付けられる。遺伝性末梢神経疾患は、運動感覚性ニューロパチーと感覚自律神経性ニューロパチーに区分され、後者はI型からVI型まで分類される。そのうち、IV型とV型が先天性無痛無汗症に相当する。IV型（先天性無痛無汗症）は温痛覚障害と発汗の消失または低下を示す一方、V型（先天性無痛症）には発汗低下が起こらないとされてきたが、最近は、厳密な区分は難しいと指摘されている。現在、これらの症状をもたらす遺伝子変異や、それによって成長が阻害される末梢神経の特定が進められているが、全体のメカニズムは解明されておらず、治療法も確立されていない。対処としては、シャルコー関節や咬傷等に起因する上下顎骨髄炎などの合併症を防ぐための教育とケアが中心となる。日本には300名ほどの患者がいると考えられている。近年は、遺伝子変異による神経障害（ニューロパチー）としての発症メカニズムの究明が進められる一方、患者会や支援団体の活動を通じて、無痛症が社会的に認知されるようになってきた。2015年7月に、難病医療法に基づく指定難病に先天性無痛無汗症が加えられた。「厚生労働省平成27年7月1日施行の指定難病（新規）」（http://www.mhlw.go.jp/stf/seisakunitsuite/bunya/0000085261.html　最終閲覧日：2015. 7. 11）。

3　マイケル・アプテッド監督『007／ワールド・イズ・ノット・イナフ』（ユナイテッド・インターナショナル・ピクチャーズ配給、1999年）。

Online, University of Sheffield（当該サイトの表記上、版は特定できない）

図 5（p. 134） Charles I (attributed name)/ John Gauden, *Eikon basilike* (London, 1649). © Folger Shakespeare Library

図 6（p. 135） 図 3 に同じ。

図 7（p. 138） John Featley, *A fountaine of teares* (Amsterdam, 1646). © The British Museum

図 8（p. 138） 図 4 に同じ。

Ⅳ 試練——宗教改革期における霊的病と痛み

図 1（p. 145） René Descartes, *Traite de l'homme* (1664).

図 2（p. 151） 著者作成。

図 3（p. 157） 著者撮影。

図 4（p. 159） Henry Chettle, *A true bill of the whole number that hath died in the cittie of London...* (London, 1603). © Houghton Library, Harvard University

図 5（p. 169） Richard Baddeley, *The boy of Bilson: or, A true discovery of the late notorious impostures of...* (London, 1622). © The Huntington Library, San Marino, California [Call number: 60384]

Ⅴ 感性——一八世紀虐待訴訟における挑発と激昂のはざま

図 1（p. 197） Anon., *The trial of Isaac Prescott, esq. ... for wanton, tyrannical, unprovoked, and savage cruelty, towards Jane Prescott, his wife* (London, 1785). © The British Library, London

Ⅵ 観察——ダーウィンとゾウの涙

図 1（p. 225） Charles Darwin, *The expression of the emotions in man and animals* (London, 1872) に基づいて著者作成。

図 2（p. 227） Charles Darwin, *The expression of the emotions in man and animals* (London, 1872).

図 3（p. 231） James Emerson Tennent, *Ceylon: an account of the island, physical, historical and topographical* (London, 1859).

図 4（p. 233） Léon-Augustin Lhermitte, *Claude Bernard and his pupils* (1889). © Wellcome Library, London

図 5（p. 259） George Romanes, *Mental evolution in animals: with a posthumous essay on instinct by Charles Darwin* (London, 1883). © Wellcome Library, London

図表出典一覧

＊図版・表番号（掲載頁）出典およびクレジット

I　神経――医学レジームによる痛みの定義

図 1（p. 25） John Hilton, *On rest and pain: a course of lectures on the influence of mechanical and physiological rest in the treatment of accidents and surgical diseases, and the diagnostic value of pain* (New York, 1879). © Wellcome Library, London

図 2（p. 40） Harry Hubbell Kane, *Drugs that enslave: the opium, morphine, chloral and hashisch habits* (Philadelphia, 1881). © Wellcome Library, London

図 3（p. 48） Group portrait: the Voluntary Euthanasia Legalisation Society. © Wellcome Library, London

II　救済――一九世紀における物乞いの痛み

図 1（p. 74） John Thomas Smith, *Vagabondiana: or, anecdotes of mendicant wanderers through the streets of London: with portraits of the most remarkable, drawn from the life* (London, 1817). © Wellcome Library, London

図 2（p. 89） *The Pall Mall Gazette*, 31 May 1890.

表 1（p. 93） 1869 年から 1890 年版の *The Annual Report of the Society for the Suppression of Mendicity* (London) に基づいて著者作成。

表 2（pp. 98–9） *The Annual Report of the RLF* (London, 1867), p. 106 に基づいて著者作成。

表 3（p. 100） 1841 年から 1867 年版の *The Annual Report of the RLF* (London) に基づいて著者作成。

III　情念――プロテスタント殉教ナラティヴと身体

図 1（p. 111） *De laeste redenen of oratie, van Mr. Christopher Love* (1651). © Wellcome Library, London

表 1（p. 116） Thomas Wright, *The passions of the minde in generall* (1604), pp. 22–6; Susan James, *Passion and action: the emotions in seventeenth-century philosophy* (Oxford, 1997), pp. 6, 56–60. トマス・アクィナス（森啓訳）『神学大全　第 10 冊』（創文社、1995 年）、山内志朗「中世哲学と情念論の系譜」『西洋中世研究』第 1 号（2009 年）77–8 頁を参照し、著者作成。

図 2（p. 117） Jean-François Senault, *The use of passions* (London, 1649). © Folger Shakespeare Library

図 3（p. 130） John Foxe, *Actes and monuments* (1597). © The Huntington Library, San Marino, California [Call number: 20115 v. 2]

図 4（p. 131） John Foxe, *Actes and monuments* (n.d.). © John Foxe's Acts Monuments

ニューロ・ターン　263, 284, 312
ニューロ・ヒストリー　17, 283, 354
『人間と動物の感情表現』　218, 221
『人間の由来と性選択』　221, 234, 319
脳神経学　17, 18, 52, 263, 284, 300

は行

恥　59, 102, 149, 171, 184, 195, 203, 276, 292
パリ解剖学派　21–24, 27
パンジェネシス　247
ビーグル号　219, 220
『ビーグル号航海記』　236–238
非人道　204
ヒステリー　199
非選別　61, 62, 346
ヒポクラテス医学　21
表情筋　222, 232, 246
『表情の解剖学と哲学』　222, 317
ヒロイック・トリートメント　37, 39–42, 50, 350
振る舞い　179, 199–202, 211, 212
浮浪法　62, 65, 66, 69, 344
文芸協会　82, 84, 85, 95, 98, 100, 101, 103
ペスト　148, 158–160, 295
別居　177, 178, 181, 182, 289, 295, 321
ベル＝マジャンディの法則　23, 232, 247
『北米旅行記』　238, 240
ポライトネス　179–181, 196–200, 204, 211, 212, 325, 326
本質主義　17, 18, 284, 285, 288, 291

ま行

麻酔薬　38, 44, 244, 245, 254, 265, 350
マスキュリニティ（男性らしさ）　183, 196, 324
無心の手紙　78, 80, 81, 92, 94, 95, 97, 98, 103, 289, 290, 342
無心の手紙鑑定局　92, 94
無痛症　6–8, 286, 354, 355
名誉　123, 183, 187, 195, 209, 276, 280, 324
メランコリー　201, 330
物乞い博物館　86, 90
物乞い撲滅協会　67, 70, 72, 81, 86, 91, 95, 342

や行

ヨブ 32
四体液（説・論）　21, 161, 171

ら行

離婚〈定義〉　181
リスペクタブル　80, 81
レイプ（性暴力）　187, 188, 198, 327
歴史相対主義　17, 282, 284
劣等処遇　58, 66
労務院　58, 60, 66
ロマン主義　58, 61, 275
ロンドン動物園　220, 288
『ロンドンの労働とロンドンの貧者』　75, 76

165, 171, 178, 194, 199–201, 206, 237, 248, 273, 292, 303
近親　243, 290〔→親族〕
クロロホルム　9, 38, 39, 44, 45, 244, 247
結核　22, 38, 41, 148
嫌悪の痛み　59, 60, 77, 81, 85, 86, 88, 101
言語論的転回　271, 282, 284
交感神経　25, 27, 232
構築主義　281, 282, 284, 285, 288, 291
功利主義　9, 11, 33, 34, 36, 44, 47, 50, 53, 58, 60, 61, 246, 257, 262, 294, 299, 300
国際疼痛学会　286, 300, 355
極貧者　56, 58, 65, 66
孤独　108, 134, 198

さ行

財産　80, 186, 191, 201, 321
三叉神経　232
残忍さ〈定義〉　178, 326〔→虐待〕
自我　266, 280, 283, 284
視床　27, 29
自然誌　219
歯痛　59, 60, 156
自発的安楽死（運動）　46, 48, 49, 50
ジプシー　56, 62, 64, 68
瀉血　21, 37, 42
社交　174, 179
シャリヴァリ　155
出産　31, 34, 109, 154, 200, 351
『種の起源』　221, 240, 242
『殉教者の書』　123–125, 130, 131, 133, 135, 153
商業社会　180
使用人（召使い）　124, 138, 158, 159, 187–190, 193, 194, 196, 198, 207
情念　〔→感情〕
——と感覚　114–116, 144, 287〔→無感覚〕
——と理性〔→感情と理性〕
食虫植物　246
『抒情詩集』　60
女性らしさ　211
新救貧法　58, 66
神経力　224, 246
親族　46, 178, 187, 193, 195, 196〔→近親〕
スコラ　114, 119, 146
精気　118–122, 129, 136, 137, 144, 145, 200, 336
政治経済学　61, 70, 99
聖書　124, 131, 132, 134, 153, 155, 158, 166, 178, 208
精神病院　27, 28, 206, 209
生体解剖論争　217, 218, 242, 243, 245, 246, 248–250, 255, 256, 290, 294, 296, 315
疝痛　199
先天性無痛無汗症　6, 355
選別　44, 49, 61, 62, 67, 70, 73, 91, 97, 101, 102, 103
洗練　179, 196, 202

た行

第一次世界大戦　46, 352
チャリティ組織化協会　67, 70, 92
超自然　161, 328
鎮痛薬　37, 45, 244
定住法　65, 66, 344, 345
涕涙　218, 223–230, 257, 258, 318〔→涙〕
電気刺激　41, 42, 349
同情の痛み　59, 60, 77, 85, 86, 91, 101
疼痛　6, 10, 170, 285, 293, 300
道徳哲学　99, 204
動物虐待防止法　218, 243, 245, 254, 257, 315
ドーパミン　30
ドメスティック・バイオレンス　177, 324
奴隷　177, 192, 237–239, 241, 309

な行

ナチス　50, 53
涙　121, 127, 129, 137–139, 164, 198, 216, 224–230, 290

事項索引

〈 〉は項目に対する説明を、〔 〕は相互参照項目を示す。

あ行

アイデンティティ　133, 187
アスピリン　9, 291
アセチルサリチル酸　9
アドレナリン　30, 51
アナール　272, 275, 280
アヘン　28–41, 45, 51, 200, 244
憐れみ　71, 116, 129, 136, 204
安楽死　20, 43–47, 49, 50, 53, 299, 349
怒り　116–118, 128, 131, 143, 144, 167, 171, 177, 183, 184, 188, 192, 198, 200, 201, 203, 204, 207, 211, 230, 238–241, 276, 281, 285, 338
異常痛覚過敏症　27
痛み
　現象としての――　217, 218, 257, 258, 293, 294, 299, 318
　感情としての――　217, 218, 257, 266, 318
　情念としての――　159, 119–122, 143–146, 293
　疼痛としての――　6, 9, 11, 170, 285, 293, 300
イングランド外科医カレッジ　23, 24
『ヴァガボンディアーナ』　72, 75
ウィットビ　158, 160
運動神経　232
エーテル　38, 39, 244
LMS　69, 70, 91, 92, 94–98
殴打〈定義〉　183–185
王立動物虐待防止協会　250, 252

か行

怪物　97, 176, 178, 204, 205, 208–210, 212, 320
解剖学　21, 24, 28, 30, 32, 50, 161, 222, 223, 233, 292, 293
家事　156, 186, 187, 189–191, 193
家父長　168, 199, 212
監禁　189–191, 206
感受性の時代　199, 275, 289
感受性の文化（感受性文化）　12, 179, 180, 199–203, 211, 275, 279, 293
感情
　――〈語彙〉　277
　――と理性　12, 117–119, 143–146, 203–210, 274, 275, 283
感情規範　276, 279, 281, 282, 289
感情体制　278, 279
感情的発話　282, 283
感情の共同体　279–281, 295–297
感情の避難場所　278, 279
感情論的転回　71, 271, 281, 284
感性　11, 12, 109, 126, 199, 213, 262, 272, 291
姦通　182, 186, 191, 202, 323
顔面神経　222, 232
眼輪筋　216, 226–228
奇形　204
虐待〈定義〉　178, 179, 183–185, 326
　経済的虐待　190
　精神的虐待　190
救済に値しない　60, 92, 102
救済に値する　61, 67, 92
救世軍　64
宮廷文化　179
救貧院　56, 63, 65, 66, 94, 101, 346
救貧法　56, 65–67
矯正　178, 180, 191, 192
恐怖　8, 64, 70, 90, 101, 121, 130, 132, 144, 149,

Dalton Hooker, 1817–1911）　234, 239, 242, 247, 316
ブロック、マルク（Marc Léopoldo Benjamin Bloch）　272
ブロディ、ベンジャミン・C（Benjamin C. Brodie, 1783–1862）　27
ベイコン、フランシス（Francis Bacon, 1561–1626）　114, 117, 121, 122
ヘッド、ヘンリー（Henry Head, 1861–1940）　28, 29, 352
ベル、チャールズ（Charles Bell, 1774–1842）　23, 222, 223, 226, 227, 229, 232, 235, 246, 317
ベルナール、クロード（Claude Bernard, 1813–1878）　232, 244
ベンサム、ジェレミー（Jeremy Bentham, 1748–1832）　11, 33, 58–61, 70, 73, 77
ホイジンガ、ヨハン（Johan Huizinga）　272
ボウマン、ウィリアム（William Bowman, 1816–1892）　227, 317
ホービー、トマス・P（Thomas Posthumous Hoby, 1566–1640）　150–153, 157
ホービー、マーガレット（Margaret Hoby, 1571–1633）　149, 150, 152–155, 157–160, 162, 163, 165, 166, 170–173, 289, 291, 330
ホール、ジョゼフ（Joseph Hall, 1574–1656）　127, 128

ま行

マジャンディ、フランソワ（François Magendie, 1783–1855）　23, 232, 235, 235
ミラード、キリック（Charles Killick Millard, 1870–1952）　46, 467, 348
ムーア、ジェイムズ・リチャード（James Richard Moore）　238
メアリ1世（Mary I, 1516–1558（在位 1553–1558））　123, 138
メイヒュー、ヘンリー（Henry Mayhew, 1812–1887）　72, 75, 77
モア、トマス（Thomas More, 1478–1535）　43, 47
モスコーソ、ハビエル（Javier Moscoso）　18–20, 347, 351, 353
モリス、デイヴィド・B（David B. Morris）　8, 18, 20, 265, 266, 286, 300, 332, 354

ら行

ライエル、チャールズ（Chalres Lyell, 1797–1875）　219, 234, 238–242
ライト、トマス（Thomas Wright, 1561 頃 –1623）　118–120, 128, 129, 137, 336
ライリー、アレック（Alec Ryrie）　126
ラヴ、クリストファー（Christopher Love, 1618–1651）　106–108, 110–112, 121–123, 128, 129, 132, 133, 139, 140, 291, 293, 297
ラヴ、メアリ（Mary Love, ?–1660）　128, 129, 132, 139, 140, 338
ラカー、トマス（Thomas Laqueur）　109, 274, 294, 341
ラトゥール、アメデ（Amédée Latour, 1805–1882）　235
ラム、チャールズ（Charles Lamb, 1775–1834）　347
ラエンネック、ルネ（René Théophile Hyacinthe Laennec, 1781–1826）　22
ルフェーブル、ジョルジュ（Georges Lefebvre）　273
レイ、ロゼリン（Roselyne Rey）　19, 20
レディ、ウィリアム（William M. Reddy）　278, 279, 282, 283
ローマニーズ、ジョージ・ジョン（George John Romanes, 1848–1894）　247–249, 255, 256, 258, 314, 315
ロック、ジョン（John Locke, 1632–1704）　114, 115, 275

わ行

ワーズワース、ウィリアム（William Wordsworth, 1770–1850）　11, 58, 60, 61, 70

（Charles Robert Darwin, 1809–1882）　12, 216–230, 233, 234, 236–243, 246–258, 290, 291,309, 314, 316–320
チャールズ1世（Charles I, 1600–1649（在位1625–1649））　11, 106–108, 134, 135, 138, 151, 340
チャールズ2世（Charles II, 1630–1685（在位1660–85））　106, 107, 174, 340
チャールトン、ウォルタ（Walter Charleton, 1620–1707）　145, 146
ディケンズ、チャールズ（Charles Dickens, 1812–1870）　38, 82, 95–97, 103
デカルト、ルネ（René Descartes, 1596–1650）　114, 116, 143–147, 258, 331
デジュリーヌ、ジョセフ・ジュールス（Joseph Jules Dejerine, 1849–1917）　27–29
デズモンド、エイドリアン・ジョン（Adrian John Desmond）　238
テナント、ジャイムズ・エマーソン（James Emerson Tennent, 1804–1869）　216, 228, 230
ドーマンディ、トマス（Thomas Dormandy）　19
トムキンズ、トマス（Thomas Tomkins, ?–1555）　135–137
トムスン、エドワード（Edward P. Thompson）　194
ドンデルス、フランキスクス・コルネリス（Franciscus Cornelis Donders, 1818–1889）　227, 317

な行

二宮宏之 278

は行

パーキンス、ウィリアム（William Perkins, 1558–1602）　147, 153, 161, 331
バーク、ジョアンナ（Joanna Bourke）　18–20, 286, 288, 353
バーク、ピーター（Peter Burke）　270, 272, 285
バクスター、リチャード（Richard Baxter, 1615–1691）　110
ハクスリー、オルダス（Aldous Leonard Huxley, 1894–1963）　276
ハクスリー、トマス・ヘンリー（Thomas Henry Huxley, 1825–1895）　234, 243, 251, 252, 258, 314
バベッジ、チャールズ（Chalres Babbage, 1791–1871）　219
パラケルスス（Paracelsus（Phillippus Aureolus Theophrastus Bombastus von Hohenheim）, 1493?–1541）　22, 161, 329, 353
ハリデイ、アンドリュー（Andrew Hallday, 1830–1877）　75
ハンター、ウィリアム（William Hunter, 1718–1783）　37
ハント、リン（Lynn Hunt）　17, 109, 271, 274, 280, 283, 284, 341
ピープス、サミュエル（Samuel Pepys, 1633–1703）　173, 174, 327
ビシャ、マリー・フランソワ・クサヴィエ（Marie François Xavier Bichat, 1771–1802）　22, 353
ヒポクラテス（Hippocrates, 前460–375頃）　21, 161, 292
ヒルトン、ジョン（John Hilton, 1805–1878）　23–27, 353
フーコー、ミシェル（Michel Foucault）　273
ブース、ウィリアム（William Booth, 1829–1912）　64
フェアファクス、エドワード（Edward Fairfax, 1568?–1632/35?）　162
フェーブル、リュシアン（Lucien Paul Victor Febvre）　272, 281, 310
フォクス、ジョン（John Foxe, 1517–1578）　123–125, 130, 132, 133, 135–138
フォスター、マイケル（Michael Foster, 1836–1907）　28, 244, 247
フッカー、ジョセフ・ダルトン（Joseph

人名索引

あ行

アクィナス、トマス（Thomas Aquinas, 1225/27–1274） 114–116, 146, 337
アリストテレス（Aristotle, 前 384–22） 114, 116, 120, 144, 146, 332
ウィリアムズ、サミュエル・D（Samuel D. Williams） 43, 44
ヴェサリウス（Andreas Vesalius, 1514–1564） 21
ウェッジウッド、エマ→ダーウィン、エマ
ウェッジウッド、ジョサイア（Josiah Wedgwood, 1730–1795） 219
ウォリントン、ネヘミア（Nehemiah Wallington, 1598–1658） 130
ウォレス、アルフレッド・ラッセル（Alfred Russel Wallace, 1823–1913） 242
エア、エドワード・ジョン（Edward John Eyre, 1815–1901） 239, 240
エリアス、ノルベルト（Norbert Elias） 273, 310
オーブリ、ジョン（John Aubrey, 1626–1697） 110–113, 121, 122, 140, 290–292, 295, 297

か行

カフーン、パトリック（Patrick Colquhoun, 1745–1820） 64
カルヴァン、ジャン（Jean Calvin, 1509–1564） 128, 149, 171
ガレノス（Galen, 129 頃～ 99） 293, 336
クラーク、スチュアート（Stuart Clark） 169, 273
グレンヴィル、ウィリアム・ウィンダム（Grenville, William Wyndham, 1759–1834） 80
コブ、フランシス・パワー（Frances Power Cobbe, 1822–1904） 234, 250, 251, 254, 255
ゴルトン、フランシス（Francis Galton, 1822–1911） 247
ゴルドシャイダー、ヨハネ・カール・ユージーン・アルフレド（Johannes Karl August Eugen Alfred Goldscheider, 1858–1935） 42

さ行

サンダーソン、ジョン・スコット・バードン（John Scott Burdon Sanderson, 1825–1905） 244, 246, 247, 249, 251, 252, 256
ジャクソン、ジョン・ヒューリングス（John Hughlings Jackson, 1835–1911） 28, 29
シャルコー、ジャン＝マルタン（Jean Martin Charcot, 1825–1893） 28
スターンズ夫妻（Susan J. Matt and Peter N. Stearns） 276, 308
スピラン、ダニエル（Daniel Spillan, 1799–1854） 82, 84–86, 98–101, 103, 289, 297
スミス、アダム（Adam Smith, 1723（洗礼日）–1790） 212, 275, 277, 326
スミス、ジョン・トマス（John Thomas Smith, 1766–1833） 72, 73

た行

ダーウィン、ウィリアム・エラズマス（William Erasmus Darwin, 1839–1914） 220, 240
ダーウィン、エマ（Emma Darwin, 1808–1896） 219, 220, 240, 253
ダーウィン、エラズマス（Erasmus Darwin, 1731–1802） 219
ダーウィン、チャールズ・ロバート

編著者略歴

伊東剛史（いとう・たかし）
ロンドン大学 Ph.D.　東京外国語大学大学院総合国際学研究院准教授。単著に、*London Zoo and the Victorians, 1828–1859*, Woodbridge: Boydell/ Royal Historical Society, 2014.　共著として、'Flying Penguins in Japan's Northernmost Zoo', in Tracy McDonald and Dan Vandersommers, eds., *Zoo Studies: A New Humanities*, Montreal: McGill-Queen's University Press, 2019; 'History of the Zoo', in Mieke Roscher, André Krebber and Brett Mizelle, eds., *Handbook of Historical Animal Studies*, Berlin: De Gruyter Oldenbourg, 2021.

後藤はる美（ごとう・はるみ）
ケンブリッジ大学 Ph.D.　東洋大学文学部准教授。共著に『礫岩のようなヨーロッパ』（古谷大輔、近藤和彦編、山川出版社、二〇一六年）、『ヨーロッパ史講義』（近藤和彦編、山川出版社、二〇一五年）。論文として、「一七世紀イングランド北部における法廷と地域秩序——国教忌避者訴追をめぐって」（『史学雑誌』第一二一編第一〇号、二〇一二年）。

高林陽展（たかばやし・あきのぶ）
ロンドン大学 Ph.D.　立教大学文学部准教授。単著に『精神医療、脱施設化の起源——英国の精神科医と専門職としての発展一八九〇 - 一九三〇』（みすず書房、二〇一七年）。論文に 'Surviving the Lunacy Act of 1890: English Psychiatrists and Professional Development during the Early Twentieth Century', *Medical History*, 61 (2), 2017.

金澤周作（かなざわ・しゅうさく）
京都大学博士（文学）。京都大学大学院文学研究科教授。単著に『チャリティとイギリス近代』（京都大学学術出版会、二〇〇八年）。編著に『海のイギリス史——闘争と共生の世界史』（昭和堂、二〇一三年）。論文として、"'To vote or not to vote": charity voting and the other side of subscriber democracy in Victorian England', *English Historical Review*, vol. 131 no. 549 (2016).

那須敬（なす・けい）
ヨーク大学 Ph.D.　国際基督教大学教養学部教授。単著に『イギリス革命と変容する〈宗教〉——異端論争の政治文化史』（岩波書店、二〇一九年）。共著に『イギリス文化史』（井野瀬久美惠編、昭和堂、二〇一〇年）。論文として、「革命期イングランドのオルガン破壊」（『思想』第一一一一号、二〇一六年）、「言語論的転回と近世イングランド・ピューリタン史研究」（『史学雑誌』第一一七編第七号、二〇〇八年）。

赤松淳子（あかまつ・じゅんこ）
ロンドン大学 Ph.D.　文京学院大学外国語学部准教授。共著に『英国を知る』（道重一郎編、同学社、二〇一六年）。論文に、'Revisiting ecclesiastical adultery cases in eighteenth-century England', *Journal of Women's History*, vol. 28 no. 1 (2016).　研究ノートとして、「十八世紀イングランドの離婚訴訟に関する弁護士の記録——ジョージ・リーとウィリアム・バレルのノート」（『史潮』第七三号、二〇一三年）。

痛みと感情のイギリス史

二〇一七年三月三一日　初版第一刷発行
二〇二一年四月　六日　第二刷発行

編　者　伊東剛史　後藤はる美

発行者　林佳世子

発行所　東京外国語大学出版会
郵便番号　一八三 - 八五三四
住所　東京都府中市朝日町三 - 一一 - 一
TEL番号　〇四二 - 三三〇 - 五五五九
FAX番号　〇四二 - 三三〇 - 五一九九
Eメール　tufspub@tufs.ac.jp

装訂者　間村俊一
本文組版　大友哲郎
印刷・製本　シナノ印刷株式会社

Printed in Japan
ISBN978-4-904575-59-8